January 18, 1999

What do I consider my most important Contributions?

- That I early on—almost sixty years ago—realized that MANAGEMENT has become the constitutive organ and function of the Society of Organizations;

- That MANAGEMENT is not "Business Management- though it first attained attention in business- but the governing organ of ALL institutions of Modern Society;

- That I established the study of MANAGEMENT as a DISCIPLINE in its own right; and

- That I focused this discipline on People and Power; on Values; Structure and Constitution; AND ABOVE ALL ON RESPONSIBILITIES- that is focused the Discipline of Management on Management as a truly LIBERAL ART.

Peter F. Drucker

我认为我最重要的贡献是什么？

- 早在60年前，我就认识到管理已经成为组织社会的基本器官和功能；
- 管理不仅是"企业管理"，而且是所有现代社会机构的管理器官，尽管管理最初侧重于企业管理；
- 我创建了管理这门独立的学科；
- 我围绕着人与权力、价值观、结构和方式来研究这一学科，尤其是围绕着责任。管理学科是把管理当作一门真正的人文艺术。

彼得·德鲁克
1999年1月18日

注：资料原件打印在德鲁克先生的私人信笺上，并有德鲁克先生亲笔签名，现藏于美国德鲁克档案馆。为纪念德鲁克先生，本书特收录这一珍贵资料。本资料由德鲁克管理学专家那国毅教授提供。

彼得·德鲁克和妻子多丽丝·德鲁克

德鲁克妻子多丽丝寄语中国读者

在此谨向广大的中国读者致以我诚挚的问候。本书深入介绍了德鲁克在管理领域方面的多种理念和见解。我相信他的管理思想得以在中国广泛应用，将有赖出版及持续的教育工作，令更多人受惠于他的馈赠。

盼望本书可以激发各位对构建一个令人憧憬的美好社会的希望，并推动大家在这一过程中积极发挥领导作用，他的在天之灵定会备感欣慰。

Doris Drucker

本页照片和多丽丝寄语原文与亲笔签名由彼得·德鲁克管理学院提供

管理的实践

[美] 彼得·德鲁克 著
齐若兰 译　那国毅 审订

Concept of the
Corporation

彼得·德鲁克全集

图书在版编目（CIP）数据

管理的实践 /（美）彼得·德鲁克（Peter F. Drucker）著；齐若兰译 . —北京：机械工业出版社，2018.7（2024.7重印）

（彼得·德鲁克全集）

书名原文：The Practice of Management

ISBN 978-7-111-60307-8

Ⅰ. 管⋯ Ⅱ. ①彼⋯ ②齐⋯ Ⅲ. 管理学 Ⅳ. F272

中国版本图书馆 CIP 数据核字（2018）第 129872 号

北京市版权局著作权合同登记　图字：01-2005-4158 号。

Peter F. Drucker. The Practice of Management.

Copyright © 1954 by Peter F. Drucker.

Chinese (Simplified Characters only) Trade Paperback Copyright © 2019 by China Machine Press.

This edition arranged with HarperBusiness, an imprint of HarperCollins Publishers through Bardon-Chinese Media Agency. This edition is authorized for sale in the Chinese mainland (excluding Hong Kong SAR, Macao SAR and Taiwan).

No part of this book may be reproduced or transmitted in any form or by any means, electronic or mechanical, including photocopying, recording or any information storage and retrieval system, without permission, in writing, from the publisher.

All rights reserved.

本书中文简体字版由 HarperBusiness, an imprint of HarperCollins Publishers 通过 Bardon-Chinese Media Agency 授权机械工业出版社在中国大陆地区（不包括香港、澳门特别行政区及台湾地区）独家出版发行。未经出版者书面许可，不得以任何方式抄袭、复制或节录本书中的任何部分。

本书两面插页所用资料由彼得·德鲁克管理学院和那国毅教授提供。封面中签名摘自德鲁克先生为彼得·德鲁克管理学院的题词。

管理的实践

出版发行：机械工业出版社（北京市西城区百万庄大街 22 号　邮政编码：100037）	
责任编辑：施琳琳	责任校对：李秋荣
印　　刷：三河市国英印务有限公司	版　　次：2024 年 7 月第 1 版第 16 次印刷
开　　本：170mm×230mm　1/16	印　　张：26.5
书　　号：ISBN 978-7-111-60307-8	定　　价：99.00 元

客服电话：（010）88361066　68326294

版权所有·侵权必究
封底无防伪标均为盗版

如果您喜欢彼得·德鲁克（Peter F. Drucker）或者他的书籍，那么请您尊重德鲁克。不要购买盗版图书，以及以德鲁克名义编纂的伪书。

| 目 录 |

推荐序一（邵明路）
推荐序二（赵曙明）
推荐序三（珍妮·达罗克）
彼得·德鲁克自序　全面探讨管理学的第一本著作

概论　｜ **管理的本质**

第1章　管理层的角色 / 3

第2章　管理层的职责 / 6

第3章　管理层面临的挑战 / 17

第一部分　｜ **管理企业**

第4章　西尔斯公司的故事 / 25

第5章　企业是什么 / 32

第6章　我们的事业是什么，我们的事业应该是什么 / 47

第7章　企业的目标 / 62

第8章　今天的决策，明天的成果 / 89

第 9 章　生产的原则 / 96

第二部分 │ 管理管理者

第 10 章　福特的故事 / 113

第 11 章　目标管理与自我控制 / 122

第 12 章　管理者必须管理 / 139

第 13 章　组织的精神 / 146

第 14 章　首席执行官与董事会 / 163

第 15 章　培养管理者 / 184

第三部分 │ 管理的结构

第 16 章　企业需要哪一种结构 / 195

第 17 章　建立组织结构 / 205

第 18 章　大企业、小企业和成长中的企业 / 232

第四部分 │ 管理员工和工作

第 19 章　IBM 的故事 / 261

第 20 章　雇用整个人 / 268

第 21 章　人事管理是否已告彻底失败 / 279

第 22 章　创造巅峰绩效的组织 / 294

第 23 章　激励员工创造最佳绩效 / 308

第 24 章　经济层面 / 318

第 25 章　主管 / 324

第 26 章　专业人员 / 334

第五部分 ｜ 当一名管理者意味着什么

第 27 章　管理者及其工作 / 345
第 28 章　做决策 / 355
第 29 章　未来的管理者 / 374
结语　管理层的责任 / 382

| 推荐序一 |

功能正常的社会和博雅管理
为"彼得·德鲁克全集"作序

享誉世界的"现代管理学之父"彼得·德鲁克先生自认为,虽然他因为创建了现代管理学而广为人知,但他其实是一名社会生态学者,他真正关心的是个人在社会环境中的生存状况,管理则是新出现的用来改善社会和人生的工具。他一生写了39本书,只有15本书是讲管理的,其他都是有关社群(社区)、社会和政体的,而其中写工商企业管理的只有两本书(《为成果而管理》和《创新与企业家精神》)。

德鲁克深知人性是不完美的,因此人所创造的一切事物,包括人设计的社会也不可能完美。他对社会的期待和理想并不高,那只是一个较少痛苦,还可以容忍的社会。不过,它还是要有基本的功能,为生活在其中的人提供可以正常生活和工作的条件。这些功能或条件,就好像一个生命体必须具备正常的生命特征,没有它们社会也就不成其为社会了。值得留意的是,社会并不等同于"国家",因为"国(政府)"和"家(家庭)"不可能提供一个社会全部必要的职能。在德鲁克眼里,功能正常的社会至少要由三大类机构组成:政府、企业和非营利机构,它们各自发挥不同性质的作用,每一类、每一个机构中都要有能解决问题、令机构创造出独特绩效的权力中心和决策机制，这个权力中心和决策机制同时也要让机构里的每个人各得其所，既有所担当、做出贡献，又得到生计和身份、地位。这些在过去的国家中从来没有过的权力中心和决策机制，或者说新的"政体"，就是"管理"。在这里德鲁克把企业和非营利机构中的管理体制与政府的统治体制统称为"政体"，是因为它们都掌握权力，但是，这是两种性质截然不同的权力。企业和非营利机构掌握的，是为了提供特定的产品和服务，而调配社会资源的权力，政府所拥有的，则是整个社会公平的维护、正义的裁夺和干预的权力。

在美国克莱蒙特大学附近，有一座小小的德鲁克纪念馆，走进这座用他的故居改成的纪念馆，正对客厅入口的显眼处有一段他的名言：

> 在一个由多元的组织所构成的社会中，使我们的各种组织机构负责任地、独立自治地、高绩效地运作，是自由和尊严的唯一保障。有绩效的、负责任的管理是对抗和替代极权专制的唯一选择。

当年纪念馆落成时，德鲁克研究所的同事们问自己，如果要从德鲁克的著作中找出一段精练的话，概括这位大师的毕生工作对我们这个世界的意义，会是什么？他们最终选用了这段话。

如果你了解德鲁克的生平，了解他的基本信念和价值观形成的过程，你一定会同意他们的选择。从他的第一本书《经济人的末日》到他独自完成的最后一本书《功能社会》之间，贯穿着一条抵制极权专制、捍卫个人自由和尊严的直线。这里极权的极是极端的极，不是集中的集，两个词一字之差，其含义却有着重大区别，因为人类历史上由来已久的中央集权统治直到20世纪才有条件变种成极权主义。极权主义所谋求的，是从肉体到精神，全面、彻底地操纵和控制人类的每一个成员，把他们改造成实现个别极权主义者梦想的人形机器。20世纪给人类带来最大灾难和伤害的战争和运动，都是极权主义的"杰作"，德鲁克青年时代经历的希特勒纳粹主义正是其中之一。要了解德鲁克的经历怎样影响了他的信念和价值观，最好去读他的《旁观者》；要弄清什么是极权主义和为什么大众会拥护它，可以去读汉娜·阿伦特1951年出版的《极权主义的起源》。

好在历史的演变并不总是令人沮丧。工业革命以来，特别是从1800年开始，最近这200年生产力呈加速度提高，不但造就了物质的极大丰富，还带来了社会结构的深刻改变，这就是德鲁克早在80年前就敏锐地洞察和指出的，多元的、组织型的新社会的形成：新兴的企业和非营利机构填补了由来已久的"国（政府）"和"家（家庭）"之间的断层和空白，为现代国家提供了真正意义上的种种社会功能。在这个基础上，教育的普及和知识工作者的崛起，正在造就知识经济和知识社会，而信息科技成为这一切变化的加速器。要特别说明，"知识工作者"是德鲁克创造的一个称谓，泛指具备和应用专门知识从事生产工作，为社会创造出有用的产品和服务的人群，这包括企业家和在任何机构中的管理者、专业人士和技工，也包括社会上的独立执业人士，如会计师、律师、咨询师、培训师等。在21世纪的今天，由于知识的应用领域一再被扩大，个人和个别机构不再是孤独无助的，他们因为掌握了某项知识，就拥有了选择的自由和影响他人的权力。知识工作者和由他们组成的知识型组织不再是传统的知识分子或组织，知识工作者最大的特点就是他们的独立自主，可以主动地整合资源、创造价值，促成经济、社会、文化甚至政治层面的改变，而传统的知识分子只能依附于当时的统治当局，在统治当局提供的平台上才能有所作为。这是一个划时代的、意义深远的变化，而且这个变化不仅发生在西方发达国家，也发生在发展中国家。

在一个由多元组织构成的社会中，拿政府、企业和非营利机构这三类组织相互比较，企业和非营利机构因为受到市场、公众和政府的制约，它们的管理者不可能像政府那样走上极权主义统治，这是它们在德鲁克看来，比政府更重要、更值得寄予希望的原因。尽管如此，它们仍然可能因为管理缺位或者管理失当，例如官僚专制，不能达到德鲁克期望的"负责任地、高绩效地运作"，从而为极权专制垄断社会资源让出空间、提供机会。在所有机构中，包括在互联网时代虚拟的工作社群中，知识工作者的崛起既为新的管理提供了基础和条件，也带来对传统的"胡萝卜加大棒"管理方式的挑战。德鲁克正是因应这样的现实，研究、创立和不断完善现代管理学的。

1999年1月18日，德鲁克接近90岁高龄，在回答"我最重要的贡献是什么"这个问题时，他写了下面这段话：

> 我着眼于人和权力、价值观、结构和规范去研究管理学，而在所有这些之上，我聚焦于"责任"，那意味着我是把管理学当作一门真正的"博雅技艺"来看待的。

给管理学冠上"博雅技艺"的标识是德鲁克的首创，反映出他对管理的独特视角，这一点显然很重要，但是在他众多的著作中却没找到多少这方面的进一步解释。最完整的阐述是在他的《管理新现实》这本书第15章第五小节，这节的标题就是"管理是一种博雅技艺"：

> 30年前，英国科学家兼小说家斯诺（C. P. Snow）曾经提到当代社会的"两种文化"。可是，管理既不符合斯诺所说的"人文文化"，也不符合他所说的"科学文化"。管理所关心的是行动和应用，而成果正是对管理的考验，从这一点来看，管理算是一种科技。可是，管理也关心人、人的价值、人的成长与发展，就这一

点而言，管理又算是人文学科。另外，管理对社会结构和社群（社区）的关注与影响，也使管理算得上是人文学科。事实上，每一个曾经长年与各种组织里的管理者相处的人（就像本书作者）都知道，管理深深触及一些精神层面关切的问题——像人性的善与恶。

管理因而成为传统上所说的"博雅技艺"（liberal art）——是"博雅"（liberal），因为它关切的是知识的根本、自我认知、智慧和领导力，也是"技艺"（art），因为管理就是实行和应用。管理者从各种人文科学和社会科学中——心理学和哲学、经济学和历史、伦理学，以及从自然科学中，汲取知识与见解，可是，他们必须把这种知识集中在效能和成果上——治疗病人、教育学生、建造桥梁，以及设计和销售容易使用的软件程序等。

作为一个有多年实际管理经验，又几乎通读过德鲁克全部著作的人，我曾经反复琢磨过为什么德鲁克要说管理学其实是一门"博雅技艺"。我终于意识到这并不仅仅是一个标新立异的溢美之举，而是在为管理定性，它揭示了管理的本质，提出了所有管理者努力的正确方向。这至少包括了以下几重含义：

第一，管理最根本的问题，或者说管理的要害，就是管理者和每个知识工作者怎么看待与处理人和权力的关系。德鲁克是一位基督徒，他的宗教信仰和他的生活经验相互印证，对他的研究和写作产生了深刻的影响。在他看来，人是不应该有权力（power）的，只有造人的上帝或者说造物主才拥有权力，造物主永远高于人类。归根结底，人性是软弱的，经不起权力的引诱和考验。因此，人可以拥有的只是授权（authority），也就是人只是在某一阶段、某一事情上，因为所拥有的品德、知识和能力而被授权。不但任何个人是这样，整个人类也是这样。民主国家中"主权在民"，但是人民的权力也是一种授权，是造物主授予的，人在这种授权之下只是一个既有自由意志，又要承担责任的"工具"，他是造物主的工具而不能成为主宰，不能按自己的意图去操纵和控制自己的同类。认识到这一点，人才会谦卑而且有责任感，他们才会以造物主才能够掌握、人类只能被其感召和启示的公平正义，去时时检讨自己，也才会甘愿把自己置于外力强制的规范和约束之下。

第二，尽管人性是不完美的，但是人彼此平等，都有自己的价值，都有自己的创造能力，都有自己的功能，都应该被尊敬，而且应该被鼓励去创造。美国的独立宣言和宪法中所说的，人生而平等，每个人都有与生俱来、不证自明的权利（rights），正是从这一信念而来的，这也是德鲁克的管理学之所以可以有所作为的根本依据。管理者是否相信每个人都有善意和潜力？是否真的对所有人都平等看待？这些基本的或者说核心的价值观和信念，最终决定他们是否能和德鲁克的学说发生感应，是否真的能理解和实行它。

第三，在知识社会和知识型组织里，每一个工作者在某种程度上，都既是知识工作者，也是管理者，因为他可以凭借自己的专门知识对他人和组织产生权威性的影响——知识就是权力。但是权力必须和责任捆绑在一起。而一个管理者是否负起了责任，要以绩效和成果做检验。凭绩效和成果问责的权力是正当和合法的权力，也就是授权（authority），否则就成为德鲁克坚决反对的强权（might）。绩效和成果之所以重要，不但在经济和物质层面，而且在心理层面，都会对人们产生影响。管理者和领导者如果持续不能解决现实问题，大众在彻底失望之余，会转而选择去依赖和服从强权，同时甘愿交出自己的自由和尊严。这就是为什么德鲁克一再警告，如果管理失败，极权主义就会取而代之。

第四，除了让组织取得绩效和成果，管理者还有没有其他的责任？或者换一种说法，绩效和成果仅限于可量化的经济成果和财富吗？对一个工商企业来说，除了为客户提供价廉物美的产品和服务、为股东赚取合理的利润，能否同时成为一个良好的、负责任的"社会公民"，能否同时帮助自己的员工在品格和能力两方面都得到提升呢？这似乎是一个太过苛刻的要求，但它是一个合理的要求。我个人在十多年前，和一家这样要求自己的后勤服务业的跨国公司合作，通过实践认识到这是可能的。这意味着我们必须学会把伦理道德的诉求和经济目标，设计进同一个工作流程、同一套衡量系统，直至每一种方法、工具和模式中去。值得欣慰的是，今天有越来越多的机构开始严肃地对待这个问题，在各自的领域做出肯定的回答。

第五，"作为一门博雅技艺的管理"或称"博雅管理"，这个讨人喜爱的中文翻译有一点儿问题，从翻译的"信、达、雅"这三项专业要求来看，雅则雅矣，信有不足。liberal art 直译过来应该是"自由的技艺"，但最早的繁体字中文版译成了"博雅艺术"，这可能是想要借助它在中国语文中的褒义，我个人还是觉得"自由的技艺"更贴近英文原意。liberal 本身就是自由。art 可以译成艺术，但管理是要应用的，是要产生绩效和成果的，所以它首先应该是一门"技能"。另一方面，管理的对象是人们的工作，和人打交道一定会面对人性的善恶，人的千变万化的意念——感性的和理性的，从这个角度看，管理又是一门涉及主观判断的"艺术"。所以 art 其实更适合解读为"技艺"。liberal——自由，art——技艺，把两者合起来就是"自由技艺"。

最后我想说的是，我之所以对 liberal art 的翻译这么咬文嚼字，是因为管理学并不像人们普遍认为的那样，是一个人或者一个机构的成功学。它不是旨在让一家企业赚钱，在生产效率方面达到最优，也不是旨在让一家非营利机构赢得道德上的美誉。它旨在让我们每个人都生存在其中的人类社会和人类社群（社区）更健康，使人们较少受到伤害和痛苦。让每个工作者，按照他与生俱来的善意和潜能，自由地选择他自己愿意在这个社会或社区中所承担的责任；自由地发挥才智去创造出对别人有用的价值，从而履行这样的责任；并且在这样一个创造性工作的过程中，成长为更好和更有能力的人。这就是德鲁克先生定义和期待的，管理作为一门"自由技艺"，或者叫"博雅管理"，它的真正的含义。

邵明路

彼得·德鲁克管理学院创办人

| 推荐序二 |

跨越时空的管理思想

20多年来，机械工业出版社关于德鲁克先生著作的出版计划在国内学术界和实践界引起了极大的反响，每本书一经出版便会占据畅销书排行榜，广受读者喜爱。我非常荣幸，一开始就全程参与了这套丛书的翻译、出版和推广活动。尽管这套丛书已经面世多年，然而每次去新华书店或是路过机场的书店，总能看见这套书静静地立于书架之上，长盛不衰。在当今这样一个强调产品迭代、崇尚标新立异、出版物良莠难分的时代，试问还有哪本书能做到这样呢？

如今，管理学研究者们试图总结和探讨中国经济与中国企业成功的奥秘，结论众说纷纭、莫衷一是。我想，企业成功的原因肯定是多种多样的。中国人讲求天时、地利、人和，缺一不可，其中一定少不了德鲁克先生著作的启发、点拨和教化。从中国老一代企业家（如张瑞敏、任正非），及新一代的优秀职业经理人（如方洪波）的演讲中，我们常常可以听到来自先生的真知灼见。在当代管理学术研究中，我们也可以常常看出先生的思想指引和学术影响。我常常对学生说，当你不能找到好的研究灵感时，可以去翻翻先生的著作；当你对企业实践困惑不解时，也可以把先生的著作放在床头。简言之，要想了解现代管理理论和实践，首先要从研读德鲁克先生的著作开始。基于这个原因，1991年我从美国学成回国后，在南京大学商学院图书馆的一角专门开辟了德鲁克著作之窗，并一手创办了德鲁克论坛。至今，我已在南京大学商学院举办了100多期德鲁克论坛。在这一点上，我们也要感谢机械工业出版社为德鲁克先生著作的翻译、出版和推广付出的辛勤努力。

　　在与企业家的日常交流中，当发现他们存在各种困惑的时候，我常常推荐企业家阅读德鲁克先生的著作。这是因为，秉持奥地利学派的一贯传统，德鲁克先生总是将企业家和创新作为著作的中心思想之一。他坚持认为："优秀的企业家和企业家精神是一个国家最为重要的资源。"在企业发展过程中，企业家总是面临着效率和创新、制度和个性化、利润和社会责任、授权和控制、自我和他人等不同的矛盾与冲突。企业家总是在各种矛盾与冲突中成长和发展。现代工商管理教育不但需要传授建立现代管理制度的基本原理和准则，同时也要培养一大批具有优秀管理技能的职业经理人。一个有效的组织既离不开良好的制度保证，同时也离不开有效的管理者，两者缺一不可。这是因为，一方面，企业家需要通过对管理原则、责任和实践进行研究，探索如何建立一个有效的管理机制和制度，而衡量一个管理制度是否有效的标准就在于该制度能否将管理者个人特征的影响降到最低限度；另一方面，一个再高明的制度，如果没有具有职业道德的员工和管理者的遵守，制度也会很容易土崩瓦解。换言之，一个再高效的组织，如果缺乏有效的管理者和员工，组织的效率也不可能得到实现。虽然德鲁克先生的大部分著作是有关企业管理的，但是我们可以看到自由、成长、创新、多样化、多元化的思想在其著作中是一以贯之的。正如德鲁克在《旁观者》一书的序言中所阐述的,"未来是'有机体'的时代,由任务、目的、策略、社会的和外在的环境所主导"。很多人喜欢德鲁克提出的概念,但是德鲁克却说,"人比任何概念都有趣多了"。德鲁克本人虽然只是管理的旁观者,但是他对企业家工作的理解、对管理本质的洞察、对人性复杂性的观察,鞭辟入里、入木三分,这也许就是企业家喜爱他的著作的原因吧!

德鲁克先生从研究营利组织开始,如《公司的概念》(1946年),到研究非营利组织,如《非营利组织的管理》(1990年),再到后来研究社会组织,如《功能社会》(2002年)。虽然德鲁克先生的大部分著作出版于20世纪六七十年代,然而其影响力却是历久弥新的。在他的著作中,读者很容易找到许多最新的管理思想的源头,同时也不难获悉许多在其他管理著作中无法找到的"真知灼见",从组织的使命、组织的目标以及工商企业与服务机构的异同,到组织绩效、富有效率的员工、员工成就、员工福利和知识工作者,再到组织的社会影响与社会责任、企业与政府的关系、管理者的工作、管理工作的设计与内涵、管理人员的开发、目标管理与自我控制、中层管理者和知识型组织、有效决策、管理沟通、管理控制、面向未来的管理、组织的架构与设计、企业的合理规模、多角化经营、多国公司、企业成长和创新型组织等。

30多年前在美国读书期间,我就开始阅读先生的著作,学习先生的思想,并聆听先生的课堂教学。回国以后,我一直把他的著作放在案头。尔后,每隔一段时间,每每碰到新问题,就重新温故。令人惊奇的是,随着阅历的增长、知识的丰富,每次重温的时候,竟然会生出许多不同以往的想法和体会。仿佛这是一座挖不尽的宝藏,让人久久回味,有幸得以伴随终生。一本著作一旦诞生，就独立于作者、独立于时代而专属于每个读者，不同地理区域、不同文化背景、不同时代的人都能够从中得到启发、得到教育。这样的书是永恒的、跨越时空的。我想，德鲁克先生的著作就是如此。

特此作序，与大家共勉！

南京大学人文社会科学资深教授、商学院名誉院长

博士生导师

2018年10月于南京大学商学院安中大楼

| 推荐序三 |

彼得·德鲁克与伊藤雅俊管理学院是因循彼得·德鲁克和伊藤雅俊命名的。德鲁克生前担任玛丽·兰金·克拉克社会科学与管理学教席教授长达三十余载，而伊藤雅俊则受到日本商业人士和企业家的高度评价。

彼得·德鲁克被称为"现代管理学之父"，他的作品涵盖了39本著作和无数篇文章。在德鲁克学院，我们将他的著述加以浓缩，称之为"德鲁克学说"，以撷取德鲁克著述在五个关键方面的精华。

我们用以下框架来呈现德鲁克著述的现实意义，并呈现他的管理理论对当今社会的深远影响。

这五个关键方面主要体现在以下方面：

（1）**对功能社会重要性的信念**。一个功能社会需要各种可持续性的组织贯穿于所有部门，这些组织皆由品行端正和有责任感的经理人来运营，他们很在意自己为社会带来的影响以及所做的贡献。德鲁克有两本书堪称他在功能社会研究领域的奠基之作。第一本书是《经济人的末日》（1939年），"审视了法西斯主义的精神和社会根源"。然后，在接下来出版的《工业人的未来》（1942年）一书中，德鲁克阐述了自己对第二次世界大战后社会的展望。后来，因为对健康组织对功能社会的重要作用兴趣盎然，他的主要关注点转到了商业。

（2）**对人的关注**。德鲁克笃信管理是一门博雅艺术，即建立一种情境，使博雅艺术在其中得以践行。这种哲学的宗旨是：管理是一项人的活动。德鲁克笃信人的潜质和能力，而且认为卓有成效的管理者是通过人来做成事情的，因为工作会给人带来社会地位和归属感。德鲁克提醒经理人，他们的职责可不只是给大家发一份薪水那么简单。

对于如何看待客户，德鲁克也采取"以人为本"的思想。他有一句话人人知晓，即客户决定了你的生意是什么、这门生意出品什么以及这门生意日后能否繁荣，因为客户只会为他们认为有价值的东西买单。理解客户的现实以及客户崇尚的价值是"市场营销的全部所在"。

（3）**对绩效的关注**。经理人有责任使一个组织健康运营并且持续下去。考量经理人的凭据是成果，因此他们要为那些成果负责。德鲁克同样认为，成果负责制要渗透到组织的每一个层面，务求淋漓尽致。

制衡的问题在德鲁克有关绩效的论述中也有所反映。他深谙若想提高人的生产力，就必须让工作给他们带来社会地位和意义。同样，德鲁克还论述了在延续性和变化二者间保持平衡的必要性，他强调面向未来并且看到"一个已经发生的未来"是经理人无法回避的职责。经理人必须能够探寻复杂、模糊的问题，预测并迎接变化乃至更新所带来的挑战，要能看到事情目前的样貌以及可能呈现的样貌。

（4）**对自我管理的关注**。一个有责任心的工作者应该能驱动他自己，能设立较高的绩效标准，并且能控制、衡量并指导自己的绩效。但是首先，卓有成效的管理者必须能自如地掌控他们自己的想法、情绪和行动。换言之，内在意愿在先，外在成效在后。

（5）**基于实践的、跨学科的、终身的学习观念**。德鲁克崇尚终身学习，因为他相信经理人必须要与变化保持同步。但德鲁克曾经也有一句名言："不要告诉我你跟我有过一次精彩的会面，告诉我你下周一打算有哪些不同。"这句话的意思正如我们理解的，我们必须关注"周一早上的不同"。

这些就是"德鲁克学说"的五个支柱。如果你放眼当今各个商业领域，就会发现这五个支柱恰好代表了五个关键方面，它们始终贯穿交织在许多公司使命宣言传达的讯息中。我们有谁没听说过高管宣称要回馈他们的社区，要欣然采纳以人为本的管理方法和跨界协同呢？

彼得·德鲁克的远见卓识在于他将管理视为一门博雅艺术。他的理论鼓励经理人去应用"博雅艺术的智慧和操守课程来解答日常在工作、学校和社会中遇到的问题"。也就是说，经理人的目光要穿越学科边界来解决这世上最棘手的一些问题，并且坚持不懈地问自己："你下周一打算有哪些不同？"

彼得·德鲁克的影响不限于管理实践，还有管理教育。在德鲁克学院，我们用"德鲁克学说"的五个支柱来指导课程大纲设计，也就是说，我们按照从如何进行自我管理到组织如何介入社会这个次序来给学生开设课程。

德鲁克学院一直十分重视自己的毕业生在管理实践中发挥的作用。其实，我们的使命宣言就是：

> 通过培养改变世界的全球领导者，来提升世界各地的管理实践。

有意思的是，世界各地的管理教育机构也很重视它们的学生在实践中的表现。事实上，这已经成为国际精英商学院协会（AACSB）认证的主要标志之一。国际精英商学院协会"始终致力于增进商界、学者、机构以及学生之间的交融，从而使商业教育能够与商业实践的需求步调一致"。

最后我想谈谈德鲁克和管理教育，我的观点来自 2001 年 11 月 *BizEd* 杂志第 1 期对彼得·德鲁克所做的一次访谈，这本杂志由商学院协会出版，受众是商学院。在访谈中，德鲁克被问道：在诸多事项中，有哪三门课最重要，是当今商学院应该教给明日之管理者的？

德鲁克答道：

> 第一课，他们必须学会对自己负责。太多的人仍在指望人事部门来照顾他们，他们不知道自己的优势，不知道自己的归属何在，他们对自己毫不负责。
>
> 第二课也是最重要的，要向上看，而不是向下看。焦点仍然放在对下属的管理上，但应开始关注如何成为一名管理者。管理你的上司比管理下属更重要。所以你要问："我应该为组织贡献什么？"
>
> 最后一课是必须修习基本的素养。是的，你想让会计做好会计的事，但你也想让她了解组织的其他功能何在。这就是我说的组织的基本素养。这类素养不是学一些相关课程就行了，而是与实践经验有关。

凭我一己之见，德鲁克在2001年给出的这则忠告，放在今日仍然适用。卓有成效的管理者需要修习自我管理，需要向上管理，也需要了解一个组织的功能如何与整个组织契合。

彼得·德鲁克对管理实践的影响深刻而巨大。他涉猎广泛，他的一些早期著述，如《管理的实践》（1954年）、《卓有成效的管理者》（1966年）以及《创新与企业家精神》（1985年），都是我时不时会翻阅研读的书籍，每当我作为一个商界领导者被诸多问题困扰时，我都会从这些书中寻求答案。

珍妮·达罗克

彼得·德鲁克与伊藤雅俊管理学院院长

亨利·黄市场营销和创新教授

美国加州克莱蒙特市

| 彼得·德鲁克自序 |

全面探讨管理学的第一本著作

本书于1954年首度面世之前，已经有少数人撰写并出版过管理书籍。我自己就在1946年出版了第一部管理著作《公司的概念》（Concept of the Corporation, New York：John Day）。巴纳德（Chester I. Barnard）的《经理人员的职能》（The Functions of the Executive, Cambridge, Mass.：Harvard University Press）则更早几年，在1938年问世。

福列特（Mary Parker Follett）在20世纪20年代和30年代初期完成了多篇管理论文，并于1941年结集出版，书名是《动态管理》（Dynamic Administration, New York: Harper & Brothers）。

出生于澳大利亚的哈佛大学教授梅奥（Elton Mayo）分别在1933年和1945年出版了两本关于工作和员工的短篇论述：《工业文明中人的问题》（The Human Problems of an Industrial Civilization, New York：Macmillan）及《工业文明中的社会问题》（The Social Problems of an Industrial Civilization, Cambridge, Mass.：Harvard University Press）。

法约尔（Henry Fayol）的《工业管理与一般管理》（Industrial

and General Administration, London, England: Pitman）首先于 1916 年在巴黎出版，英文译本则在 1930 年于伦敦面世。

泰勒（Frederick W. Taylor）的《科学管理》（*Scientific Management*, New York: Harper & Brothers）推出的时间甚至还更早，早在 1911 年就出版了，而且后来又加印了许多次。

这些管理书籍迄今仍然拥有广大的读者，而且也当之无愧。每一本著作都代表一项重大的成就，每一位作者都为管理学奠定了坚实而持久的基础，在他们各自的领域中，迄今还没有人能超越他们的成就。在我们称为"组织心理学"和"组织发展"的领域中，巴纳德和福列特的著作提供了最佳指引，无人能出其右。当我们谈到"质量环"和"员工参与度"时，也只能附和梅奥早在几十年前就已提出的观念。法约尔的用语虽然陈腐，但他对于管理和组织的真知灼见却仍然饶富新意和具有原创性。而自从我完成《公司的概念》后，管理学界对于高层主管的职能和政策，迄今仍然没有提出什么新的创见。当我们想要了解知识工作者的工作内容，并学习如何提升知识工作的生产力时，我们甚至还要回过头来研读泰勒的著作。

尽管如此，本书仍然是第一本真正的"管理"著作，是第一本视管理为整体，率先说明管理是企业的特殊功能、管理者肩负了明确责任的管理书籍。早期的所有管理书籍都只探讨管理的某个方面，例如巴纳德在《经理人员的职能》中讨论沟通问题，或我在《公司的概念》中讨论高层主管的职能、组织结构和公司政策。

本书则讨论"管理企业""管理管理者"和"管理员工和工作"，这几个重点分别是本书第一部分、第二部分和第四部分的标题，同时也谈到"管理的结构"（第三部分），以及"做决策"（第 28 章）。本书一方面探讨"管理的本质"，管理层的角色、职责和所面对的挑战，另一方面也从人的角度来审视管理者，探讨拥有管理职位、执行管理工作的管理者：他们需具备什么资格，如何发展管理能力，以及他们的责任和价值。本书还专辟一章来谈"组织的精神"（第13章），目前针对"企业文化"的所有讨论内容几乎都可以在本章中找到。本书也是率先探讨"目标"、定义"关键成果领域"、说明如何设定目标，并运用目标来引导企业方向及评估绩效的第一本著作。的确，"目标"这个管理名词可能是本书发明的，至少在以前的各种论述中都不曾出现过。此外，本书也是兼顾管理现有企业和创新未来企业的第一本著作。

或许更重要的是，本书是"第一本"将管理视为一个整体的管理书籍。过去的管理书籍，甚至今天大多数管理书籍，都只探讨管理的某个方面。的确，他们通常都只看到企业的内在：组织、政策、组织内部的人际关系、组织中的权威等。而本书却从三个方面来描绘企业：首先，作为一个机构，企业生存的目的是对外（在市场上为顾客）产出经济成果；其次，企业是雇用人员、由人组成的社会"组织"，必须培育员工，支付员工薪资，组织员工以发挥生产力，并因此需要一定程度的治理，构建价值体系，建立权责之间的关系；最后，企业是扎根于社会和社区的"社会机构"，因而受公众利益所影响，因此本书也探讨"企业的社会责任"——在本书问世之时，还没有人听说过这个名词。

由此可见，本书在30年前，就开创了今天我们所谓的管理"学科"。这样的发展并非偶然，也绝不是靠运气，而是本书的使命和初衷。

在撰写本书时，我已经积累了10年成功的顾问实践经验。我的出身背景既非企业，也非管理。早年我曾经在银行工作——在德国一年，英国三年。后来我成为作家和新闻记者，并且开课讲授政府和政治学。在很偶然的情况下，我开始踏入管理领域。1942年，我出版了一本书《工业人的未来》(*The Future of Industrial Man*)，我在书中主张，早期社会中许多由家庭和社区担负的社会任务如今已经改由组织，尤其改由企业来承担。全世界最大的制造公司通用汽车的一位高层主管注意到这本书，他在1943年秋末邀请我针对通用汽车的高层主管、公司结构和基本政策，进行深入研究。《公司的概念》就是脱胎于这项研究，这本书于1945年完成，1946年出版。

我发现这项研究工作既引人入胜，又令人深感挫折。我找不到任何帮助，不知从何准备。现有的寥寥数本有关企业和管理的书籍完全不敷使用，因为这些著作都只探讨管理的某个方面，仿佛这些方面可以独立存在，彼此互不相干。这不禁令我回想起一本人体解剖书籍，里面讨论人体的某个关节——肘关节，却完全不提及手臂，更不用说骨骼和肌肉了。更糟的是，管理的许多方面都不曾有人做过任何研究。

然而在我看来，管理者的工作之所以如此有趣，完全是因为管理涵盖了三个方面的整体。我很快就明白，谈管理时必须将三个方面都纳入考虑：第一是成果和绩效，因为这是企业存在的目的；第二必须考虑在企业内部共同工作的人所形成的组织；第三则要考虑外在的社会，也就是社会影响和社会责任。然而以上大半的议题却缺乏研究文献，更遑论有关其关联性的探讨了。当时的许多书籍都热衷于讨论政府政策对于企业的冲击。的确，无论当时或现在，关于政府法令对企业影响的课程都大受欢迎。但是，究竟企业又给社会和社区带来了什么影响呢？关于公司财务的书籍不计其数，但我们却看不到任何讨论企业政策的著作。

结束了这项研究之后，我仍然继续担任通用汽车公司的顾问，后来其他大公司也陆续找我去担任顾问，其中包括西尔斯公司、切萨皮克与俄亥俄铁路公司和通用电气公司。我在每家公司都看到相同的情况：对于管理的职务、功能和挑战完全缺乏研究、思考和知识，几乎可以说是一片空白。于是我决定坐下来，先描绘出"黑暗大陆"——管理的整体结构，然后理清拼图中有待填补的失落片段，最后再将整体组合起来，成为有系统、有组织，但篇幅很短的一本书。

从事顾问工作的时候，我认识很多能干的年轻人，他们有的位居中高层管理职位，有的刚得到生平第一个重要职位，不是初为管理者，就是独立的专业人才。他们都很清楚自己是管理者，但他们的前辈，即第二次世界大战前活跃于职场的那一代人通常都不清楚这个事实，这些奋发向上的年轻人知道他们需要系统化的知识，需要观念、原则和工具，这些都是他们当时极为欠缺的。本书正是为他们而写的。

这个时代令本书一炮而红，这个时代也令管理者的意义从"阶级"转变为工作、职能和责任。本书出版后，不但在美国一炮而红，在全球各地也都非常成功，包括欧洲、拉丁美洲，尤其在日本更是备受重视。的确，日本人认为本书的观念奠定了他们经济成功和工业发展的基石。

在后来出版的管理书籍中，我更加详细深入地探讨了本书的各个主题。例如，《为成果而管理》（*Managing for Results*，1964）是第一本有关企业战略的书籍，《卓有成效的管理者》（*The Effective Executive*，1966）讨论组织中的管理者如何自我管理，《管理：使命、责任、实践》（*Management: Tasks, Responsibilities, Practices*，1973）则是为实际管理工作者所撰写的系统化手册，也是研读管理学的学生的系统化教科书，因此内容尽可能翔实完整，有别于本书容易理解、重启发性的特色。《动荡时代的管理》（*Managing in Turbulent Times*，1980）进一步探讨了本书提出的基本问题：我们的事业是什么？我们的事业将是什么？我们的事业究竟应该是什么？但同时也探讨了在动荡时代，企业如何兼顾创新与延续，化变动为契机。

管理专业的学生、立志成为管理者的年轻人和成熟的管理者，仍然视本书为打好管理学根基最重要的一本书。有一家全球最大银行的董事长一再告诉部属："如果你只读一本管理书籍，那么就读《管理的实践》好了。"我相信本书之所以如此成功，原因在于内容既无所不包，又写得浅显易懂。

每一章都很短，却又完整说明了管理的基本观念。当然，这正符合撰写本书的初衷：我希望提供曾经在客户公司中与我共事过的管理者工作上所必须知道的一切，协助他们为高层管理职位预做准备，同时书中的内容又必须好读且易懂，即使是忙碌的企业人都能在有限时间内抽空读完。我相信，正因为本书能兼顾这两方面的需求，因此尽管在本书问世后，30年来出版过的管理书籍如过江之鲫，本书仍然持续畅销，而且无论读者是在政府部门还是在企业中服务，已经担任企业管理者还是有志于管理工作，都把本书当成他们最喜爱的管理书籍。我希望在未来的时光中，无论对新一代的学生、奋发向上的年轻管理人才，还是实践经验丰富的企业管理者，本书仍然能发挥同样的功能，做出同样的贡献。

彼得·德鲁克
1985年感恩节于美国加利福尼亚州克莱蒙特

概 论
管理的本质

THE PRACTICE
OF MANAGEMENT

第 1 章
管理层的角色

第 2 章
管理层的职责

第 3 章
管理层面临的挑战

第1章 | CHAPTER 1

管理层的角色

在每个企业中注入活力的要素——独特的领导群体——管理层的出现——管理对自由世界利害攸关

在每个企业中,管理者都是赋予企业生命、注入活力的要素。如果没有管理者的领导,"生产资源"始终只是资源,永远不会转化为产品。在竞争激烈的经济体系中,企业能否成功,是否长存,完全要视管理者的素质与绩效而定,因为管理者的素质与绩效是企业唯一拥有的有效优势。

在工业社会里,管理层也是一个独特的领导群体。我们不再讨论"劳资"之间的关系,而开始讨论"管理层"与"员工"之间的关系。"资方的责任"以及"资方的权利"等字眼已经从我们的词汇中消失,取而代之的是"管理层的责任"以及"管理层的特权"(一个不幸的词语)。事实上,我们正在建立完整而明确的"管理教育"体系。当艾森豪威尔政府在1952年成立时,他们刻意组成一个"管理型的政府"。

管理层逐渐成为企业中独特而必需的领导机构是社会史上的大事。自从20世纪初以来,很少见到任何新的基础机构或新的领导团体,像管理层一样,在如此短的时间内快速诞生。在人类历史上,也极少看到任何新的机构这么快就变得不可或缺；甚至更加罕见的是，这个新的机构在形成过程中遇到这么小的阻力、这么少的干扰，引发这么少的争议。

只要西方文明继续存在，管理层都将是社会基本而主要的机构。因为管理不仅是由现代工业体系的性质所决定的，而且是由现代企业的需要所决定的。现代工业体系必须将其生产力资源（人和物质）交托给现代企业。管理还体现了现代西方社会的基本信念：它体现了通过系统地组织经济资源有可能控制人的生活的信念；它体现了经济的变革能够成为争取人类进步和社会正义的强大推动力的信念，正如斯威夫特（Jonathan Swift）早在250年前就夸张地强调的那样，如果某人能使只长一根草的地方长出两根草，他就有理由成为比沉思默想的哲学家或形而上学体系的缔造者更有用的人。

认为人类能利用物质来提升心灵的信念，并非就是人们长久以来称之为"物质主义"的异端邪说。事实上，这个观念和我们一般所理解的"物质主义"的意义不太一样。它是崭新、现代而且西方独有的观念。在过去以及现代西方社会以外的世界中，许多人始终认为资源限制了人类的活动，限制了人类控制环境的能力，而不是视资源为机会或人类控制大自然的工具。大家总认为资源是老天的恩赐，而且是不可改变的。的确，除了现代西方社会之外，所有的社会都认为经济变化将危害社会和个人，因此政府的首要任务就是保持经济稳定不变。

因此，管理层是专门负责赋予资源以生产力的社会机构，也是负责有组织地发展经济的机构，体现着现代社会的基本精神，所以它是不可或缺的，这也说明了为何这个机构一旦出现，它就发展得如此之快，遇到的阻力如此之小。

管理层的重要性

在未来几十年里，管理层的能力、操守和绩效将对美国和自由世界都具有决定性的意义，同时对管理的需求也会持续高涨。

长期的"冷战"状态不但造成经济的沉重负担（这种负担只有靠经济的不断发展，才能承受得起），而且在满足国家军事需求的同时，还要达到和平时期的经济扩张的能力。实际上，它要求一种前所未有的、在一旦需要时便立即能在和平时期和战时生产之间来回转变的能力。这就要求我们的管理层，尤其是我们大企业的管理层能够胜任这一转变。我们的生存完全取决于能否满足这种要求。

今天，美国经济居于领先地位，因此管理绩效也就格外重要。由于美国已经站在巅峰，所以面前只有一条路：往下坡走。保持现有地位往往要比向上爬多花一倍的努力和技能。换句话说，目前美国所面临的危险是，由于缺乏愿景和不够努力，注定要走向衰退。

日后回顾时就会发现，1950年的美国就好像1880年的英国一样。证据显示，目前美国出现了宁可保持现状也不要向前迈进的倾向，许多产业的资本设备都已老旧，只有在非常新的产业中，生产力才会快速上升，在其他许多产业中，生产力不是下降，就是停滞不前。只有超人一等的管理能力和持续改善的管理绩效，才能够促使我们不断进步，防止我们变得贪图安逸，自满而且懒散。

在美国以外的其他国家，管理更是具有决定性的作用，管理的工作也更加艰巨。欧洲能否恢复经济繁荣，这首先取决于其管理层的工作绩效。过去遭受殖民统治的原料生产国能否成功地发展经济，也在很大程度上取决于它们能否迅速地培养出称职负责的管理者。管理层的能力、技能和职责的确对整个自由世界利害攸关。

---

* "management"一词很难找到一个中文字来对应它。德鲁克在《管理：使命、责任、实践》一书的第1章中这样说道："management这个词是极难理解的。首先，它是美国特有的一个词，很难译成其他的语言，甚至难以译成英式英语。它表明一种职能，但同时它又指承担这种职能的人。它表明一种社会地位和阶层，但同时它也指一门学科和一种研究领域。"关于本书出现的"management"一词的译法，我曾和我的美国同事仔细地研讨过，根据上下文的意思，我们将"management"译成"管理"或"管理层"。——审订者注

CHAPTER 2 | 第 2 章

管理层的职责

管理层是我们的基本机构中最鲜为人知的部分——企业的器官——首要职能：经济绩效——管理的首要职能是管理企业——管理是一项创造性的活动——目标管理——管理管理者——企业是一个真正的整体——管理者必须管理——"起作用的是能力而不是无能"——管理员工和工作——管理的两种时间尺度——管理的综合性

尽管管理如此重要，如此受瞩目，并如此快速地兴起，然而企业管理层仍然是我们的基本机构中最鲜为人知、最没有被人们了解的部分。即使是在企业中工作的人，也常常不知道管理者在做什么，管理者应该做什么、如何做、为什么要这样做，以及他们的工作究竟做得好还是不好。的确，即使是素来头脑清楚、见多识广的企业员工（通常包括那些本身承担管理责任的人和专业人员），当他们想到"高层"办公室中的状况时，脑子里浮现的画面和中世纪地理学家所描绘的非洲荒诞景象往往十分相似：充斥着独眼妖怪、双头侏儒、长生不死的凤凰和让人猜不透的独角兽。那么，究竟什么是管理？管理层的职责又是什么呢？

常见的答案有两种。第一种，管理层就是高层人士，是对"老板"比较婉转的称呼。第二种，管理层即指挥别人工作的人，就像我们常听到的口号——"管理层的工作就是使其他人完成他们各自的工作"。

但是，这些说法充其量都只是想办法告诉我们哪些人属于管理层（甚至连这一点都没有说清楚），而没有告诉我们管理层到底是什么，以及管理层要做什么。我们只有通过分析管理层的功能，来回答这个问题。因为管理层是企业的"器官"，⊖ 我们只有通过分析其功能，才能对这种器官进行描述和界定。

管理层是企业的一个具体器官，每当我们谈到企业的时候，例如美国钢铁公司或英国煤炭局决定盖一座新工厂、裁员或公平对待顾客，我们其实就是在谈论管理决策、管理活动和管理运作。一个企业只有当其管理者在决策、活动和运作时才能决策、活动和运作——就企业本身而言，它不是一个实际的实体。反过来，任何一个企业，无论法定结构如何，必须有一个活生生的起作用的管理层。在这方面，私有企业和国有化企业（如历史悠久的政府垄断企业——邮政局）之间没有什么区别。

管理层是企业的一个具体器官，这个现象由于太过明显，常常被视为理所当然。但是企业管理和其他所有机构的治理机制都不同。政府、军队或教会——事实上任何重要机构——都必须具备治理机制，其部分功能和企业管理十分类似。但是本书所探讨的管理属于企业管理的范畴，而企业之所以存在，是为了提供商品和服务。企业必须履行经济责任，以促进社会发展，并遵循社会的政治信念和伦理观念。但是，如果套用逻辑学家的说法，这些都属于会限制、修正、鼓励或阻碍企业经济活动的附带条件。企业的本质，即决定企业性质的最重要原则，是经济绩效。

首要职能：经济绩效

在制定任何决策、采取任何行动时，管理层必须把经济绩效放在首位。

⊖ 德鲁克视社会和企业为有机体，因此管理层就成了企业的器官。——译者注

管理层只能以所创造的经济成果来证明自己存在的价值和权威。企业活动可能会产生大量的非经济性成果：为员工带来幸福、对社区的福利和文化有所贡献等，但是，如果未能创造经济成果，就是管理的失败。如果管理层不能以顾客愿意支付的价格提供顾客需要的产品和服务，就是管理的失败。如果管理层未能令交付于它的经济资源提高或至少保持其创造财富的能力，也是管理的失败。

就这个层面而言，企业管理是独一无二的。军方的总参谋部可能会很合理地自问，其基本军事决策是否符合国家的经济结构和利益，但是如果军事考虑从一开始就以经济需求为优先，那么总参谋部就是严重的失职。在军事决策中，决策所造成的经济影响通常都是次要考虑，只是限制性的因素，而不是军事决策的出发点或根本理由。身为军事组织的特殊机构，总参谋部必须把军事安全放在第一位，否则就是对其职责的背叛，是一种危险的渎职行为。同样，尽管企业管理层必须考虑企业决策对于社会所造成的影响，但同时也需要把经济绩效放在首位。

因此，管理层的第一个定义是：管理层是经济器官，是工业社会所独有的经济器官。管理层的每一个行动、每一项决策和每一个考虑，都必须以经济作为首要尺度。

管理的首要职能是管理企业

这一说法看似明显，却并不能推出明显的或被普遍接受的结论。它既意味着对管理层和管理者活动范围的严格限制，也意味着对创造性活动的重要职责。

首先，它表明企业管理的技巧、能力和经验是不能被照搬运用到其他机构的。一个人成功的企业管理生涯本身并不能保证他从政也会成功。企业管理生涯本身并不足以管理重要的政府机构，或领导军队、教会或大学。所谓共同的、能够相互转化的技能和经验就是指分析与行政管理上的技能和经验，这些技能和经验对企业管理来说非常重要，但是对于各种非商业性机构而言，却是次要的。过去20年来，美国人一直激烈地争论，罗斯福究竟是一位伟大的总统，还是美国的灾难？但是大家却很少提及罗斯福其实是个非常糟糕的行政官员，甚至连他最顽固的政敌都认为这与争论毫不相干。大家都把争论焦点放在基本政治决策上，没有人会声称这些基本决策应根据以顾客愿意支付的价格向顾客供应其所需的商品和服务来决定。或者，根据对创造财富的资源的保护或提供的程度来决定。企业管理者所重视的焦点在政治家的眼中，只不过是诸多因素之一而已。

第二个否定性的结论是，管理绝不能成为一门精确的科学。的确，我们可以系统化地将管理者的工作进行分析和分类，换言之，管理工作具备了明显的专业特性和科学的一面。管理一家企业绝非单凭直觉或天赋就能胜任。管理的要素和要求是可以进行分析的，是能够予以系统地组织的，是能够被任何具有正常天资的人所学会的。总而言之，本书完全是根据这样一个主题写就的，即按"直觉"办事的管理者是干不了几天的。本书认为，通过系统地学习原理，掌握有条理的知识，系统地分析其在工作所有领域中的表现，包括企业的管理，将提高管理者的绩效。的确，没有任何其他的东西能够如此有助于管理者提高他的技能、他的成效和他的绩效。这一论点的依据是确信管理者对现代社会和社会公民的影响如此之大以至于要求他严于律己，成为真正高水准的公共服务专业人才。

然而，最终检验管理的是企业的绩效。唯一能证明这一点的是成就而不是知识。换言之，管理是一种实践而不是一种科学或一种专业，虽然它包含这两方面的因素。如果试图通过向管理者"颁发许可证"，或把管理工作"专业化"，没有特定学位的人不得从事管理工作，那将会对我们的经济或我们的社会造成极大的破坏。

反之，正因为好的管理要经历这样的考验，因此成功的企业经营者才有办法完成他的工作，无论他是不是好的管理者。任何人如果想把管理变得更"科学"或变成一种"专业"，一定会开始设法除去那些"讨厌的麻烦"（商业世界中的不可预测性，包括风险、波动、"无益的竞争"、消费者"不理性的选择"等），而且在这个过程中，经济的自由和成长的能力也随之而去。早年有些提倡"科学管理"的先驱最后都要求经济走向彻底的"卡特尔化"（联合垄断），其实并非偶然，亨利·甘特（Henry Gantt）就是最好的例子。美国的"科学管理"在海外造成的影响之一，是20世纪20年代德国的"理性化"运动，试图透过企业联合垄断，塑造出更适合专业管理的环境，而在美国，那些沉浸于"科学管理"思想的人除了大力提倡"技术专家治国"，还在罗斯福新政元年推动"全国复苏法案"的努力中发挥重大作用，试图塑造全国性的超级联合垄断。

管理层的权责无论在范围或程度上都受到严格的限制。的确，为了履行对企业的职责，管理层必须在企业内行使大量社会的和管辖的职权——对身为企业一员的社会公民行使职权。由于企业的重要性，企业管理层不可避免地成为工业社会中的一个领导群体，这也是一个事实。然而，由于管理层的职责是建立在经济绩效的基础上的，因而管理层除了必须承担其经济职责外，没有任何职权。如果管理层超出其追求经济绩效的责任，开始对公民和公民的事务行使管理职权，就是滥用职权。此外，管理层只能是几个领导群体中的一个领导群体，就其自己的利益而言，它从不可能也绝不可能成为唯一的领导群体。它只具有一部分而不是全部的社会职责，因而也只具有一部分而不是全部的社会职权，如果管理层要求成为唯一的领导群体，或者甚至是具有职权的领导群体——要么它将遭到抵制，并在受到抵制的过程中被剥夺它能够合法地要求得到的职权；要么它为虎作伥，强化一个独裁政府，这个独裁政府将会剥夺自由社会中所有其他群体以及管理层的职权和地位。

虽然管理层是企业的器官，其活动范围和发展潜力都因而受限，但同时管理层也担负了创造性行动的重大责任。因为管理层必须管理，而管理不只是被动的适应性行为，而是主动采取行动，促使企业获得期望的成果。

早期的经济学家认为商人的行为完全是被动的：如果他们把事业经营得很成功，表示他们能快速地应对外界发生的事件，经济状况完全由客观的力量所控制，商人既无法控制外在经济环境，也无法借由其所采取的行动来影响经济状况。我们或许可以把这样的商人称为"交易者"。交易者即使不被视为寄生虫，他们的贡献也只是机械性的——把资源转移到更具生产力的用途上。在今天的经济学家眼中，商人理性地在各种方案和行动中做选择。交易不再只是机械性的概念，显然商人的选择会对经济造成实际的冲击。但是，在目前有关"公司"的经济理论和"追求最大利润"的定理所形成的画面中，经济学家心目中的"商人"尽管可以在各种不同的适应方式中有所选择，却仍然只是顺应经济发展而被动适应环境。基本上，这是"投资者"或"理财者"的观念，而非"管理者"的观念。当然，能够快速、明智而理性地适应经济发展是非常重要的，但是管理绝非仅是被动反应和适应，而隐含了一种企图塑造经济环境的责任，在经济变动中主动规划、开创和突破难关的责任，以及不断铲除经济环境对企业活动限制的责任。因此，在管理企业时，可能性——经济学家所谓的"经济条件"，只是其中一根支柱，如何符合企业利益是另外一根支柱。虽然人类永远也无法"主宰"环境，总是紧紧地受到各种可能性的钳制，但管理层的特殊任务就是让企业的希望先成为可能，然后再设法具体实现。管理者不仅是经济动物，同时也是开创者。只有当管理者能以有意识、有方向的行动主宰经济环境、改变经济环境时，才能算是真正的管理。因此企业管理也就是目标管理，这将是贯穿本书的基本原则。

管理管理者

要取得经济绩效，就必须有一家企业。因此，管理的第二种职能是利用人力和物质资源造就一家能创造经济价值的企业。具体地讲，这就是管理管理者的职能。

根据定义，企业必须能够生产出比这家企业所拥有的资源更多、更好的物质产品。它必须是一个真正的整体；大于或者至少不等同于它的所有部分的总和，它的产出大于所有投入的总和。

因而，企业绝不能成为一个机械的资源汇集体。利用资源组成一家企业，若仅仅将资源按逻辑顺序汇集在一起，然后打开资本的开关，如19世纪经济学家所笃信的那样（也如许多学究式经济学家的后继者所仍然相信的那样），是不够的，它需要资源的嬗变。而这种变化是不可能来自诸如资本之类无生命的资源的，它需要管理。

但是，人们也清楚，能够增大的资源只能是人力资源，所有其他的资源都受机械法则的制约。人们可以更好地利用这些资源，或者较差地利用这些资源，但是这些资源绝不会产生出比投入的总量更大的产出。相反，在将非人力资源汇集在一起的过程中，始终存在着一个如何将由于摩擦等原因造成的不可避免的产出损耗控制在最低限度的问题。在人类所有能够运用的资源中，只有人才能成长和发展。只有中世纪伟大的政论作家约翰·福蒂斯丘爵士（Sir John Fortescue）所谓的"有意识的大众行为"——自由人的有指导的、目标一致的、共同的努力——才能创造出一个真正的整体。的确，自从柏拉图以来，"美好社会"的定义就是能让整体大于部分的总和。

当我们谈到成长与发展时，隐含的意思是人类可以决定自己的贡献是什么。我们习惯上总是认定基层员工（有别于管理者）只是听命行事，既没有责任，也无法参与有关自己或他人工作的决策。这表示在我们眼中，基层员工和其他物质资源没有什么不同，而我们也根据机械法则来考量员工对于企业的贡献。这是很严重的误解。然而这种误解和基层工作的定义无关，而是未能看清许多基层工作其实是具有管理性质的，或是如果改为管理性质的工作，生产力会更高。换句话说，只有管理管理者，才能造就企业。

我们用来描述有效运作且具生产力的企业所需活动的各种名词，就足以证明前面的说法是正确的。我们谈到"组织"——企业的正式结构时，我们其实是指管理者和发挥管理功能的组织；无论砖头、水泥或基层员工在组织结构中都不占有任何地位。我们谈到"领导力"和企业"精神"，而领导力必须靠管理一群管理者来有效发挥；企业精神也必须通过管理层的精神来塑造。我们讨论企业"目标"和"绩效"，而企业目标是管理层的目标，企业绩效也代表管理层的绩效。如果一个企业未能取得应有的绩效，我们完全有理由去更换一名新的总裁，而不是去辞退员工。

管理者也是企业最昂贵的资源。在大企业中，会不断听到某个具有 10 年或 12 年工作经验的优秀工程师或会计师，其价值相当于 5 万美元的直接投资的说法。当然，这个数字纯属猜测。但是，即使实际数字没有这么大，仍然足以证实，虽然企业对管理者的投资从来没有显现在账面上，却超过企业对于其他任何资源的投资。因此企业管理者必须充分利用这笔投资。

因此，管理"管理者"也就是运用资源来打造企业，使资源能充分发挥生产力。而管理是如此复杂而多面，即使在很小的企业中，如何管理"管理者"都是非常重要且复杂的任务。

管理员工和工作

管理的最后一项职能是管理员工和工作。工作必须有效执行，而工作必须由员工来完成——从纯粹的非技术性员工到艺术家、从推车的工人到执行副总裁都是企业员工。这意味着要对工作进行组织，使之成为最适合人类的工作；对员工进行组织，使得员工最有效地进行工作。这也意味着应该将人视为资源，也就是说，人具备独特的生理特质、能力和限制，因此应该像处理其他资源（例如铜）一样，给予同等的关注。但同时也应该将人当成不同于其他资源的资源，每位员工都有自己的个性和公民权，能够掌控自己是否要工作，以及做多做少和绩效好坏，因此需要激励、参与、满足、刺激、奖励、领导、地位和功能。只有通过管理，才能满足这些要求。因为员工只有通过工作和职务，并身属企业才能得到满足，而管理层则是给企业注入生命的重要器官。

每个管理问题、管理决策和行动中还有一个共同要素，但这个要素并非管理的第四个职能（而是额外的尺度），那就是时间。管理者必须将目前的现况和长远的未来都一并纳入考虑。如果为了眼前的利润而危害长期利益，甚至企业的生存，那么就不是在解决管理的问题。如果管理决策为了宏伟的未来，而不惜给今天带来灾难，那么也不是负责任的管理决策。许多管理者在位时能创造伟大的经营绩效，但当他们不在其位后，公司就后继无力，快速衰败。这种情况屡见不鲜，正是管理者无法平衡现在和未来，采取不负责任的管理行动的例子。事实上，眼前的"经济成果"是虚幻的，是通过资本支出而达到的成果。每当无法同时满足眼前的利益和长远的利益，或至少在长短期之间求取平衡时，就会危害或摧毁企业的生财资源——资本。

时间的尺度是管理固有的，因为管理与行动的决策是联系在一起的。行动的目标通常都是未来的结果。任何负责"做"（而不仅仅是"知"）的人都会影响到企业的未来。但是，为什么在管理层的工作中，时间因素显得格外重要，也格外困难呢？原因有二。第一，经济和技术进步使得证实决策的成效和收获成果所需的时间不断延长。50年前，爱迪生从根据构想展开实验到建立工厂试产，需要花两年的时间。今天，后继者很可能需要花15年的时间才办得到。50年前，新工厂预计在两三年内就能收回投入；今天，每位员工的平均资本投资额是1900年的10倍，然而在相同的产业中，却可能要花10年或12年的时间，才能完全收回。而像销售团队或经营团队这类组织，甚至可能需要更长的时间才能建立起来，并收回当初的投资。

第二个原因是，管理者必须能兼顾现在与未来。军事将领也明白这两种时间层面的重要性，但是他们通常都不需要同时兼顾两者。在和平时期，军事将领根本不需考虑"现在"，现在的一切都是为未来的战争做准备。但在战时，他眼中只有最近的"未来"，他最关心的是如何赢得眼前的战争，把其他的一切完全排除在外。但是，管理者必须保持企业目前的成功和盈利，否则将不会有企业生存下来并享受未来的乐趣。企业的管理者必须同时使企业能够发展和兴旺，或者至少使企业在将来能够生存下去——不然的话，他们就没有尽到保持资源的生产能力和不使其受损害的责任，就毁掉了资本。唯一与"时间紧缩"(time-squeeze)类似的是政治家所处的窘境：既对公众利益负有责任，又需要连任，并以此作为为公众利益贡献的先决条件。然而，寡廉鲜耻的政治家可能会觉得，对选民的承诺和一旦当政后的表现并不需要完全一致。但是，管理者对目前成就所做的工作直接决定着未来的成就，他对未来成就所做的工作（例如，研究的费用或工厂的投资）深刻地影响着目前现有的成就。

管理的综合性

管理的三项职能（管理企业、管理管理者以及管理员工和工作）都能够分别加以分析、研究和评估，并且区分目前与未来的状况，但是在日常的管理工作中，则无法清楚区分三者，也无法把今天的决策和关乎未来的决策完全分开。任何管理决策都会影响到管理的三项职能，而且也必须将三者同时纳入考虑。而影响未来的关键决策往往都是针对现况的决策，例如针对目前的研究经费、申诉处理、人员升迁和解雇、维修标准或顾客服务所做的决策。

我们甚至不能说其中任何一项任务比其他任务更重要，或需要更高超的技术或能力。没错，企业绩效是第一位的，这是企业的主要目标和存在目的。但是，无论管理层多么懂得经营企业，如果企业不能健全地运作，也就没有企业绩效可言。如果对员工或工作管理不善，情况也同样如此。未对管理者进行有效管理而取得的经济成效是虚构的，并且实际上是在糟蹋资本；未对员工和工作进行有效管理而取得的经济成效同样也是一种假象。它不仅会使成本增长到使企业失去竞争力的程度，它也将通过制造阶级仇恨和阶级纷争，使企业根本无法运作而使经济成效荡然无存。

管理企业在三项职能中居于首位，因为企业是经济机构，但是管理管理者及管理员工和工作也同样重要，因为我们的社会不是经济机构，因此它对管理的这两个领域极为关注。社会的基本信念和目的都要求在这两个领域内得以实现。

在本书中，我们将始终把现在与未来综合在一起。但是，我们将分别讨论管理层的三项主要职能：管理企业、管理管理者以及管理员工和工作。然而，我们必须牢记，在实际操作中，管理者总是在每一项活动中履行着这三项职能。我们必须牢记，在同一时间内履行的是三项而不是一项职能，由同样的人履行并由同样的人完成这些职能，执行同样的决定并推行同样的决策，实际上是管理者独特的状况。因此，在回答"什么是管理层，管理层在做什么"这些问题时，我们只能说管理层是一种有着多重目的的机构，它既管理企业，又管理管理者，也管理员工和工作。如果这其中缺掉任何一项，就不再有管理可言，也不会有企业或工业社会了。

第3章 | CHAPTER 3
管理层面临的挑战

> 新工业革命——自动化：科学幻想和现实——什么是自动化——概念性的原理，不是技术或精巧的装置——自动化和工人——自动化、计划和垄断——对管理层的要求

在即将来临、我们称之为"自动化"的工业革命中，管理层将面临第一个大考验，也将面对最艰巨的任务。

今天，许多科幻小说都对自动化有所描绘，其中有关"按钮工厂"的描述大概已经不算最荒诞的情节了（尽管基本上还是胡说八道）。20世纪30年代"规划家"的口号在新科技的推波助澜下重新复活，新的廉价惊险小说纷纷问世，试图为读者描绘出这场噩梦——在科技专家的乐园中，完全不需要人类来做决定、负责任或管理，"电脑"会自行操控按钮，创造财富，并分配财富。

这类小说还特别指出，由于新科技需要庞大的资本支出，因此只有大企业才负担得起巨额投资。尤其在欧洲，我们被告知此后将不再有竞争，因而产生的大型独占企业势必走向国有化，而且未来的按钮工厂将不再有工人。（虽然始终没有人告诉我们，假如每个人都被迫无所事事，那么谁来购买工厂

不断吐出的商品？）未来的工厂唯一还需要的人力是纯技术人员——电子工程师、理论物理学家、数学家或清洁工，但却不需要管理人员。实际上，虽然许多预言家在其他的观点上持有不同的意见，但不需要管理者他们似乎都坚决赞同。

难怪这类推测多数都出自控制型经济和中央计划型经济的倡导者口中——在欧洲尤其如此，因为目前对于未来的一切预测都完全出自规划家昨天催促我们接受的那张处方。由于身在自由世界的我们不再认为规划家开的药方有效，因而他们企图以这是不可避免的趋势为借口，迫使我们接受同样的药方。

什么是自动化

然而，所有这些主张、结论和恐惧都恰好与科技真正的意义背道而驰。的确，我们有充足的例证（例如炼油厂或合成橡胶厂的状况），因此无须凭空臆测，我们就可以说明自动化是什么，会带来什么影响。

自动化并不是以"技术"为其特征的。就像其他技术一样，自动化主要是由各种观念构成的体系，它的技术方面是其结果，而非原因。

第一个概念十分抽象：在看似变动的现象背后，其实隐藏着一种稳定而可预测的基本形态。第二个概念是关于工作的本质。新科技不像早期的单件生产，强调技能是整合性的工作原则；也不像亨利·福特的大量生产概念，以产品为导向，强调整厂原则，也就是整个工厂都采用单一产品的大量生产模式。新科技强调的是流程，把流程看成整合而协调的整体，目的是产生最佳流程——能以最低的成本和最小的投入，稳定地生产出最多样的产品。的确，流程中的变化和波动越少，则能生产的产品种类可能就越多。

最后，新科技包含了一种控制的观念，试图在手段和目的、投入和产出之间保持平衡。自动化要求预先建立起重要机制，因此，对于生产流程能够有预先设定并自我启动的控制机制。

控制的机制可能非常简单。

在一家人寿保险公司的理赔部门中，需要特殊处理的保险单，例如文件不全、缺乏数据、受益人不清楚、权利不明确等，都被挑出来，由一位职员个别处理。任何人都可以在几天内学会处理这些特殊案件（或设计一部机器来处理），如此一来，98%的正常保险单都能够平稳而迅速地处理完毕，即使这些保险单的理赔方式、受益人之间的分配等可能还是有成千上万种不同的情况，单纯的另案处理就足以提供充分的控制，以确保流程顺畅。

有时候，也可能需要复杂的控制机制，例如实施"回馈"的做法，将流程的成果回馈到前一个生产阶段，以确保流程顺畅，并在必要的时候修正流程。

最简单的例子就是蒸汽机的"安全阀"，锅炉中的大量蒸汽会将安全阀往上推，直到开启的气孔释放了过量蒸汽，降低了锅炉中的蒸汽气压，于是安全阀又下降至原本的位置，并关闭气孔。在生物世界里，腺体也是依据这个原理运作的，而高射炮的电子控制系统也利用了回馈原则。

不过，这类控制机制在自动化技术中只扮演次要角色，最重要的还是流程中内建的控制功能，通过剔除流程无法处理的状况，或调整流程以产出计划中的成果，从而保持流程顺畅。

只有当人们彻底地考虑了这些概念后，机器和精巧的装置才能被有效地运用。

只有做了这样一番概念性的反思后，这些以重复为特征的操作的机械化才既有可能又经济。人们能够用一台机器将原料输入另一台机器，改变原料在机器中的位置，或将原料从一台机器转向另一台机器。所有处理原料的工作（在大规模生产方式条件下这种工作提供了大量非熟练的重复性的工作）都能实行机械化操作。机器安装的调整和常规的检查（如机器温度是否太高或工具是否太过锋利）也都能实行机械化操作。

不过，这种"机械化"却不能代表自动化本身。它只是"自动化"的结果，而不是自动化不可或缺的要素。有很多例子显示，即使一条输送带都没有，也能达到大量生产的成效，例如票据交换所中的支票分类工作。我们将会看到许多成功自动化的例子都没有用到任何"自动化的工具"，更看不到任何一个"按钮"。

所以，在自动化的过程中，技术、工具和原理都由任务决定，也因任务而异。自动化并非由这几个因素所组成，自动化也不完全系于技术、工具和原理的应用上。自动化是把工作组织起来的一种概念，因此既适用于销售组织和行政作业，也同样适用于工业生产。

自动化和工人

许多人都认为，新科技出现后，机器人将取代人力，这种说法大错特错。我的学生有一次对我说："我负责操作模拟电脑已经有一段时间了，我仍然很震惊，竟然有这么多企业界人士相信我是受这部机器支配的。"

事实上（虽然一定会出现人力遭到取代的问题），新科技出现后，一定会雇用更多的人，尤其是技术高超、训练有素的人员。

20年前，大家都认为大量生产的技术，即过去的工业革命会导致许多人失业。今天，我们知道凡是引进大量生产技术的地方，工作机会都快速增加。但是许多人仍然相信，大量生产作业以非技术性员工取代了技术性员工，今天我们业已知道了这种说法的谬误。举例来说，美国是最大规模地采用大量生产方式的国家，但在不同种类的员工中，训练有素的技术员工无论在数量或比例上都成长最快。而过去那种纯粹贡献体力、真正的非技术性员工今天已经摇身一变为半技术性的机器操作员——具备较高的技能，受过比较好的教育，能创造更多的财富，生活水准更比过去大幅提升。

目前发生的技术改变将会把这个过程更往前推进一大步，不但不会导致劳动力过剩，反而会需要大量技术高超、训练有素的人力——需要管理者来思考规划，需要训练有素的技师和工人来设计新工具，并且生产、维修、操作这些工具。的确，我们几乎可以确定，无论在任何国家，这样的转变如果要快速普及，主要障碍就在于受过训练的人力不足。

同样，只有大企业才能采用新技术的说法也是不正确的，更不用提新技术会排挤小公司和独立企业，导致大企业独占市场的说法了。在某些产业中，新技术或许的确扩大了最具经济效益的单位的规模，而在其他许多产业中（例如生产生铁的产业），很可能新技术反而能让较小的生产单位具备经济效益。

最后，新技术将导致资本需求剧增的说法也不对。诚然，生产工人的人均投资将会上升，但由于企业将需要更多的技术人员和管理人员，员工的人均投资根本不会增加。而且根据我们的经验，似乎也没有迹象显示每单位产出的平均投资会大幅增加。

对管理层的要求

最重要的是，新技术将不会造成管理者过剩，或是被纯技术人员取代，相反，未来会需要更多的管理者。管理的领域将会大幅扩大，许多现在被视为基层员工的人未来将必须有能力担负起管理工作。绝大多数的技术人员都必须了解管理工作的内容，并且从管理者的角度来看事情和思考。无论在任何阶层，对于管理者的责任和能力、他的愿景、他在不同风险中抉择的能力、他的经济知识和技能、他的管理管理者及管理员工和工作的能力，以及他的决断力等各方面的要求将会越来越高。

新技术不但不会造成垄断的情况，反而会要求高度的分权、弹性和自主管理。在新科技的时代，任何社会如果试图排斥自主企业的自由管理作风，这个社会便将痛苦地消亡。任何一个试图将责任和决策集中于高层的企业也将同样如此。

基于以上种种理由，任何关于管理本质的描述都不能不把自动化纳入讨论。我倾向于相信，自动化不会像突如其来的洪水般迅速将我们淹没，而会如涓涓细流般逐渐影响我们。但是毋庸置疑，自动化的时代即将来临。20世纪下半叶，最先了解自动化，也率先有系统地应用自动化的工业国家，无论在生产力或财富上，都将领先他国。就好像20世纪上半叶的美国，由于了解和应用大规模的生产方式而取得全球领导地位。更加不需怀疑的是，哪个国家的管理者最能够了解管理的真谛，并彻底实践有效的管理，该国家必将取得世界领导地位。

1

第一部分
管理企业

THE PRACTICE
OF MANAGEMENT

第 4 章
西尔斯公司的故事

第 5 章
企业是什么

第 6 章
我们的事业是什么,我们的事业应该是什么

第 7 章
企业的目标

第 8 章
今天的决策,明天的成果

第 9 章
生产的原则

第4章 | CHAPTER 4
西尔斯公司的故事

何谓企业，企业是怎样被管理的——一个尚未探索的领域——以西尔斯公司为例——西尔斯公司如何成为一个企业——罗森沃尔德的创新——发明邮寄工厂——伍德将军与西尔斯公司的第二个阶段——制定销售规划和培养管理者——T. V. 豪泽和未来的挑战

从表面上看来，如何管理一个企业的问题既然如此重要，相关书籍似乎早应汗牛充栋，但实际上，我们几乎看不到一本真正的关于如何管理企业的书。

市面上倒是不乏有关不同管理功能的书，例如，生产与营销、财务和工程、采购、人力资源、公共关系等，这类书籍即使没有成千上万，至少也有几百种，但是关于管理一个企业究竟是怎么一回事、需要什么条件、管理者应该做哪些事情以及如何管理，到目前为止，仍然备受忽视。⊖

这种情况并非偶然，而是反映出目前关于企业管理，非常缺乏站得住脚的经济理论。但我们不打算立刻着手自行构建理论，而是应该首先仔细观察

⊖ 我所知的唯一例外是克瑙特（Oswald Knauth）的文集《管理者的企业》（*Managerial Enterprise*, New York：Norton, 1948），也可参见迪安（Joel Dean）的《管理经济学》（*Managerial Economics*, New York：Prentice-Hall, 1951）。虽然迪安关注的主题是如何将经济学家的理论观念与工具应用在企业管理上，但是这本书，尤其是前面的通论，是管理者的必读之作。

企业实际的运营行为。要描绘企业的真实面貌，探讨管理的意义，最佳的范例莫过于美国最成功的企业之一——西尔斯公司。○

西尔斯公司在20世纪初开始发展成为一家企业，当时西尔斯公司看出美国农民代表了一个被隔离而独特的市场：由于农民与世隔绝的生活形态，他们无法接触到既有的销售渠道；也由于农民不同于城市消费者的特殊需求，他们自成一个独特的市场。尽管个别农民的购买力很低，但全体农民却代表了几乎从未被开发的庞大购买潜力。

为了接近农民，必须创建一种新的销售渠道，必须生产能符合农民需求的产品，必须向农民输送大量低价的，并能保证经常供应的商品。由于闭塞的客观条件使得农民不可能在货物装运前检验商品，或者在遭受欺骗时寻求赔偿，因此，供应商必须给予农民一种可靠和诚实的保证。

因此，在创建西尔斯公司时，需要对客户和市场进行分析，尤其需要分析什么是农民认为有"价值"的东西。此外，还需要在五个独特的领域进行创新。

第一，需要有系统的销售规划，即发现和发展能提供农民所需的特殊商品的供货渠道，以农民需要的数量和质量以及他们能承受的价格供应商品。第二，需要有邮购商品目录，该目录应能解除农民无法进城采购之苦。考虑到这一点，这份目录必须定期出版，而不能像拍卖廉价商品的告示那样，无固定发布日期。必须摒弃所有传统的邮购商品的做法，学会不以对商品夸张的炫耀来诱使农民购物，而是实事求是地向农民介绍所供的商品，其目的是通过使农民相信该份目录和目录背后的公司的可靠性来建立一个长久的客户。这份目录应该成为农民的"福音书"。第三，"买主自行小心"的陈旧观

○ 有关西尔斯公司的资料，我主要取材自埃米特与约伊克（Emmet & Jeuck）的《邮购目录与收银台：西尔斯公司发展史》(*Catalogues and Counters*：*A History of Sears*，*Roebuck & Co.*，Chicago：University of Chicago Press，1950），这是有史以来写得最好的公司史之一。但是无论是历史资料的诠释或西尔斯的现况分析，我都必须负完全的文责。

念应转变为"卖主自行小心"的新观念——西尔斯公司著名的"退还货款，不提任何问题"的政策充分表明了这个观念。第四，必须寻找一种方式，能价廉快捷地满足客户大量的订货。没有邮寄工厂，企业的经营是完全不可能的。第五，必须组建起人力组织。当西尔斯公司开始成为一家企业时，缺乏适应这种经营方式的客户，缺乏精通投资管理新要求的会计，缺乏制作目录插图的美工人员，缺乏具有处理大量客户订单经验的职员。

理查德·西尔斯以他自己的名字命名公司，但是使这家公司真正成为现代企业的却并不是他。西尔斯本人的经营活动难以称得上"经营企业"。他是一个精明的投机商，他大量买进亏本销售的商品，然后，通过大肆进行广告宣传，再整批售出。他的每一笔交易其实质都是一种售后结算交易，交易完成后再与参与交易的企业进行结算。西尔斯为他自己赚了很多钱，但是，他的经营方式从未创造一个企业，更不要说长期经营企业了。事实上，像许多有着与他相似的经商经历，结果在他前面破产的人一样，没有几年他就不得不退出商界。

是朱利叶斯·罗森沃尔德在10年间，从1895年他掌管公司起到1905年芝加哥邮寄工厂开业为止，才使西尔斯公司脱颖而出成为一家企业。罗森沃尔德对市场进行了分析，他首创系统地开发商品渠道，他发明了定期发行内容翔实的邮购目录，推出了"保证质量，否则退款"的政策。他建立了富有成效的人力组织。他在开始阶段就赋予管理层最大的权力并对结果负全部责任。后来，他又给予每个雇员一份用经营利润购买的公司股份。因此罗森沃尔德不仅是西尔斯公司之父，也是"渠道革命"的先驱。"渠道革命"风靡20世纪的美国，是经济增长中极为重要的因素。

西尔斯公司早期历史的基本贡献中仅有一项不是罗森沃尔德做出的，那就是芝加哥邮寄工厂，是由奥托·多森在1903年设计的，比亨利·福特的工厂早5年落成。亨利·福特的工厂是现代第一家以大规模生产方式进行生产的工厂。该厂以装配线、传送带、标准化的可互换的部件,尤其是以有计划的全厂范围的调度,将所有的工作分解成简单的重复操作。○

正是基于这些基础,到第一次世界大战结束时,西尔斯公司已经发展成为一个全国性的机构,它的"福音书"是除《圣经》之外唯一一份可以在许多农户家庭找到的印刷品。

西尔斯公司发展历程的第二个阶段始于20世纪20年代中期。如同它的第一阶段是由罗森沃尔德主导一样,它的第二阶段则是由另外一个人,即罗伯特 E. 伍德将军主导。

20世纪20年代中期,当伍德加盟西尔斯公司时,西尔斯公司原有的市场正在急剧地发生着变化。农民不再是闭塞的了,汽车使得他们能去城镇购物。他们不再是一个独特的市场,相反,在很大程度上由于西尔斯公司的作用,他们正迅速地将生活方式和生活标准向城市中的中产阶级靠拢。

与此同时,一个巨大的城市市场出现了。这个市场像25年前的农民市场一样,呈现出同样的闭塞,同样的供应不畅。城市中低收入群体已经崛起,他们不再满足维持生计的生活标准,不再适应"下层阶级"独特的习惯,他们迅速地开始拥有金钱,产生要与中产阶级和上层阶级相同的购买欲望。换言之,这个国家正急速地演变为一个巨大的、统一的市场,而配售体系却仍是一个分散的、阶级特性鲜明的配售体系。

早在加入西尔斯公司之前,伍德就做了一番分析。通过分析,他决定将西尔斯公司的侧重点转向零售商店——为商店添置设备,向已经购买汽车的农民和城市人口提供服务。

为了使这项决定能够实施,必须再次进行一系列的创新。为了找到供货来源以及向其购置商品,商品的营销必须增加两项重要的新功能:设计产品

○ 在西尔斯公司一直有这样的故事流传,传说亨利·福特在组建第一个工厂之前,曾到西尔斯公司参观并学习它的邮寄工厂。

以及扶植能够大量生产这些产品的厂商。"上流社会市场"的产品，例如冰箱，必须重新设计，使之适销于购买力有限的"大众市场"。必须创造产品供应商——经常是由西尔斯公司来投资并培训管理者——来生产这些产品。这样做也需要进行另一项重要的创新，即处理好西尔斯公司与供应商的关系。营销计划的制订和研究，系统地培育数以百计的能为大众市场生产产品的小供应商，这些前所未有的工作都必须创造性地进行。这些工作大部分是由 T. V. 豪泽完成的，他多年担任西尔斯公司的销售副总裁。这些创新在西尔斯公司第二个发展阶段中对大规模商品配售所起到的作用，如同邮寄工厂和邮购目录在第一个发展阶段中所起的作用一样，对美国的经济做出了显著的贡献。

但是，从事零售业务也意味着要配备大量的商店经理，因为邮购销售并没有为零售商准备管理者。西尔斯公司经营零售业务的最初 10 年或 15 年中最大的瓶颈问题就是管理者的短缺，这个问题几乎一直持续到第二次世界大战。因此，必须对培育管理者的领域进行最系统的创新。西尔斯公司 20 世纪 30 年代的政策成了美国工业界正在进行的培育管理者的工作的起点。

向零售商店拓展意味着在组织结构方面进行彻底的改革。邮购销售是一种高度集中的经营方式——至少在西尔斯公司一直如此，但是零售商店不可能由几千公里之外的总部来经营，而必须由当地人来管理。虽然西尔斯公司当初只需几家邮寄工厂向全国供货，但是，今日却拥有 700 家商店，每家商店都有自己的市场和地区属性。分权制的组织机构、管理分权制公司的方法、对商店经理业绩的考核，以及既给予公司最大限度的自治权又保持公司的统一性，所有这些都必须探索出实施的办法，以便使零售商店有可能得以运行。另外，还需要制定新的报酬政策对商店经理的业绩进行奖励。

最后，西尔斯公司必须将创新引入商店的选址、建筑和外观布置等方面。传统的零售商店不适宜西尔斯公司的市场。这不仅仅是将西尔斯公司的商店搬到城市郊区的问题，也不仅仅是为商店提供足够的停车场的问题，整个零售商店的观念必须改变。事实上，即使在西尔斯公司也没有多少人意识到这种创新是多么深刻，它对美国人的购物和城镇市容有多大的影响。今日被吹捧为零售业重大创新的郊区购物中心，实际上只不过是西尔斯公司20世纪30年代确立的观念和方法的翻版而已。

拓展零售商店的基本决策是在20世纪20年代中期做出的，那些根本性的创新是在20世纪30年代早期进行的。这说明了为什么西尔斯公司的交易量和利润在萧条时期、第二次世界大战时期以及战后繁荣时期都持续上升，虽然这些基本决策的实施至今已近30年，但它们至今尚未被完全地付诸实施，包括女性时装领域和公共关系领域的一些决策。

商品规划——系统地设计用于大规模配售的优质产品，系统地培育从事大规模生产这些产品的人员——仍然有必要应用于女性时装领域。女性时装的传统生产组织（纽约"服装区"）并不符合大规模配售的要求。尽管西尔斯公司能将其他相同的传统工业转变为大规模生产和大规模配售的产业，并且，在今日的拉丁美洲正成功地这样做着，但它未能也不愿意改变女性时装产品的生产体系。

另一个未完成转变的领域是公共关系领域。西尔斯公司在罗森沃尔德领导下曾率先涉足公共关系领域，而且西尔斯公司的每一位成员也都认为这是一个至关重要的领域。虽然西尔斯公司的市场已经城市化，但是西尔斯公司的公共关系仍然侧重于当初的"西尔斯公司，农民的朋友"之上。鉴于西尔斯公司的市场实际状况，人们只能认为这是一种恋旧的心态，与企业的需要不相适应。

伍德将军于1954年春季从西尔斯公司的董事长职位上退了下来，T. V. 豪泽接替了他的职位。这充分标志着西尔斯公司一个时代的结束。西尔斯公司现在面临着新的问题和新的机遇。

曾经改变西尔斯公司市场的汽车似乎要再一次改变这个市场。在大多数城市中，驾驶汽车已是一种负担，停车更是困难，以致汽车迅速地失去它对购物者的帮助作用。与此同时，西尔斯公司的典型顾客——家庭主妇，正变为职业妇女，在购物的时间她们必须得上班，或者，她们在外出购物时无法照看小孩。

如果这种认识是正确的，那么西尔斯公司需要对市场和顾客再做一次分析，并制定出新的目标，就像其在历史上的两个转折点时曾做过的那样。可能需要有一种新型的配售体系，在这种体系中，当地的商店是售货员的总部，售货员受理顾客的订单。售货员也许会开着一辆样品车，挨家挨户地流动。最近几年，挨家挨户销售的交易额的增长也许预示着这样的一种发展趋势。这种变化似乎自然需要有新的销售体系概念、新的报酬政策和方法。可能会产生难以寻找合适的人员的新问题，就像20年前难以寻找零售商店管理者一样。在顾客家中提供西尔斯公司产品的服务可能最为关键，也许最终会像40年前的退款保证一样重要。大部分顾客的购物方式可能会又一次转向按目录购物的方式，虽然不会再通过信件传递，而是通过流动的售货员或通过电话传达。反过来，这又需要对邮寄工厂实施技术改造，迄今为止，邮寄工厂的经营几乎仍然沿袭50年前奥托·多林提出的基本模式。受理顾客的订单，无论这些订单是通过邮寄，通过电话或通过售货员送交，似乎都需要有一家运作完全建立在应用自动化和反馈原理基础上的全自动工厂。

甚至商品规划也需要确立新的目标。因为今日最重要的顾客（已婚的少妇和家庭主妇，她们常常拥有一份工作）在很多方面像处于最闭塞时期的美国农民，是一个独特的市场。

换句话说，西尔斯公司可能需要再一次思考企业是什么，其市场在哪里，需要进行哪些创新。

CHAPTER 5 | 第 5 章

企业是什么

企业是由人创造和管理的，而不是由"经济力量"创造和管理的——利润最大化的谬误——利润是经济活动的客观条件而不是经济活动的根本原因——企业的目的：创造顾客——两种企业功能：营销和创新——营销不是一种专门的活动——通用电气公司的方案——企业是实现经济成长的器官——有效利用一切创造财富的资源——什么是生产劳动——作为生产力因素的时间、产品组合、工艺组合和组织结构——利润的功能——应追求多少利润——管理企业，一种理性的活动

从西尔斯的故事中，我们得到的第一个结论是：企业是由人创造和管理的，而不是由"经济力量"创造和管理的。经济力量限制了管理者所能做的事情。经济力量创造了新机会，让管理者能有所作为，但是，经济力量本身却不能决定企业是什么或做什么。我们常听到的说法"管理就是设法让企业顺应市场的力量"是无稽之谈。管理者不仅要发现这些"力量"，还要靠自己的行动，创造这股力量。就像 50 年前，罗森沃尔德使西尔斯公司成为一家企业；就像 25 年前，伍德将军改变西尔斯的根本体制，在经济萧条和第

二次世界大战期间，确保西尔斯仍然成长壮大；今天，西尔斯也必须仰仗某个人（或几个人）的决策能力，来决定西尔斯的兴衰存亡。而且，每一家企业都会面临相同的考验。

第二个结论是：我们不能单单从利润的角度来定义或解释企业。

当问到企业是什么时，一个普通商人的答案通常是："一个创造利润的组织。"经济学家的答案也如出一辙。但是这个答案不仅错误，而且答非所问。

同样，今天有关企业及企业行为的经济理论（利润最大化的理论），其实只是换个更复杂的说法来说明"低价买进，高价卖出"的传统模式罢了。这个理论或许可以充分反映理查德·西尔斯的经营方式，但我之所以说它完全错误，是因为这个理论不足以解释西尔斯公司或其他企业的运营方式，也无法说明应该如何经营企业。经济学家在努力拯救这条定理时，清楚显示了这一点。今天在研究企业管理理论的经济学家中，迪安可以说是最杰出且多产的一位学者，但是他仍然沿用这条定理，而他所下的定义是：

> 经济理论的基本假设是：每一个企业的基本目标都是追求最大利润。但是近年来理论家谈到"利润最大化"时，普遍从长期的角度来看其含义；指的是管理层的收入，而非企业所有者的收入；包括非财务收入，例如，为神经高度紧张的经理增加休闲时间，以及培养他们之间的默契；指用于特殊用途的津贴，例如，抑制竞争、保持对企业的控制、防止员工提出加薪的要求以及预防反托拉斯法等。这个观念变得十分笼统而模糊，几乎涵盖了我们大部分的人生目标。
>
> 这个趋势反映了理论家逐渐了解到许多公司，尤其是大型企业，不再从边际成本和边际利润的角度，采用利润最大化的原则……⊖

⊖ *Managerial Economics*（New York：Prentice-Hall, 1951），p.28.

当然，采用这种已经证明没有存在价值的定理，是毫无意义的，也毫无用处。

这并不是说利润和盈利能力不重要，但其确实指出，利润不是企业和企业活动的目的，而是企业经营的限制性因素。利润并不能解释所有的企业活动与决策的原因，而是检验企业效能的指标。即使担任公司董事的是天使，尽管他们对赚钱毫无兴趣，还是必须关心企业的盈利能力。企业的问题不在于如何获得最大利润，而在于如何获得充分的利润，以应对经济活动的风险，避免亏损。

如此混淆观念的原因是，大家误以为所谓的"利润动机"能说明企业家的行为或是作为商业活动的指引。事实上，究竟有没有利润动机这回事，都很值得怀疑。古典经济学家发明了这个名词来解释经济行为的意义，然而，从来没有任何证据显示利润动机确实存在，而且我们很早就发现了经济学家企图通过利润动机来解释经济变化和经济成长背后的真正因素何在。

但是究竟有没有利润动机这回事，其实对于了解企业行为，包括了解利润和获利情况，都毫不相干。比方说，史密斯为了获利而经营企业，其实只关系到他自己和他的公司，我们无法借此了解史密斯所做的事情以及经营绩效如何；我们虽然知道在内华达沙漠探勘铀矿的人一心只想发财，但我们并不了解采矿者的工作；我们虽然知道心脏专家从事这一行是为了谋生或造福人类，但我们并不了解心脏专家的工作。同理，利润动机以及衍生而来的"利润最大化"理论，与企业的功能、目的以及企业管理的内容都毫无关系。

事实上，更糟的是，这个观念还带来危害，导致我们的社会误解利润的本质，并对利润怀有根深蒂固的敌意，视之为工业社会最危险的疾病。这个观念也要为美国和西欧最严重的公共政策错误负很大的责任——由于政府对企业的本质、功能和目的缺乏了解，而导致错误决策。

企业的目的

如果我们想知道企业是什么，我们必须先了解企业的目的，而企业的目的必须超越企业本身。事实上，由于企业是社会的一分子，因此企业的目的也必须在社会之中。关于企业的目的，只有一个正确而有效的定义：创造顾客。

市场不是由"上帝"、大自然或经济力量创造的，而是由企业家创造的。企业家必须设法满足顾客的需求，而在他们满足顾客的需求之前，顾客也许能感觉到那种需求。就像饥荒时渴求食物一样，不能满足的需求可能主宰了顾客的生活，在他清醒的每一刻，这种需求都盘旋在他的脑海中。但是，在企业家采取行动满足这些需求之后，顾客才真的存在，市场也才真的诞生，否则之前的需求都只是理论上的需求。顾客可能根本没有察觉到这样的需求，也可能在企业家采取行动——通过广告、推销或发明新东西，创造需求之前，需求根本不存在。每一次都是企业的行动创造了顾客。

是顾客决定了企业是什么。因为只有当顾客愿意付钱购买商品或服务时，才能把经济资源转变为财富，把物品转变为商品。企业认为自己的产品是什么，并不是最重要的事情，对于企业的前途和成功尤其不是那么重要。顾客认为他购买的是什么，他心目中的"价值"何在，却有决定性的影响，将决定这家企业是什么样的企业，它的产品是什么，以及它会不会成功兴旺。

顾客是企业的基石，是企业存活的命脉，只有顾客才能创造就业机会。社会将能创造财富的资源托付给企业，也是为了满足顾客需求。

企业的主要功能：营销和创新

由于企业的目的是创造顾客，因而任何企业都有两个基本功能，而且也只有这两个基本功能：营销和创新。

营销是企业的独特功能。企业之所以有别于其他组织，是因为企业会营销产品或服务，而教会、军队、学校或政府都不会这么做。任何通过营销产品或服务来实现本身目的的组织都是企业。任何一个不从事营销或偶尔从事营销的组织都不是企业，也不应该把它当成企业来经营。

麦考密克（Cyrus McCormick）是第一个把营销看作企业特有的核心功能的人，他认为管理的特殊任务在于创造顾客。史书往往只提到麦考密克发明了收割机，其实他也发明了现代营销的基本工具：市场研究和市场分析、市场定位的观念、现代定价政策、以服务为商品的推销员、为顾客供应零件和服务与分期付款的观念。他是真正的企业管理之父，而且早在1850年之前，就已达成上述成就。但直到50年后，美国人才普遍效法他。

1900年以来美国掀起的经济革命主要是一场营销革命。50年前，美国工商界人士对于营销的普遍态度都是："工厂生产什么，销售部门就卖什么。"今天，大家的态度日益转变为："我们的职责是生产市场需要的产品。"但我们的经济学家和政府官员才刚刚开始了解这个观念，例如，美国商务部直到现在才设立"商品分销局"。

欧洲迄今仍然不了解营销是企业的特殊功能——这也是今天欧洲经济始终停滞不前的主因。因为要完全理解营销的重要，必须先克服社会对"销售"根深蒂固的偏见——认为销售是卑贱的寄生行为，而把"生产"看成是绅士的活动，并由此产生谬误的推论，认为生产是企业最主要而关键的功能。

有一个很好的例子可以说明过去社会对于营销的态度：即使国内市场占了七成的业务量，许多大型意大利公司却没有在国内设置销售经理的职位。

事实上，由于营销扮演如此重要的角色，单单建立起强大的销售部门，并赋予营销的重任还不够。营销的范围不但比销售广泛得多，而且也不限于专业的活动，而是涵盖整个企业的活动，是从最终成果的观点来看待整个事业，换句话说，是从顾客的角度来看企业，因此企业的所有部门都必须有营销的考量，担负起营销的责任。

过去10年中通用电气公司所采取的政策正说明了这种营销观念，通用电气公司试图从设计阶段，就考虑到产品对顾客和市场的吸引力。他们认为，早在第一位工程师拿起铅笔描绘设计图时，就已经展开了销售产品的努力，实际的销售动作只是最后一步。根据通用电气公司在1952年公司年报中的陈述："这种做法从产品周期刚开始时，就引进营销人员，而不是最后才让他们参与，因此营销能融入企业各个领域的活动。如此一来，通过市场研究与分析，营销部门能告诉工程师、设计师和制造部门：顾客对于产品有什么需求、他们愿意以什么价格来购买、何时何地会需要这些产品。无论在产品规划、生产安排和库存控制，还是在销售通路、商品服务方面，营销都占有主导地位。"

企业是实现经济成长的器官

但是，单靠营销无法构成企业。在静态的经济中，不会有"企业"，甚至不会有"企业家"，因为在静态的经济中，"中间人"只不过是收取中介费用的"经纪人"罢了。

只有在不断扩张的经济中，或至少是视变化为理所当然且乐于接受改变的经济中，企业才可能存在。企业是经济成长、扩张和改变的具体器官。

所以，企业的第二个功能是创新，也就是提供更好、更多的产品及服务。对企业而言，只提供产品和服务还不够，必须提供更好、更多的产品和服务才行。企业不一定需要成长壮大，但是企业必须不断进步，变得更好。

创新可能表现在更低的价格上——一直以来，经济学家最关心的就是这一点，原因很简单，因为只有价格，经济学家才能用量化的工具来分析。但是，创新也可能表现在更新、更好的产品上（即使价格比较高），或提供新的方便性、创造新需求上；有时候则是为旧产品找到新用途。推销员可能成功地把电冰箱推销给因纽特人，用来防止食物结冻，这样的推销员和开发出新程序或发明新产品的人一样是"创新者"。卖冰箱给因纽特人冷藏食物，等于发现了新市场；卖冰箱给因纽特人来防止食物过冷结冻，事实上等于创造了一个新产品。从技术层面来看，当然还是旧产品，但从经济角度来看，却是一种创新。

创新出现在企业的各个阶段，可能是设计上的创新，或产品、营销技术上的创新；可能是价格或顾客服务上的创新，企业组织或管理方式上的创新；也可能是能让生意人承担新风险的新保险方案。过去几年来，美国产业界最有效的创新或许不是众所周知的新电子产品或化学产品及程序，而是在材料处理和主管培育方面的创新。

创新发生在各个领域中。无论是对银行、保险公司、零售商店，还是对制造业、工程公司而言，创新都同样重要。

因此在企业组织中，创新就和营销一样，并非独立的功能，需要创新的不限于工程或研究部门，而是延伸到企业的所有领域、所有部门、所有活动中。我必须再重复一次，不只是制造业需要创新，销售渠道的创新也同样重要，而保险公司和银行业的创新也很重要。

企业可以由一个部门专门负责产品和服务方面的创新，以工程或化学为重心的行业通常都采取这种做法。保险公司也往往由一个特定部门主导开发新的理赔方式，可能又由另一个部门专门负责业务人员组织、保单管理和理赔处理的创新，因为两者加起来就构成了保险业务的重心。

有一家大型铁路公司设立了两个创新中心，都由副总裁领导。第一个创新中心负责的是所有与交通运输相关的系统工作，包括火车头、车厢、铁轨、信号、通信系统等；第二个创新中心负责在货运和旅客服务、开发新交通资源、拟订新费率、开拓新市场、发展新服务方面有所创新。

包括销售、会计、质量控制或人力资源管理，企业所有部门都应该担负明确的创新责任，建立清楚的创新目标，对公司产品和服务的创新有所贡献，并且努力不懈，在自己的专业领域中精益求精。

有效利用一切创造财富的资源

企业必须掌握创造财富的资源，以达到创造顾客的目的。因此企业重要的管理功能之一，就是有效地利用一切创造财富的资源，从经济角度来说，则称之为生产力。

在过去几年中，几乎每个人都在谈生产力。提高生产力（更有效地运用资源）不但是提高生活水准的关键，也是企业活动的成果，这已经不算什么新观念了。但我们其实不太了解生产力是什么，也不懂得如何衡量生产力。

生产力意味着所有生产要素之间的平衡，能以最少的努力，获得最大的产出。这和每位员工平均生产力或每个工时的平均生产力是两回事，这些传统标准充其量只是含糊地反映了生产力的部分事实。

原因在于，传统标准仍然执着于18世纪的谬误，认为体力劳动者是唯一的生产资源，体力劳动是唯一的真正"努力"，这种观念表现了机械论的谬误，认为人类的所有成就最终都能以劳动力为衡量的单位。但是在现代经济体系中，生产力的提升从来都不是靠体力劳动而达成的。事实上，企业从来都不是靠体力劳动者来达到提高生产力的目标，而是用其他方式取代体力劳动之后的结果。当然，其中一个替代方式就是资本设备，换句话说，以机械能取代体能。[⊖]

至少同样重要，但未被探讨的问题是：以教育水准较高、善于分析推理的人才来取代技术或非技术性体力劳动者所提升的生产力，换句话说，以管理者、技术人员和专业人才来取代"体力劳动者"，以"规划"取代"工作"。显然，企业必须在安装资本设备以取代体力劳动者之前，就完成这样的转换；因为必须先有人规划和设计设备，这是具有概念性、理论性而且分析性特点的工作。事实上，只要稍加思考，就会发现经济学家所强调的"资本形成率"其实只是次要的生产要素，经济发展的基本要素必然是"智力形成率"，也就是一个国家能以多快的速度培养出想象力丰富、有愿景、受过良好教育、具备推理和分析技能的人才。

规划、设计和安装资本设备仍然只能反映以"脑力"取代"体力"后所提升的一小部分生产力而已。至少同等重要的是直接转换工作性质对于生产力的贡献——从需要许多技术性或非技术性劳动力，转换成需要受过教育、见多识广的人才进行理论化的分析与概念性的规划工作，而不需任何资本设备的投资。

最近的研究（例如斯坦福大学研究院所做的研究）清楚地显示，西欧和美国的生产力差距与资本投资的问题并不相关。许多欧洲产业的资本投资和设备都和美国企业不相上下，然而西欧产业的生产力却只有美国同产业的

⊖ 宾州大学的西蒙·库兹涅茨（Simon Kuznets）严谨的研究显示了美国产业界的资本设备投资和生产力上升的直接关系。

2/3。唯一的解释是西欧企业高度依赖人工技能，管理者和技术人员所占的比例较低，而且组织结构较不完善。

1900年，美国典型的制造公司每花100美元在直接员工的薪资上，可能最多只花5美元或8美元来聘请管理、技术和专业人才，而在今天的许多产业中，这两项开支几乎相等——尽管有些产业直接员工的工资增长速度和幅度都很快。而除了制造业以外，在交通运输业和矿业、销售、金融和保险业以及服务业中（即在美国经济的半壁江山中），生产力提升完全是以规划取代劳动、脑力取代体力、知识取代汗水的结果，因为在这些行业中，资本投资只是很小的因素。

生产力的提升并非局限于制造业。或许今天提升生产力的最大契机是在销售业。例如，如何运用大众广告媒体，包括报纸、广播、电视等，来取代个别推销员花在直接推销上的力气？如何在推销之前，先建立顾客的购买习惯？在许多行业中，广告花费的总额甚至还大于生产成本，然而广告专家（例如哈佛大学的麦克奈尔）都再三强调，我们无法衡量广告的影响和效益，更无从评估广告是否比推销员的努力更具生产力。近年来，在销售、自我服务和包装、通过大众媒体的广告宣传和通过直接邮件的销售上，技术都有长足的进步，其整体影响和自动化的趋势一样，都深具革命性。然而，我们甚至缺乏最基本的工具来界定，更不用说来衡量应用于流通领域的资源所产生的生产力了。

企业经营中（尤其在会计领域中）有关生产力的词汇早已过时了，容易令人误解。会计师所谓的"生产工人"指的是操作机器的体力劳动者，事实上，他们是最没有生产力的员工。而会计师口中的"非生产性员工"指的是其他所有对生产有贡献，但不需看管机器的人，其中包括像清扫工这类前工业时期、低生产力的体力劳动者，像制造器具的工匠这种身怀绝技、高生产力的劳动者，像维修电器的新工业的技术员，还有像工厂领班、工程师和质量检查员这类知识水平较高的专业人才。最后，会计师混起来统称为"管理费用"的人中其实包含了最具生产力的资源：管理者、规划人员、设计师、创新者。"管理费用"一词流露出一种抵触的情绪。当然，该词也可能包含了寄生在企业中的高薪人员，他们只不过是因为组织不良、士气不振或目标混淆（换句话说，因为管理不善）而存在的人员，管理不善的一个例子就是"协调者"（当然，此处的讨论完全不涉及个人能力或绩效）。

换句话说，有两种管理费用：生产性的管理费用——用于管理者、技术或专业人才的费用。这种费用取代了一笔至少数额相等的用于生产性或非生产性员工费用或资本支出。另一种是寄生性的或摩擦性的管理费用。这种费用不但没有提高生产力，反而降低了生产力，这是由摩擦造成的，反过来又会制造摩擦。

因此，我们需要的生产力观念是，一方面能将投入与产出的一切努力都加以考虑，同时又能根据与产出结果的关联性来呈现所投入的努力，而不是假定劳动力是唯一的生产性投入。但即使是这样的观念（尽管已经向前迈出了一大步），如果它对于努力的定义仍然局限于可见的形式和可以直接衡量的成本，也就是说，是根据会计师对努力所下的定义，那么这个观念还是有所不足。有一些无形的因素对于生产力有即使不是决定性的也是巨大的影响，却无法以成本数字来衡量。

首先是时间的因素——人类最容易消耗的资源。企业究竟是持续不断地使用人力和机器，还是只有一半时间用到人力和机器，都会影响生产力的高低。最没有生产力的政策，莫过于希望在一定时间内硬塞进超出合理状况的生产性努力，例如，在拥挤的厂房中或老旧的设备、昂贵的仪器上安排三班制作业。

其次是所谓的"产品组合",在同样资源的多种组合中求取平衡。企业界人士都知道,这些不同组合在市场价值上的差异,与为了形成产品组合所投入的努力上的差异,几乎不成比例,两者之间几乎看不出任何关联。一家公司采用了相同的材料和技术,生产同样数量的商品,耗费相同的直接和非直接的劳动力,可能赚大钱,也可能破产,这完全要视产品组合而定。显然这代表尽管运用相同资源,生产力却会有很大的差异,但是这种差异不会以成本的形式显现,也无法靠成本分析来检测。

还有一个重要的因素,我称之为"流程组合"。一家公司究竟应该向别人采购零件,还是自给自足?怎么做生产力比较高?应该自己组装产品,还是外包?应该通过自己的销售渠道,打自己的品牌,还是把产品卖给独立经营的批发商,用他们的牌子销售出去?怎样运用公司具有的独特知识、能力、经验和商誉,以发挥最大的生产力?

并不是每个管理层都无所不能,也不是每个企业都应该从事经过客观评估后认为最赚钱的行业。每位管理者都各有其能力和限制。每当他试图超越自己的能力和限制时,无论他冒险开创的事业多么有利可图,都很可能失败。善于经营稳定生意的人没有办法适应变幻莫测或快速成长的行业,而日常经验也显示,习惯在快速扩张的环境中经营企业的人,一旦公司进入重整状态,很可能毁了原本的事业;善于在长期研究的基础上经营企业的人很可能无法成功地在高压下销售新奇时髦的商品。如何善用公司和管理层的特殊能力,体察自己的局限何在,也是重要的生产力要素。

最后,生产力深受组织结构的影响,而企业各种活动之间的平衡也会影响生产力。如果由于缺乏明确的组织结构,管理者把时间花在摸索自己应该做什么,而不是实际去做事情,就浪费了公司最稀有的资源。如果公司高层只对工程有兴趣(或许因为公司所有高层主管都具有工程背景),而公司需要的却是加强营销，那么这家公司就缺乏生产力，最终的结果将比人均每小时产量的下降更为严重。

因此，我们不只在定义生产力的时候，需要考虑所有影响生产力的要素，而且在设定目标时，也必须如此。无论是以资本取代劳动力，或以营业成本取代资本设备与人力（但设法区分创造性和寄生性的管理费用），我们都必须评估这些因素究竟对生产力产生何种影响，同时也必须衡量时间运用、产品组合、流程组合、组织结构和各种企业活动之间的平衡对生产力所造成的影响。

不只是个别企业管理层需要实质的生产力衡量指标，整个国家也需要。缺乏这样的指标是我们经济统计的一大漏洞，会削弱经济政策预测和对抗经济萧条的努力。

利润的功能

到现在，我们才有充分的准备，可以开始讨论利润和盈利能力，而一般有关企业本质的讨论通常一开始就讨论利润，因为利润不是原因，利润是结果——是企业在营销、创新和生产力方面的绩效结果。同时，利润也是对企业经营绩效唯一可能的检验方式。的确，当今天的科学家和工程师谈到自动化生产系统的反馈时，利润正是绝佳的例子，因为利润正是企业通过产品的生产与销售来自我调节的运营机制。

但是利润还有第二个同样重要的功能。经济活动总是着眼于未来，而我们对于未来唯一可以确定的事情，就是它的不确定性和其中蕴涵的风险。因此"风险"这个名词最初在阿拉伯文中的意思是"赚取自己每天的面包"也就不足为奇了。通过承担风险，企业人士可以赚到当天糊口的面包。由于企业活动是经济活动，所以总是试图带来改变，总是孤注一掷，甘冒更大的风险，或创造新风险。西尔斯的故事显示，经济活动的"未来"是很长的一段时间，要花15年、20年，才能看到西尔斯的基本决策完全奏效，重大投资开始回收。50年来，我们已经了解要促进经济进步，势必"延迟经济的回收期"。然而，尽管我们对于未来一无所知，我们知道当我们试图预测或评估未来的风险时，风险却以几何级数增长。

企业的首要任务是求生存。换句话说，企业经济学的指导原则不是追求最大利润，而是避免亏损。企业必须设法赚取额外的资金，才足以承担企业运营中不可避免的风险，而这种风险预备金唯一的来源就是利润。⊖的确，企业不只需要为自己的风险预做准备，还必须面对亏损，因为在经济的新陈代谢中，总是会有些企业亏损累累，销声匿迹，而这些都关系到社会的利益，这是自由、弹性和开放的经济体系主要的安全防护网。企业必须负担社会成本，对于学校、军备等有所贡献，也就是说，企业必须赚钱缴税。最后，企业还必须创造资本，以满足未来成长、扩张所需。但是最重要的是，企业必须有足够的利润来承担风险。

总而言之，追求最大利润是否为企业经营的动机仍值得商榷，但企业绝对需要赚取足够的利润，以承担未来的风险，至少需要获取必要的利润，以保存生财资源，继续在现有行业中求生存。企业通过对"必要的最低利润"设定严谨的限制，并检验其有效性，来影响企业的行为和决策。为了经营，管理者必须设定相当于"必要的最低利润"的经营目标，建立明确的标准，来评估利润表现是否达到目标。

那么，什么是"企业管理"？根据对企业活动的分析，企业通过营销和创新来创造顾客，因此企业管理必须具备企业家精神，而不能只是官僚作

⊖ 关于风险的更多内容，请参见拙著《新社会》(*The New Society*)(New York：Harper & Bros., 1950) p.52 及以后的论述。

风、行政作风，甚至决策工作。

由此可见，管理企业必须是一项创造性的而不是一项适应性的任务。管理层越是创造经济条件或改变经济条件，而不是被动地适应经济条件，才能把企业管理得越成功。

但是我们对于企业本质的分析也显示，尽管企业管理最终要靠绩效来检验，但管理是理性的活动。具体而言，这表示企业必须设定具体目标，表达企业预期达到的成就，而不是"像追求最大利润的理论一样"，只把目标放在适应可能的外在条件。因此，设定目标时必须把目光紧盯预期达到的成就，只有如此，接下来才应该考虑如何自我调整，以面对可能的状况。管理层因此必须决定企业所从事的是什么样的事业，或究竟应该从事什么样的事业。

第6章 | CHAPTER 6

我们的事业是什么,我们的事业应该是什么

我们的事业是什么,既不简单也不明显——美国电话电报公司的例子——未能回答这个问题是企业失败的主要根源——成功地回答这个问题是企业成长和企业成功的主要原因——企业成功时的一个最重要的问题——谁是顾客——顾客购买的是什么——凯迪拉克公司和帕卡德公司——在顾客心目中,价值是什么——我们的事业将是什么,我们的事业应该是什么——盈利能力作为一个目标

似乎没有什么事情比回答"我们的事业是什么"更简单了。钢铁厂生产钢铁,铁路公司经营货运和客运业务,保险公司承保火险。的确,乍看之下,这个问题是如此简单,以至于很少被人提起,也正因为答案看起来如此明显,很少有人会认真回答这个问题。

事实上,"我们的事业是什么"从来都是个困难的问题,只有经过努力思考和研究之后才答得出来,而且正确的答案通常都不是显而易见的。

最成功地率先回答了这个问题的人是韦尔（Theodore N. Vail），他在大约50年前针对美国电话电报公司的情况表示："我们的事业就是服务。"一旦他说出答案，答案似乎显而易见，然而，首先，他必须从一开始就认识到，垄断的电话系统很容易被收归国有，在发达的工业化国家中，民营电话公司不是常态，而是例外，必须得到社区的支持，才能继续生存。其次，他也必须了解，要赢得社区的支持，不能单靠宣传攻势或抨击批评者，而必须设法让顾客满意。有了这层领悟后，就必须大幅翻新经营政策，这意味着必须不断地向所有员工灌输献身于服务的思想，并且在公关活动中，强调服务的重要性，强化公司在研究和技术上的领导地位；在制定财务政策时，也秉持着只要有需求，公司就提供服务的原则；找到必需的资金，并从中获利，则是管理层的责任。现在看来，我们会觉得这些都是显而易见、应该采用的措施，但是当时却花了10年的时间来推动。然而如果不是美国电话电报公司在1905年曾经针对所从事的事业做了缜密的分析，或许早在罗斯福总统推行新政时期，美国就将电话服务收归国有了。

"我们的事业是什么"并非由生产者决定，而是由消费者来决定的；不是靠公司名称、地位或规章来定义的，而是由顾客购买产品或服务时获得满足的需求来定义的。因此，要回答这个问题，我们只能从外向内看，从顾客和市场的角度，来观察我们所经营的事业。时时刻刻都将顾客所见所思、所相信和所渴求的，视为客观事实，并且认真看待，其重要性不亚于销售员的报告、工程师的测试结果或会计部门的财务报表，但是能轻易做到这一点的企业管理层并不多。企业管理层必须设法让顾客诚实地说出他们的感受，而不是企图猜测顾客的心思。

所以，企业最高管理层的首要职责就是提出这个问题："我们的事业是什么?"并且确定这个问题会通过严谨的研究来得到正确的答案。的确，判断某项工作是否应由高层管理者负责，一个极有效的方法是了解该项工作的承担者是否需要关注并负责完成这项工作。

很少有人提出这个问题（至少不是以一针见血的方式提出），因此也很少有人充分研究和思考过这个问题，或许这正是企业失败的最重要原因。相反，每当我们发现一家卓越企业时，几乎总是发现它和美国电话电报公司及西尔斯公司一样，成功的主因在于它能审慎而明确地提出这个问题，并且在深思熟虑后，全面地回答了这个问题。

"我们的事业是什么"是决定企业成败的最重要的问题

西尔斯的例子也显示，这个问题不只在企业初创或深陷泥沼时才需要提及，相反，当企业一帆风顺时，最需要提出这个问题，并且需要深思熟虑，详加研究，因为假如没有及时提出这个问题，可能导致企业快速衰败。

新公司刚诞生时，通常都无法有意义地提出这个问题。调配出新的清洁剂配方，挨家挨户推销新产品的人只需知道他的配方功效极佳，能除去地毯和窗帘上的污渍就够了，但是当清洁剂逐渐流行起来后，他必须雇用其他员工来帮忙调配和推销清洁剂。当他必须决定究竟要继续维持直销方式，还是铺货到零售商店销售；考虑应该通过百货公司、超级市场、五金店销售，还是在以上三种渠道都铺货；考虑还需要增加哪些新产品，才能构成完整的产品线——那么这时候，他就必须提出和回答这个问题："我们的事业是什么?"如果他没有办法在事业蒸蒸日上时回答这个问题，即使拥有最好的产品，他仍然很快就会回到磨破鞋底、挨家挨户推销的苦日子。

无论对不太能掌控自己产品的企业，例如铜矿业或钢铁厂，还是像零售商店、保险公司等似乎很能掌控自己产品的行业而言，这个问题都同样重要。可以确定的是，铜矿出产铜，如果市场上不需要铜，铜矿就会关闭。但是市场上对于铜究竟有没有足够的需求，其实完全要看企业管理层采取什么行动来创造市场，寻找产品新用途，并且及早看出可能创造新契机或危及现有用途的市场趋势或技术发展趋势。

以产品为主或以加工为主的行业，如炼钢、石油化工、采矿或铁路运输，必然在许多而不是一项业务上，与其他行业存在着本质的差异，这意味着这些行业有着更为困难的任务——决定企业在顾客已表示满意的需求中哪些需求最为重要，最有发展前途。

美国无烟煤工业的命运以及铁路公司在货运和客运市场上的地位每况愈下，这些都清楚地告诉我们，无法回答这个问题时，意味着什么下场。我们可以很肯定地说，如果这些公司的管理层当初曾经好好思考公司的事业究竟是什么，而不是一味认为答案是一目了然、不证自明的，那么这两个行业原本不见得会在短短数十年间从高峰一落千丈。

谁是顾客

想要弄清楚我们的事业是什么，第一步是问："我们的顾客是谁？"谁是我们真正的顾客？谁又是我们潜在的顾客？这些顾客在哪里？他们如何购买？如何才能接触到这些顾客？

有一家在第二次世界大战期间创立的公司决定在战后从事家用保险丝盒和闸盒的生产，他们必须立刻就决定顾客究竟是电气设备承包商和建筑商，还是自行安装和维修电气设备的私屋业主。要接触到第一类顾客，这家公司必须建立起销售组织，而要接触到一般私屋业主，则可以通过现有的销售渠道，例如西尔斯和蒙哥马利华德百货公司的邮购目录、零售商店来销售。

当这家公司决定把电气设备承包商当作最大量且稳定的（尽管更困难，竞争也更激烈）市场后，接下来必须决定顾客在哪里。必须好好分析人口和市场趋势，才能回答这个看似简单的问题。事实上，如果依赖过去的经验来下判断，必然酿成一场灾难，他们可能因此把目标放在大都市，但实际上，战后的购屋热潮主要都出现在郊区。这家公司预见了这个趋势，于是他们打破业界惯例，率先建立以郊区为中心的销售组织，这个决定也成为这家公司成功的第一个主要因素。

就这个例子而言，"顾客如何购买"的问题也很容易回答：电气设备承包商都向专业批发商采购。至于接触到这批顾客的最佳途径是什么，则很难回答——的确，在公司运营10年后，他们仍然迟疑不决，不断尝试各种不同的销售方式，例如雇用推销员冲刺业绩，或通过代理商销售。他们曾经尝试通过邮购或各地的仓储中心，直接把产品卖给工程承包商；他们也尝试过业界从未尝试的做法：直接诉诸大众，打广告、直接宣传自己的产品，希望建立起最终顾客的需求。这些实验证实了过去的猜测：舍得花大钱在传统批发系统中打开一条路的供应商，将会在市场上大获全胜。

下一个问题是："顾客购买的是什么？"凯迪拉克的员工说他们制造汽车，因此他们经营的是通用汽车公司的凯迪拉克汽车。但是，为了一辆崭新的凯迪拉克汽车，不惜花费4000美元的顾客，他买的是交通工具，还是凯迪拉克汽车的名气？换句话说，凯迪拉克的竞争对手是雪佛兰、福特汽车，还是（挑个极端的例子来说）钻石和貂皮大衣？

针对这个问题，帕卡德汽车公司（Packard Motor Car Company）

的兴衰正好可以说明正确和错误的两种答案。12年前，帕卡德汽车是凯迪拉克汽车最害怕的竞争对手。美国经济萧条初期，在独立的高价汽车制造商中，只有帕卡德汽车公司始终屹立不倒。帕卡德汽车公司的事业之所以蒸蒸日上，是因为他们聪明地分析了顾客的购买行为，正确地推出了经济萧条时期需要的产品：价格昂贵，但技术精良、坚固实用的汽车，并且在销售活动和广告诉求中，它将这款车塑造成当时负债累累、缺乏安全感的世界中安全和稳定偿付能力的象征。然而到了20世纪30年代中期，这样已经不够了。帕卡德汽车公司一直难以明确它的市场究竟是什么，尽管它销售高价汽车，却无法象征车主已经到达某种地位——或许因为车子价格还不够昂贵。虽然帕卡德汽车公司也推出中价位汽车，却又无法把产品塑造为成功专业人士的价值与成就的象征，即使新官上任，仍然没有找到正确答案。结果，就在经济繁荣时期，帕卡德汽车公司却必须和另外一家公司合并，才幸免于难。

提出"顾客购买的是什么"的问题足以证明，管理人员赖以决策的这些市场和竞争的概念是多么的不完整。

生产厨房煤气灶的厂商过去总认为竞争对手是其他煤气灶制造商，但是它们的顾客——家庭主妇，其实买的不是炉子，而是最简易的食物烹调方式，可能是电炉、燃气灶（无论是用管道煤气、天然气或罐装液化气）、煤炭炉、木柴炉，或任意一种组合方式。至少在今天的美国，野炊是唯一不考虑的烹调方式。明天，家庭主妇很可能会考虑使用以超声波或红外线加热的炉子（或在一种尚待发现的化学物质上煮水的炉子）。由于家庭主妇身为顾客，她们实际上决定了厂商应该生产什么，因此煤气灶制造商真正的事业应该是提供简易的烹调方式，它们的市场是食品烹调市场，竞争对手则是提供各种烹调方式的供应商。

另外一个例子是：

大约在25年前，有一家小型食品包装厂商分析了自己的事业之后，提出一个问题：当顾客（杂货店）购买他们的产品时，顾客究竟购买的是什么。他们花了5年的时间辛苦研究，才找到答案，结论是杂货店非常依赖制造商提供管理方面的服务，尤其是对于购买、库存管理、簿记和商品陈列方式提出建议。它们向这家食品包装公司采购的其实不只是产品，因为其他许多地方也能提供相同的货源。于是，这家公司开始改变销售努力的重心。推销员转型为服务人员，首要任务是帮助顾客解决问题。当然，他们还是会推销公司的产品，但是当谈到顾客究竟需要多少竞争者的产品、如何陈列商品和销售商品时，顾客期待他们能公正客观地提出建议。顾客根据服务水准来评估他们的表现，付钱购买他们的服务绩效，销售产品反而变成公司的副产品。正因为这个决定，这家公司才能从一家微不足道的小公司蹿升为业界的领导企业。

在顾客心目中，价值是什么

最后是最难回答的问题："在顾客心目中，价值是什么？顾客采购时究竟在寻找什么？"

传统经济理论以一个名词来回答这个问题：价格。但是这个答案很容易误导大家。的确，对大多数产品而言，价格都是主要的考虑因素之一，但是首先我们必须了解，"价格"并不是一个简单的概念。

为了说明这个观念，我们先回到保险丝盒和闸盒制造商的例子，它的顾客——电气设备承包商，非常在意价格的问题。由于承包商购买的保险丝盒和闸盒都附有业界、建筑协会和消费者共同接受的品质保证，各个品牌之间，其实在品质上差异不大，因此承包商通常都四处寻找最便宜的产品。但是，如果把"便宜"理解为最低的制造商价格，那就大错特错了。相反，对于承包商而言，"便宜"意味着比较高的制造商价格，换句话说，这样的产品：①最后在顾客家里的安装成本最低；②成本能降低是因为安装时需要的时间最少和技术水平最低；③制造商的成本必须足够高，才能让承包商获得较好的利润。一般而言，好的电工工资也高，因此较低的安装成本省下的钱足以弥补制造商价格较高所增加的成本，而且根据这一行的传统惯例，承包商无法从安装的人工上面赚到什么钱。如果他用的不是自己的电工，那么他要求顾客支付的费用只会比实际的工资成本高一点点。他通常在账单上将所安装产品的制造商价格乘以2后，作为给顾客的开价，并从中赚取利润。因此，在承包商眼中，能够赚取最大差价的产品是——产品本身的标价高，但产品的安装成本低。如果价格代表了价值，那么对于承包商而言，制造商价格高的产品，价值反而比较高。

这个价格结构看起来似乎很复杂，但实际上，我没有看过几个比它更简单的结构。在美国汽车行业中，市场上大部分的新汽车是采取以旧换新的方式销售的，其"价格"实际上是一种介于生产商制定的新车价格、二手车和三手车的价格、三手车和四手车的价格，以及其他旧车之间的一个差价，这个差价是个经常变动的数字。整个交易错综复杂，一方面，交易商对旧车所拟定的价格和他对旧车所开的价格之间的变量不断变化；另一方面，不同型号和规格的车辆的运营成本存在着差异，只有高深的数学才能确切算出汽车的真正"价格"。

其次，价格只代表了一部分价值，其他还包括关于品质的总体考虑：产品是否持久耐用、制造商的地位等。有时候，高价本身实际上正代表了某种价值，例如名贵的香水、昂贵的毛皮或华丽的礼服。

最后，对顾客而言，有时候，顾客所得到的服务也代表了某种价值。例如，毋庸置疑，今天美国家庭主妇购买家电的时候，主要都参考朋友或邻居购买同一种品牌时所得到的售后服务如何，例如电器出现故障的时候，能多快获得维修服务、服务品质如何、需要花多少钱，这些都是主要的决定因素。

的确，顾客对于价值的看法十分复杂，只有顾客自己才能回答这个问题。企业管理层甚至不应该试图对其进行猜测，应该以系统化的方式直接向顾客探询真正的答案。

我们的事业将是什么

到目前为止，所有关于"我们的事业"本质的问题都和现况有关。但是企业管理层也应该问："我们的事业将是什么？"这个问题牵涉四个问题。

首先，是市场潜力和市场趋势。假定在市场结构和技术都没有任何基本变化的情况下，5年、10年后，我们预期市场会变得多大？哪些因素会影响市场的发展？

其次，经济发展、流行趋势和品位的变化，或竞争对手的动作，分别会导致市场结构发生什么样的改变？而定义"竞争者是谁"的时候，必须以顾客认为他所购买的产品和服务是什么为依据，而且也必须包括直接和间接的竞争。

再次，哪些创新将改变顾客需求、创造新需求、淘汰旧需求、创造满足顾客需求的新方式、改变顾客对价值的看法，或带给顾客更高的价值满足感？要回答这个问题，不仅需要工程技术或化学领域的创新，而且也需要探讨企业所有的活动领域。无论邮购业、银行业、保险业、办公室管理、仓库管理，或是冶金、燃料业，都有其独特技术。创新不只是企业达到市场目标的手段，同时也形成一股动态的力量，企业致力于推动创新，而创新的动力也倒过来影响企业。我并不是说，从事"纯粹的研发"是企业的功能之一——尽管在许多情况下，企业的确发现研究是获得销售成果的有效方式，然而，运用日益增进的知识不断改善我们"做"的能力，是企业的重要任务之一，也是企业生存与繁荣的要素。

最后，今天还有哪些顾客需求无法从现有的产品和服务中获得充分满足？能否提出这个问题，并且正确回答问题，通常就是持续成长的公司和只能搭上经济繁荣或产业兴盛的潮流乘势而起的公司真正的差别所在。任何人，只满足于随波而升也将会随波而降。

当然，要说明如何成功分析顾客尚未满足的需求，西尔斯公司已经是个绝佳的范例，这个问题实在太重要了，需要进一步进行阐述。

前面提到的保险丝盒和闸盒制造商在第二次世界大战后面临发展方向的抉择，于是他们在1943年提出了上述问题，也找到正确答案：顾客需要的闸盒和保险丝盒必须能比现有设备负荷更高的电量，容纳更多的电路，因为现有设备主要是在家庭电器还不普及时设计出来的。新的设计不仅能负荷几乎两倍的电量，而且所花的钱远低于两个现有设备相加的总和。房屋业主需要增加额外电路时，只需要求电工拆掉现有配电盘，装上新的高负荷配电盘，而不需要安装第二个标准型低负荷配电盘，所以，新的设计既简单又便宜。这家制造商快速成功的第二个原因是，他们能成功分析问题，并且找到正确答案，设计了顾客需要的高负荷配电盘。但是，他们没有看清另外一个顾客尚未满足的需求是造成其后来令人失望的业绩的主要原因。这家公司的管理层不了解，除了改善配电盘之外，顾客还需要自动断电器，以取代累赘的保险丝，因为每次保险丝烧断的时候，都需要一根根检查替换，十分麻烦。更糟糕的是，管理层虽然看到了需求，却以自己的判断来取代顾客的判断，他们认为顾客根本不了解自己的需求，也还没有准备好接受这么激烈的改变。结果，两家竞争对手在1950年相继推出家用电器保护器，这家公司措手不及，而他们认为"还没有准备好"的顾客则纷纷掉头而去，转而购买竞争对手的产品。

我们的事业应该是什么

关于"我们的事业"所做的分析，至此还没有真正完成。企业管理层还需要自问："我们是否在从事正确的事业，还是我们应该改变我们的事业？"

当然，许多公司都是在意外情况下跨入新事业，而不是有计划地朝既定方向发展。但是决定将主要的能量和资源从旧产品转移到新产品，换句话说，决定让整个事业不再只是意外的产物，必须以下列分析为基础："我们的事业是什么？我们的事业应该是什么？"

有一家成功的美国中西部保险公司分析了顾客需求之后，得出的结论是：传统寿险无法满足顾客的主要需求——保障现金购买力。换句话说，保险公司必须推出包含标准寿险、年金储蓄、证券投资的套装产品。为了满足顾客需求，这家保险公司买了一家管理良好的小型投资信托公司，参加保险和年金方案的老顾客和新顾客现在都可以购买信托凭证。这家公司不仅跨入证券投资管理业，而且也开展投资信托凭证的业务。

另外一个例子是，一家商业书籍出版社最近从销售导向转为服务导向。这家出版社原本专门为商界人士出版有关经济形势分析、税法、劳资关系和政府法令的相关报告，在第二次世界大战期间快速扩张，在战后初期，也持续成长。尽管他们的订户一年年增加，总销售量却从1949年开始停滞不前，实际获利更是逐渐下滑。经过分析后，他们发现问题出在续订率太低。事业部门不但需要费更大的力气，保持总销售量不再下滑，而且说服旧订户续订的高成本侵蚀了新订户带来的利润。因此管理层的观念必须改变，将事业重心从争取新顾客，改为留住老顾客。如此一来，他们的目标也必须改变，过去总是把新订单的目标定得很高，现在则强调续订率，因此事业重心也必须从推销产品转为服务于顾客，同时还必须改变组织结构，地区销售经理的角色转变为主要为续订率负责，地区销售经理下面各有一位销售主管和服务主管向他报告，业务人员的任用标准、薪酬制度和培训方式，也都必须彻底改变。出版物的内容更需要大幅翻新，增加更多分析长期经济趋势和企业长期规划的内容。

大家都已经非常了解因为创新而导致事业本质改变的情况，在此不必赘述。所有重要的工程公司和化学公司大多数都因为在新事业中注入创新的活力而成长，保险公司也一样，通过追溯保险公司成功的轨迹我们可以发现，这些公司大都能在保险业务上有所创新，从而发展出新事业。最近健康保险、住院保险与医疗保险的急剧成长，正是最好的例子。

生产力方面的考虑也可能激发事业本质改变。

一家小型圣诞玩具批发商为了一年到头都能利用公司的主要资源——训练有素的销售人员，而增加了一项截然不同的新业务——批发海滩装。在这个例子里，增加新事业是为了充分利用时间。

另外一家小型制造商为了更有效地运用资源，决定完全放弃生产机器零件，只从事焊接技术顾问的业务。尽管他们的生产事业依然有利可图，却和其他数百家小公司没什么两样，但在焊接顾问的领域，他们却独树一帜。如果继续从事制造业，公司将无法有效地运用真正具有生产力的资源——可焊接专业技术，而且投资报酬率也很低。

还有一个例子也显示出企业如何为了有效地运用管理资源，而改变事业本质。20年前，一家成功的小型专利药厂觉得公司高薪聘请的专业管理团队没能充分发挥效率。为了提升生产力，他们决定将业务范围从生产药品，扩大为管理大量销售的全国性品牌商品。这家药厂的本业仍然经营得很成功，但是他们开始系统化收购拥有自己的品牌，却因经营不善而不太成功的小公司，包括宠物食品公司、男性化妆品公司、化妆品与香水公司等。他们派管理人员进驻每一家公司，大幅提升获利水准。

不过，不应该单单因为利润的考虑而改变事业本质。当然，当利润实在太差时，我们只好放弃这个事业，但通常市场地位、创新或生产力等指标几乎都早早地预告了事业的衰败。考虑利润当然会限制企业跨入某个事业，事实上，这也是利润衡量指标的主要用途——防止管理层不断投入资金和心力到衰颓不振的事业，而不是设法强化不断茁壮成长的事业。至少，好的利润衡量指标应该防止企业听信最危险而骗人的托词：由于帮忙吸收了"管理费用"，原本不赚钱的事业其实对企业也有所贡献（也就是会计师所谓"两个人一起生活的费用和独居一样便宜"的道理，但其实两种说法都同样不合理和不可信）。

如果从市场地位、创新和生产力的角度来看，跨入新事业领域的决定符合了企业构成的基本条件的话，那么管理层的责任就是要设法获得企业必要的最低利润。直言不讳地说，这就是公司付钱聘请管理人员的目的所在。如果管理人员无法在合理的时间内让公司获利，那么管理人员就有责任让位，让其他人尝试做好这份工作。

这只是换了一种方式来说明企业必须通过目标来管理。企业设定目标时，必须以对企业而言最正确而期望的方向为依据，不能为了权宜之计，或顺应经济潮流。也就是说，企业管理不能倚赖"直觉"。事实上，在现代工业经济体系中，从决策到成果的时间拉得很长，无论公司大小，依赖直觉的管理者都是企业难以负担的奢侈品。在管理完善的企业中，利润不是意外的收获，而是刻意追求的结果，因为企业都必须盈利。

当然，企业目标不是火车时刻表，或许企业目标可以和海上导航的指南针相比拟。指南针会明确指出通往港口的直线方向，但是在实际航程中，船只可能会为了避开暴风雨，而多绕几里路，可能在浓雾中放慢速度，在遭遇飓风时，整艘船会停下来，甚至可能在汪洋大海中改变目的地，重新设定指南针，驶向新的港口——或许原因是战争刚刚爆发，或许只不过因为船上载运的货物在途中就已售出，不过，4/5 的船只仍然会在预定的时间内驶进原定港口。如果没有指南针指引方向，船只不但无法找到正确的港口，也无法估计需花费的时间。

同样，企业为了达到预定目标，途中可能需要绕道，以避开障碍。的确，能够迂回而行，避开阻碍，而不是直接硬碰硬，是做好目标管理的重要条件。面临经济萧条时，进度可能会慢很多，甚至短暂地停滞不前，而新情况（例如竞争者推出新产品）可能使目标有所改变，这也是为什么企业必须不断检查目标。尽管如此，设定目标后，企业才能朝着正确的目的地前进，而不是完全只受天气、风向或意外状况的摆布。

CHAPTER 7 | 第7章

企业的目标

单一目标的谬论——企业目标的8个关键领域——"有形"和"无形"的目标——如何设定目标——衡量艺术和科学的偏低地位——市场地位、创新、生产力和"贡献值"——实物资源和财力资源——利润率有多大——理性的资本投资政策——其余关键领域

今天,绝大多数关于目标管理的讨论都谈到寻找一个正确的目标。但是这种做法不但会像寻找点金石一样徒劳无功,而且必然有害无益,误导方向。

例如,一味强调利润,会严重误导管理者,甚至可能危害到企业的生存,以至于为了今天的获利而破坏了企业的未来。管理者可能因此拼命扩张目前销路最好的产品线,忽视了市场的明日之星,缩减其研发经费、广告支出和其他的投资。更重要的是,由于计算利润率时以资本投资为分母,因此他们将尽量降低可能提高资本投资的支出,以提高利润率,结果导致设备逐渐落伍。换句话说,一味强调利润率的做法会引导管理者采取最糟糕的经营方式。

企业管理是在设法平衡各种需求和目标,因此需要判断力。寻找单一目

标，基本上就等于在寻找一种方程式，使得判断力毫无用武之地，这是非理性的；只有缩小范围，减少替代方案，明确重点，以事实为基础，建立衡量行动与决策效益的可靠标准，才能有良好的判断。因此，由于企业的本质使然，必须建立多重目标。

那么，企业的目标应该是什么呢？只有一个答案：**任何一个其绩效和结果对企业的生存和兴旺有着直接和举足轻重影响的领域，都需要有目标**。由于管理层的每个决策都会影响到这些领域，因此每个管理决策也都应该考虑到这些领域，这些领域决定了企业管理的实质意义所在，需要达到哪些具体成果，要达成哪些目标，以及需要采取哪些有效的做法。

这些关键领域的目标应该能做到 5 点：能用简洁易懂的语言说明所有的企业现象；在实践中接受检验；能预测行为；在决策制定过程中，就能加以评估；能让实际经营者分析自己的实践，并因此改善经营绩效。正因为追求最大利润的传统定理无法通过这样的检验，因此势必遭到淘汰。

乍看之下，不同的企业似乎会有截然不同的关键领域，以至于无法归纳出一个适用的通则。的确，在不同的企业中，各个关键领域强调的重点都不同，每家企业在不同的发展阶段也会强调不同的重点。但是无论从事哪一种行业，经济情势如何，企业规模是大是小，或发展到什么阶段，关键领域都不会改变。

企业应该设定绩效和成果目标的领域共有 8 个，包括市场地位、创新、生产力、实物和财力资源、获利能力、管理者绩效和培养管理者、员工绩效和工作态度、社会责任。

大家对于前 5 个目标应该不会有什么异议，但是却反对纳入无形的指标，包括管理者绩效和培养管理者、员工绩效和工作态度以及社会责任。

然而，即使管理只不过是经济学的应用，仍然需要涵盖这 3 个领域，并且要求设定目标。这 3 个领域都属于正式企业经济理论的一部分，如果过于忽视管理者绩效和培养管理者、员工绩效和工作态度以及社会责任，很快就会造成企业在市场地位、创新、生产力、实物和财力资源、获利能力方面的具体损失，最后终结企业的生命。这几个领域都不太容易进行量化分析和数学计算，与经济学家，尤其是现代经济分析家惯于分析的形态截然不同，因此令经济学家头痛不已。但是，不能因此就不将这几个项目纳入目标的考虑之中。

经济学家和会计师认为这几个领域不切实际的原因（谈的都是原则和价值问题，而不牵涉金额、数目），正说明了为什么这几个领域是企业管理的核心，其实和金额数字同样具体、实际，而且可以衡量。

企业原本就是人类的社会组织，企业的经营绩效也就是人表现出来的成绩。人的团体必须以共同的信念为基础，必须用共同的原则来象征大家的凝聚力。否则组织就会瘫痪而无法运作，无法要求成员努力投入，获得应有的绩效。

如果这类考虑过于抽象，那么管理层的职责就是设法把它变得更具体。如果忽视了这些领域，不止会危及企业竞争力，也容易引起劳资问题，或至少降低生产力，并且由于企业不负责的行为，而激起社会对企业的诸多限制。同时，这也意味着企业还要冒另外一个风险（雇用了一批毫无生气、庸庸碌碌、随波逐流的管理者），那些习惯于考虑自己利益而不是考虑企业共同利益的管理者，那些变得自私、心胸狭隘、缺乏进取心、无领导才能和洞察力的鼠目寸光的管理者。

如何设定目标

真正的困难不在于确定我们需要什么目标，而在于决定如何去设定目标。要做好这个决定，只有一个有效的方法：先确定每个领域中要衡量的是什么，以及衡量标准是什么。因为采用什么衡量标准，决定了企业要把注意力的焦点放在哪些方面。如此一来，该做的事情会变得更具体和透明化，衡量标准中所包含的项目也变得彼此相关，不必再分心注意没有包括在内的项目。"智力就是智力测验的结果。"心理学家常用这句老掉牙的话来提醒大家，智力测验并非无所不能，绝不出错。然而父母或师长（包括很清楚这种理论和计算方式并不可靠的人），仍然忍不住去注意看似精确的"智商"分数。

不幸的是，目前针对企业关键领域设计出来的衡量方法，大半比智力测验还不可靠。我们只有在衡量市场地位上，建立了比较充分的观念。对于像获利能力这么明显的目标，我们却只有一把橡皮尺，缺乏实际的工具来衡量必须达到多高的利润率。至于创新，甚至生产力的衡量标准，我们几乎也一无所知。在其他领域（包括实物和财力资源），我们只会陈述意图，却无法说明要达到的具体目标和衡量标准为何。

这个崭新的题目是今天美国企业管理相关理论、研究和发明最活跃的新领域。许多公司纷纷致力于理清关键领域的定义，思考应该衡量的项目，并设计衡量工具。

几年内，我们对于应该衡量哪些项目的知识和衡量能力都将大幅提升，毕竟25年前，我们对于市场地位的基本问题，并不会比今天我们对于生产力甚至员工的效率和态度了解更多。今天大家对于市场地位的观念之所以比较清楚，并非这个领域有什么特别之处，而是靠辛勤专注的努力，以及充分发挥想象力的结果。

此时我们提出的只是"进度报告"，只勾勒出尚待完成的工作，而不能算是成果报告。

市场地位

衡量市场地位时，必须同时对照市场潜力及竞争对手的表现（无论是直接竞争还是间接竞争)。

"只要销售额一直成长,我们不在乎市场占有率的高低。"我们经常听到这样的说法,听起来似乎很有道理,但是一经分析就站不住脚。销售额本身无法充分反映企业经营的绩效、成果或前途。公司的销售额或许上升了,但实际上却快速迈向衰败;公司的销售额可能下降,但原因可能不在于他们不懂营销,而在于这是个日渐没落的行业,最好赶快改行。

有一家炼油设备公司销售额年年增长。但事实上,新的炼油厂都向竞争对手购买设备。由于这家公司过去供应的设备日渐老旧,需要修理,而这类设备的替换零件通常都会向原厂采购,因此销售绩效仍然暂时上升。不过老顾客迟早会开始引进更有效率的新设备,而不再一直修补老旧过时的设备。到了那时候,几乎可以确定老顾客会开始采购竞争对手设计制造的产品。这家炼油设备公司因此面临被淘汰的危机,而后来也确实关门大吉了。

销售额的绝对数字不代表什么意义(销售数字必须对照实际和潜在的市场趋势来看,才有意义),但市场地位本身却具有实质的重要性。企业的市场占有率如果没有达到一定的程度,就变成不重要的供应商,只能根据其他大型供应商的定价决策来制定自己的价格。可能会因为任何小小的挫败,而面临全面出局的危机。由于竞争变得很激烈,经销商在削减库存时,会倾向淘汰周转太慢的商品,顾客则通常喜欢一窝蜂购买最流行的产品。在经济萧条时,小型供应商的销售量可能非常低,以致无法提供必要的服务。究竟供应商的销售额在低于哪一点时会被边缘化,每个行业情况都不一样。即使在同一产业中,不同的价格等级也会出现不同的标准。每个地方情况也不一样。但是无论如何,变成被边缘化的小供应商都是很危险的事,最好还是要设法维持最低限度的市场地位。

相反，即使没有反托拉斯法，市场地位太高，也不是聪明的做法。领导企业在取得市场主导地位后，往往过于安逸，丧失斗志。垄断者通常因为自满而衰败，而不是败在公开的对抗上。原因是市场霸主在内部进行任何创新时，都会遭到很大的阻力，也变得非常难以适应改变，而且市场领导企业总是把太多的鸡蛋放在同一个篮子里，又经不起任何经济波动。换句话说，市场地位有其上限和下限，尽管对大多数的企业而言，前者带来的危险似乎比后者要大多了。

要设立市场地位的目标，企业必须确定它的市场是什么——顾客是谁、顾客在哪里、购买哪些产品、顾客心目中的价值何在、顾客有哪些还未满足的需求。深入研究后，企业再以此为基础，根据自己的产品线，也就是根据企业所满足的顾客需求，来分析产品或服务。

> 所有的电容器可能外表都一样，以相同的技术制造，也出自同样的生产线。然而在市场上，新收音机所用的电容器却和修理收音机时用来替换的电容器完全不同，而且两者又和在外形上毫无差别的电话机电容器很不一样。如果美国南方人购买电容器时重视的是能否抗白蚁，而西北部的人则重视电容器抗高湿度的能力，那么维修收音机所用的电容器又要分为不同的产品线。

企业必须决定每条生产线的市场何在——实际的规模和潜力、经济和创新趋势，而且定义市场时，必须以顾客为导向，同时考虑直接与间接的竞争对手。只有如此，才能真正设定营销目标。

大多数的企业都需要不止一个营销目标，而需要 7 个营销目标：

1. 现有产品在目前市场上的理想地位，以销售额和市场占有率来表示，同时和直接与间接竞争对手相比较。

2. 现有产品在新市场上的理想地位，以销售额和市场占有率来表示，同时和直接与间接竞争对手相比较。

3. 应该淘汰哪些旧产品——无论是为了技术原因、市场趋势、改善产品组合，或只是管理层考虑应该从事的事业后所做的决定。

4. 目前市场需要的新产品——产品的数量、性质以及应该达到的销售额与市场占有率。

5. 应该开发的新市场和新产品——以销售额和市场占有率来表示。

6. 达到营销目标和适当的定价政策所需要的销售组织。

7. 服务目标，衡量公司如何以产品、销售和服务组织提供顾客认为有价值的东西。

服务目标应该至少和竞争市场地位所设定的目标一致。但通常达到和竞争对手相同的服务水准还不够，因为服务是建立顾客忠诚度最好的方法，也是最容易的方法。服务水准绝不能靠管理层的猜测或"大老板"偶尔和重要顾客闲聊时的印象来评估，必须定期对顾客进行公正客观而系统化的意见调查。

在大公司里，可能需要采取年度顾客意见调查的形式。通用汽车就是个很好的例子，可以充分解释为什么其事业经营得如此成功。小公司则可以运用不同方式，达到同样效果。

有一家很成功的医疗用品批发商的总裁和董事长每年都拜访公司 600 位顾客中的 200 家医院。他们在每家医院待一整天，不推销产品——他们拒绝接受订单，而是花时间讨论顾客的问题与需求，并且要求顾客对他们的产品和服务提出批评。这家公司的最高主管将每年的顾客调查看成首要之务。在过去的 12 年中，这家公司能够成长 18 倍，都要归功于这种作风。

创　　新

每家公司都有两种形态的创新：产品与服务的创新，以及提供产品与服务所需的各种技能和活动的创新。创新可能源自市场与顾客的需求，需求可能是创新之母。有时候，则是学校和实验室中的研究人员、作者、思想家和实践者在技术和知识上的进步而引发了创新。

设定创新目标的问题在于难以衡量不同创新的相关影响和重要性。企业都希望在技术上取得领导地位，但是我们怎么样才能决定何者更为重要呢？是 100 个立即可用、能改善产品包装的小小创新，还是下了 10 多年工夫、可能会改变事业本质的化学上的大突破？对于这个问题，不但不同的公司会有不同的答案，即使是两家不同的制药公司，都可能有不同的看法。

因此，创新目标可能永远不会像营销目标那么清楚。为了设定创新目标，首先，企业管理层必须根据产品线、既有市场、新市场，通常也根据服务上的要求，预测达到营销目标需要的创新。其次，也必须评估企业所有活动领域中在技术上可能出现的新发展。这类的预测最好分成两部分：一方面着眼于不久的将来就会出现的具体发展，只是实现已有的技术创新；另一方面还要放眼更长远的未来，把目标放在日后可能出现的技术创新上。

以下是一般典型企业设定的创新目标：

1. 为了达到营销目标所需的新产品或新服务。
2. 由于技术改变，导致现有产品落伍，需要的新产品与新服务。
3. 为了达到市场目标，同时顺应其中的技术改变，需要进行的产品改进。

4. 达到市场目标需要的新流程，以及在旧流程上有所改进——举例来说，改善生产流程，以便达到价格目标。

5. 在企业所有重要活动领域的创新和改善——无论在会计或设计、办公室管理或劳资关系方面——以跟上知识与技能的新发展。

企业经营者千万不要忘记创新是一个缓慢的过程。许多公司今天之所以能居于领导地位，要归功于25年前的辛苦耕耘。许多目前还默默无闻的公司，可能因为今天的创新，将成为明天的产业龙头。成功公司面临的危机是，总是志得意满地挥霍前人累积的创新成果。因此需要建立衡量标准，来评估创新活动是否成功。

针对过去10年的绩效做个评估，就可以达到这个目的。所有重要领域的创新是否能与公司的市场地位等量齐观？如果不能，公司就是在吃老本，终将耗尽过去积累的创新资本。公司能否为未来发展出足够的创新资源？还是只依赖外界的研究成果——例如大学、其他企业，甚至国外的研究，结果可能不足以满足未来的需求？

在很少出现重大技术变化的领域，更需要刻意强调创新的重要性。制药公司或合成有机化学品公司的每个员工都知道，公司要继续生存下去，就必须培养起每隔10年就将3/4的产品汰旧换新的能力。但是在保险公司中，有多少员工了解，公司能否成长（甚至能否生存）完全要看他们能否开发出新的保险形式、改良现有方式，并且不断开发更新、更好、更便宜的方式来销售保险方案和理赔呢？技术变化越是不显著的产业，企业组织就更容易变得僵化，因此强调创新也就变得格外重要。

有人可能争辩说：这类目标完全是"大公司的玩意儿"，只适合通用电气公司或通用汽车公司，小公司根本不需要。尽管小公司或许不需要如此详尽地分析需求和目标，但这表示小公司反而更容易设定创新目标，而不是说小公司不需要设定目标。事实上，我认识的好几家小公司主管都强调，规模小最大的优势之一，就是比较容易规划创新。其中一家货柜制造公司的总裁（年销售额不到1000万美元）表示："公司规模小的时候，你们比较接近市场，很快就知道市场上需要什么样的新产品。我们的工程部门也很小，工程师知道不可能什么都由自己来完成，因此他们会眼观六路，耳听八方，注意任何可能派得上用场的新技术。"

生产力和"贡献值"

生产力衡量标准是唯一能够确切地体现管理能力，并且比较企业各部门管理效能的标准。因为生产力涵盖了企业投入的一切努力，排除了企业无法掌控的任何东西。

每家企业能够运用的资源都差不多，除了少数垄断性事业之外，在任何领域中，一家企业和另外一家企业唯一的差别，就在于各个层次的管理品质。而能衡量这个关键因素的唯一方法，是通过生产力评估来显示资源的运用和产出状况。

华尔街的财务分析师把克莱斯勒汽车和通用汽车的利润率做比较，其实这毫无意义。通用汽车自行生产大多数的汽车零件，只对外采购汽车车体、轮子和刹车。克莱斯勒汽车直到最近都还是一家汽车组装公司，自己只生产汽车引擎，但引擎在整部汽车中只占了一小部分的价值。两家公司的生产流程组合完全不同，但都销售完整的汽车。就通用汽车而言，售价大部分用来弥补通用汽车本身在生产过程中的投入；在克莱斯勒，售价大部分用来付款给独立的零件供应商。通用汽车的利润所显示的是七成的成本与风险，克莱斯勒的利润所显示的则只有三四成的成本与风险。显然通用汽车的利润率应该比较高，但是到底应该高多少？唯有通过生产力分析，才知道两家公司如何善用资源，并且从中获取多大的利润，也才能看出哪家公司经营得比较好。

我们之所以需要这样的衡量标准，是因为管理者最重要的工作就是不断改善生产力。这也是最困难的工作，因为生产力代表了许多不同因素之间的平衡，而这些因素大都是定义模糊且不易衡量的项目。

到目前为止，企业还没有发展出衡量生产力的标准。仅仅在过去几年中，我们才找到一种只能使我们界定什么是我们必须衡量的基本的概念——经济学家称之为"贡献值"。

所谓"贡献值"是指营业毛收入（公司销售产品或服务的所得）和支出（公司购买原料和供应商提供的服务所花的费用）之间的差距。换句话说，"贡献值"包含了企业的一切努力所耗费的成本以及从努力中获得的报酬，说明了企业对于最终产品所贡献的资源有多少以及市场对于企业的努力评价如何。

贡献值不是一剂灵丹妙药。只有当各种成本构成有经济意义的数字时，贡献值才能用于分析生产力。这有可能需要对传统的会计概念、数字和方法进行重大的改革。由于管理费用是按百分比全面分摊的，这使得真正的成本分析难以实施。因此，我们不得不放弃这种沿袭多年的做法。我们必须全面考虑折旧费应该用于什么——冲抵资本开支，衡量设备价值的耗减，或提供设备更新的费用。我们不可能满足根据经验来估计折旧的百分比。简而言之，会计数据必须把焦点放在满足经营企业的需求上，而不是只着眼于税务和银行的要求或证券分析师的无稽之谈（尽管许多投资人趋之若鹜，把错误信息当成理财"圣经"）。

贡献值不会衡量由部门间的配合或组织结构而产生的生产力，因为这些代表的是"定性"的生产力，而非"定量"的生产力，贡献值却是严格的量化指标。不过"定性"的因素仍然是重要的生产力因素。

然而，在这些限制下，企业应该可以通过贡献值，理性地分析生产力，并且设定提高生产力的目标。尤其应该可以运用"经营研究"和"信息理论"等新工具，系统化地分析生产力。这些工具的目标都是找出各种可供选择的行动方案，并且预估可能的结果。生产力问题主要在探讨各种资源的可能组合方式，并且找出能够以最小的成本或努力，获得最大产出的组合。因此，我们现在应该有能力处理基本的生产力问题了。

> 究竟在何时何地，在哪些限制和条件下，才有可能以资本设备取代劳动力，来提高生产力呢？我们如何区分创造性的管理费用和寄生性的管理费用？创造性的管理费用可削减所需的综合成本，而寄生性的管理费用只增加成本。什么是运用时间的最佳方式？什么是最好的产品组合？什么是最好的生产流程组合？我们不应该再臆测这些问题，而可以系统化地找出正确答案。

贡献值的概念清楚显示了生产力的目标为：

1. 在现有流程中，提高贡献值在总收入中所占的比率，换句话说，企业的首要任务必须是让采购的原料或服务发挥最大的效用。

2. 提高贡献值保留为利润的比例。也就是说，企业必须提高自有资源的生产力。

实物与财力资源

企业需要哪些目标，以及如何衡量目标达成状况，都因公司而异。而且和其他领域不同的是，当谈到实物与财力资源时，并非所有的管理者都会参与目标的设定；规划实物和财力资源不虞匮乏，主要是高层主管的职责，执行这些计划则是专职部门的工作。

不过，实物资源和财力资源非常重要，不容忽视。任何需要处理物质商品的企业都必须有办法获得所需物资，也必须确保资源供应无缺。企业都需要物质设施——工厂、机器、办公室，而且每家企业也都需要财力资源。寿险公司可能称之为"投资管理"，而且可能把它看得比营销或创新还重要，但对玩具批发商来说，财力资源可能只是单纯地获得季节性贷款的问题。然而，除非确定能获得所需的财力资源，否则两家公司都无法运营。没有预先规划运营所需的资金，就贸然设定目标，就好像还没有点着炉火，就急着把肉放进烤箱一样。目前，人们太习以为常地将实物资源、物质设施以及提供资本的目标当作"应急之策"，而不是看作深思熟虑的谋略。

有一家大型铁路公司耗费了大量的金钱和时间预测运输量，然而当董事会要决定一笔数千万美元的新设备采购方案时，却没有任何有关投资报酬率的数字可供参考，也没有人说明采购新设备的必要性，单凭公司出纳拍胸脯保证可以筹措到低利资金，就说服董事会拍板定案。

另外一个有关运用资源的著名案例，是美国西部的克朗·泽勒巴克（Crown-Zellerbach）造纸厂的长期造林政策。这个政策的目标是确保未来木材仍然供应无虞，克朗·泽勒巴克公司才能在造纸业中继续生存下去。由于每一棵树木从幼苗长成大树，都需要50年以上的时间，今天为了取代被砍伐的树木而种下的每一棵幼苗，投下的资金都要到2000年才能回收。由于克朗·泽勒巴克公司预期纸和纸浆的消耗量将继续急剧上升，单单砍一棵树，就种一棵树，已经不敷所需。今天每砍一棵树，就必须种植两棵树，才足以供应50年后的需要量。

尽管不是很多公司都面临如此严重的物料供应问题，但有相同困扰的公司通常都很清楚其严重性。因此所有的大型石油公司都努力探勘新油井；大型钢铁厂也开始有系统、有计划地寻找新铁矿。但是一般企业多半不太担心未来物料供应的问题，像西尔斯这么有计划、有系统地开发新货源的公司其实寥寥无几。几年前，当福特公司宣布将有系统地为它的西海岸组装厂开发供应商时，某家大厂的采购代理视之为"过激的创新"。其实任何一家制造商、批发商、零售商、公共事业或运输业，都需要好好思考物资供应的问题，并制定基本政策。

公司应该依赖单一厂商供应材料、零件或产品吗？这样做或许可以享受到大量采购的价格优势。当物料短缺时，长期大量采购的大客户通常都享有优先供货的权利；与供应商关系紧密，往往也可以导致设计比较精良、更严格的质量管理。还是公司应该分别向几家不同的厂商采购物料？如此一来，公司就有独立性，不会因为单一供应商内部发生罢工就被迫停产，甚至还有可能因为几家供应商彼此竞争，而享受较低的价格。

无论决定是什么，设定的目标都应该是设法供应企业所需物料，以达到预定的市场地位和创新目标。

同样重要但更加少见的是良好的设备规划。许多公司都不清楚什么时候应该停止翻修旧工厂，开始建造新工厂，什么时候应该更换机器和工具，什么时候应该盖新的办公大楼。使用落伍的老旧设备所耗费的成本通常隐而未见。的确，在会计账簿上，老旧的工厂或机器可能非常赚钱，因为折旧已经摊提完毕，账面上看起来似乎不需花费任何运营成本。但是大多数管理者都知道这是不对的，要完全不受数字的蛊惑其实并不容易。

显然设备过多或不足都非常危险。有形设备无法临时建造，必须事先规划。

今天可用的设备规划工具都是由哥伦比亚大学企业经济学家迪安（Joel Dean）㊀所开发出来的，十分容易操作，无论公司大小，都可以用这个工具来决定公司规模达到基本目标时，需要哪些有形的设施和设备，并预先规划。如此一来，就必须拟订资本支出预算，于是产生了另外一个问题：我们需要多大的资本，以何种形式呈现，资金又从何而来？

寿险公司长期以来都设有资本目标。它们很清楚，公司每年都必须获取一定数额的现金，以支付理赔的金额。它们也知道这笔钱必须来自投资所得，并据此设定最低投资报酬率。的确，对寿险公司而言，"利润"只不过是投资收入超出预定最低投资报酬率的部分。

㊀ 特别参见迪安的著作《资本预算编列》（*Capital Budgeting*，New York：Columbia University Press，1951）以及他的精彩文章"衡量资本生产力"（*Measuring the Productivity of Capital*），刊登于1954年1月的《哈佛商业评论》。

此外，通用汽车、杜邦、切萨皮克与俄亥俄铁路公司也都有资本供应计划。美国电话电报公司更是特别重视资本供应规划，甚至指派一位高级主管，专门负责这项工作。

整体而言，企业经营者常常都等到公司财务拮据时，才开始担心资本供应的问题。然而这时候才开始规划，为时已晚。至于筹措新资金时，究竟应该内部筹款，考虑长期或短期贷款，还是采用发行股票的方式，这些重要问题都必须仔细思考评估，因为答案大体决定了企业应该采取哪一类型的资本支出。针对上述问题所做的决定，将影响公司定价、股利、折旧和税务政策等重大决策。除非预先思考，未雨绸缪，否则不重要的投资方案可能点点滴滴地耗尽公司可用的资本，等到要进行重大投资时，反而资金不足。包括许多管理好、声望高的公司在内，很多公司都因为没有思考资金供应和设定资本目标的问题，而在成长的路上碰到阻碍。结果经营者虽然在营销、创新和提升生产力上有亮丽表现，却徒劳无功，一切化为泡影。

利润率有多大

利润有三个目的。首先，利润衡量企业付出的努力有多少净效益以及是否健全。利润确实是企业绩效的最终检验。

其次，利润是弥补继续维持事业的成本（包括更新、淘汰、市场风险和其他不确定因素）的"风险溢价"[一]。由此观之，根本没有"利润"这回事，只有"经营事业的成本"和"继续维持事业的成本"。企业的任务是赚到足够的利润，"继续维持事业"，但能做到这点的企业还不够多。

最后，利润或者直接地以自我集资的手段，从留存的积累中提取资金，

[一] 有关这一名词的讨论，请参见拙著《新社会》（*New Society*, New York：Harper & Bros., 1950），尤其是第 4 章。

或者间接地通过提供诱因，以最适合公司目标的形式吸引新的外部资金，保障未来用于创新和发展的资金的供应。

这三种利润的功能都和经济学家追求最大利润的理论无关，强调的反而是"最小利润"的概念，也就是企业求生存发展所需的最小利润。因此获利目标衡量的不是企业所能创造的最大利润，而是企业必须达到的最小利润。

要找出最小利润，最简单的方法就是把重心放在利润的第三个功能——获取新资本的方式上。显而易见，企业需要的利润率是企业期望的融资方式在资本市场上的利率。如果采用自有资金，就必须创造足够的利润，因此一方面现有资金能达到资本市场的报酬率，另一方面还能产生所需的额外资本。

今天美国大多数的企业确定获利目标时，都是根据这个原则。当会计师说"我们的目标是达到 25% 的税前投资报酬率"时，他的意思是："要以我们愿意付出的成本，获得我们想要的资本种类和资金，我们最少需要达到 25% 的税前投资报酬率。"

这是个合理的目标。越来越多的企业采取这种方式，代表了一大进步。这个方法只要稍加改善，就更容易使用。首先，正如同迪安所说，[⊖] 获利能力必须将时间因素考虑在内。除非我们知道多少年后可以获得这样的利润，否则获利能力根本是毫无意义的假象。因此谈到预期利润时，应该具体说明预期总利润除以投资期之后，所呈现出来的现值，而不是以年度报酬率来计算。资本市场计算债券或类似证券的报酬率时，采用的就是这种方式，毕竟整个利润的概念都是以资本市场的考虑为基础的。这种方法也克服了传统会计方式最大的缺点——迷信年度具有经济上的意义或能反映实际情况。只有设法摆脱一位企业总裁所谓的"会计年度毫无必要的严苛限制"，才有可能实施合理的管理。

⊖ 见《哈佛商业评论》中的文章。

其次，我们应该把报酬率当作好年头和坏年头平均之后的结果。企业或许真的需要达到25%的税前利润率，但是如果25%是景气好时公司的利润率，那么投资期间的平均利润率就不可能有这么高。我们可能必须在景气好的年头达到40%的利润率，才能在12年内达到平均25%的利润率。因此我们必须了解需要达到多高的实际利润率，才能得到我们所期望的平均利润率。

今天针对这类需求，已经有适当的工具，就是"损益平衡点分析法"。通过损益平衡点分析，我们能相当准确地预测不同经营条件下的投资报酬率幅度——尤其当分析数字经过调整以显示数量和价格的变动时。

对于一些规模小、经营单一的小公司而言，只要了解资本市场所需的最小利润概念就够了。对大型企业而言，只了解这个观念还不够，因为预期报酬率只是其中的一个因素，另外一个因素是其中涉及的风险。或许你们的税前投资报酬率是40%，但是失败的风险可能高达50%。那么这个投资项目难道会比投资报酬率只有20%，但是却不需冒任何风险的稳当生意好吗？

就无法走回头路的既有投资而言，把目标放在25%的税前投资报酬率，或许已经很好了。但是对于新的投资决策，管理层必须能够说："我们的目标是扣掉所有成本（包括资金成本）后的预期报酬与预估风险的比率为1.5∶1、1.33∶1或1.25∶1。"否则就无法拟订合理的资本投资政策。

如果没有合理的资本投资政策，就不可能拟订实际的预算，尤其对大型企业而言，更是如此。要推动有效的分权化管理，企业必须制定合理的资本投资政策，否则高层管理者总是会任意核准投资或保留资本，并且专横地集中掌控现金。合理的资本投资政策也是提升管理精神的先决条件，否则低层主管会一直感到，自己的绝佳构想一旦陷入高层拨款委员会作业程序的迷宫，就动弹不得。

合理的资本投资政策决定了经营决策的范围，显示出要达成营销、创新和生产力目标，应该采取哪一种方式最好，而且迫使企业主管了解自己在制定决策时，承担了哪些义务。长期以来，我们的主管在缺乏这种政策的情况下，竟然还可以经营公司，这就好像埃里克森（Leif Erickson）在没有地图、没有指南针的情况下，居然横越大西洋，返回文兰岛一样不可思议。

资本投资政策必须奠基于对报酬和风险比的可靠评估。这种风险和轮盘赌的概率或保险精算人员所估计的预期寿命等可计算的统计风险不同。在四种"继续维持事业的风险"中，只有一种是统计的风险，也就是重置。重置又称为折旧、摊提或重置准备金，难怪被视为成本。其他三种风险都比重置风险更严重，基本上都不能凭过去经验预测，换句话说，在统计上是不可测的风险，属于史无前例、不同于以往的新风险。

不过即使是这类风险，今天我们仍然可以将之简化为概率的预测，尽管误差率颇大。许多大公司显然正在从事这方面的研究，不过还没有办法完成系统化的分析。

然而关于获利能力，真正的问题不在于应该衡量哪些项目，而是拿什么来当衡量标准。

近来美国企业中很流行计算利润占销售额的比率，但这不是个恰当的指标，因为这个比率无法显示产品或企业在经济波动中的脆弱程度，这点只有"损益平衡点"分析才办得到。

计算"投入资本所获得的报酬"也有一些道理，但这是所有衡量标准中最糟糕的标准，就好像几乎有无穷弹性的橡皮尺一样。什么是"投入的资本"？1920年投资的1美元会等同于1950年投资的1美元吗？资本的定义是如会计师所说的，以最初的现金价值扣除后来的折旧，还是照经济学家的定义，是未来的获利能力按照资本市场利率贴现后估算出的现值？

两种定义都没有带来太大的帮助。会计师的定义没有考虑到货币购买力的变化和技术变迁，因为没有把不同企业所面临的不同风险纳入考虑，也没有比较不同企业、同一企业的不同部门，或新旧工厂之间的不同状况，所以无法用来评估企业的经营绩效。更重要的是，这样的定义等于在鼓励企业采用过时的技术。当设备过于老旧，账面价值降低为零时，在账面上反而比生产成本较低的新设备显得更有利可图，甚至在通货紧缩时期都是如此。

经济学家的投入资本观念则没有这些缺点，在理论上看来简直天衣无缝，但却无法应用在实际状况上，因为根本不可能计算出过去的任何投资在未来的获利能力换算成今天的现值是多少。即使对一流的"电脑"而言，其中牵涉的变数都太多了，有太多未知和不可测的因素。即使要找出哪些是可预知的因素，需要付出的成本都会远超出可能得到的收获。

因此，许多管理者和会计师现在倾向采取折中方案，他们将"投入资本"定义为今天为了建构和旧组织、旧工厂、旧设备具备同样生产能力的新组织、新工厂、新设备所耗费的成本。理论上，这个定义也有缺陷，例如在经济萧条时期，当新设备的价格和建造成本很低的时候，这个定义会扭曲了获利能力的意义。但是最主要的问题还在于实务方面。由于要假设重置准备金的数额很不容易，数字也不可靠，即使假设的标准上有小小的变化，可能都会造成最终结果的极大误差。

换句话说，到目前为止，还没有找到真正有效的方法。或许最明智的做法是，不要试图找到能一举解决问题的办法，而是接受目前最简单的方式，了解其中的缺点，并且事先防范可能造成的严重问题。

因此我要提倡一个几乎没有什么理论基础的方法：借由折旧后的税前净利和以最初成本投入的原始资金（换句话说，是折旧前的金额）之比，来衡量获利能力。在通货膨胀时期，由于成本升高，会略微调整所投入的原始资本的金额。在通货紧缩时期（这个方法尚待测试）原始投资金额则同样会向下调整。如此一来，无论原始投资或原始的货币购买力在什么时候发生，我们都可以用在三五年内大约可以比较的币值，推出统一的投资数额。我承认这个方法很粗糙，我也没有办法反驳朋友的说法：这个方法岂不是和粉饰锈迹斑斑的污点差不多，但是至少这个方法很简单。而且正因为它的计算方式很粗糙，因此任何管理者都不会受到愚弄，而误以为这个数字很精确，事实上，无论投资报酬率的数字是怎么算出来的，充其量也只是粗略的猜测而已。

其余关键领域

关于其余三个关键领域：管理者绩效与培养管理者、员工绩效和态度、社会责任，在此不需多做说明，因为我们在后面几章还会详细探讨。

不过，需要特别说明的是，这些领域的绩效与成果无法完全以数字来衡量。这三个领域都和人有关。由于每个人都是独一无二的，我们不能把他们相加或相减，而必须建立质的标准，需要的是判断而非数据，评价而非衡量。

决定管理者的绩效和培养目标并不难。企业要长久经营下去，并持续获利，就必须为管理者设定目标，加强自我控制，界定工作职责，建立管理组织的精神，健全管理结构，并且培养未来的管理者。一旦目标清楚了，就可以评估是否达成目标。当然，我们在第13章讨论的组织精神评估将找出组织的重要缺点。

在每个企业中，只有管理层能决定社会责任这一目标是什么。我们在结语部分会讨论到，这个领域的目标虽然非常具体，却必须根据影响每个企业同时也受企业影响的社会和政治环境来决定，同时也必须以经营管理层的信念为基础。这也是为什么社会责任如此重要，因为企业管理者跨越了周围小小世界的局限，尽责地参与了社会的发展。但是，每个企业最重要的共同目标是努力为社会做出贡献，凡是能促进社会进步与繁荣的，也都能增强企业实力，带给企业繁荣与利润。

然而，当我们为员工绩效和态度设定目标时，问题却很多，原因倒不在于这个领域过于抽象。其实内容非常具体，到目前为止，我们对这个领域了解不多，大都是根据迷信、征兆和标语口号行事，而不是根据知识行事。

看清楚问题所在，找到有意义的衡量方式，将是对管理者的最大挑战。这个领域的目标应该包括劳资关系的目标。

如果本书的主题是工业社会，那么应该特别突出工会的角色，正如同我在《新社会》中的讨论，但本书谈的是管理的实践，工会只是管理层必须面对的外界团体和力量之一（例如供应商是另外一股势力），但工会是一股强大的外力，可以通过加薪的要求打击企业，同时借着罢工瓦解管理层对企业的掌控能力。在任何成立了工会的企业中，管理层都需要为劳资关系制定长期目标。如果任凭工会主导劳资关系，那么这家企业可以说毫无管理可言。不幸的是，过去15年、20年来，美国许多企业主管正是采取这种方式来处理劳资关系，把主控权交到工会手上。他们甚至无法预期工会可能提出什么要求，他们基本上不了解工会，不知道工会如何运作，也不了解工会为什么会这么做。当下属报告工会将提出某些要求时，管理层通常都充耳不闻，认为工会不会真的提出要求，因为这些要求根本不合理。然后，等到工会真的提出要求时，他们往往一口拒绝，表示"绝无可能""这样做会毁了公司"。但三四天后，他们却又让步，屈服于工会的要求，还在联合声明中，和工会领袖一起盛赞这份协议是"民主化劳资关系的一大里程碑"。这样做简直不是在管理，而是放弃管理的权利。

劳资关系的目标究竟应该是什么，已经超出了本书讨论的范围，但首先管理层应该收回主导权！设法了解工会是什么，为什么会成立工会，同时他们也必须知道工会将提出什么样的要求，以及为什么提出这些要求。他们必须能预测到工会可能的要求，设法把最后达成的协议导向有利于企业的方向，或至少不要伤害企业。更重要的是，企业经营者也应该学会提出要求。如果只有工会提出要求，企业经营者会一直处于被动，在劳资关系中始终是缺乏效能、频频挨打的一方。

无论劳资关系多么重要，在工作管理和员工管理中都只占一小部分，至于主要的部分，我们甚至不知道能够具体衡量的项目（流动率、员工出缺勤、劳工安全与就诊记录、提案制度参与率、员工申诉、工作态度等）和员工绩效有没有任何关系，或充其量只是表面的指标而已。但是我们仍然可以利用这些项目来建立劳资关系指标，尽管我们仍然只能臆测衡量出来的结果所代表的意义，但至少系统化地尝试找出员工的工作状况，将有助于管理层集中精力到能做和该做的事情上。尽管只是暂时的缓和剂，至少能提醒管理者对于组织员工和工作应该担负的责任。这个方法甚至连权宜之计都谈不上，勉强只能算承认自己的无知。我们必须建立以知识为基础的真正目标，以取代目前的做法。

目标的时间幅度

设定目标时，应该把目标限制在多大的时间跨度内？我们应该把达成目标的时间，设定在多久之后？

这个问题显然和企业的性质有关。对某些服装企业而言，下个星期的清仓大拍卖可能已经算是"长远的未来"了。但是建造一部蒸汽涡轮机可能需要 4 年的时间，另外还要再花两年的时间来安装机器，因此对涡轮机企业而言，6 年可能算"最近"的事情。克朗·泽勒巴克公司甚至不得不在今天就种植 50 年后才能收回的树苗。

不同的领域需要拟订不同的时间跨度。至少可能要花 5 年的时间，才能把销售组织建立起来。目前工程和化学领域的创新，至少要 5 年后才能在市场和利润上有所收获。此外，资深的销售经理认为，促销攻势必须在 6 个星期内见效。一位经验老到的销售员表示："当然，有些产品正在沉睡当中，但是大多数却从来不曾醒过。"

也就是说，为了达成目标，管理层必须设法在最近的将来（未来几年）和 5 年以上的长远未来之间，通过"管理支出预算"而取得平衡。因为几乎所有影响平衡的决策都被视为会计师所谓的"管理支出"，这些支出由目前的管理决策决定，而不是由不可改变的过去决策（如资本费用）或当前企业经营上的要求（例如劳动力和原料成本）来决定。今天的"管理支出"将成为明天的利润，但也可能成为明天的亏损。

每个读到大二的会计系学生都知道，只要改变折旧费用的计算基准，几乎可以把任何"利润"数字都改变为"亏损"，而且新的基准似乎和旧基准一样有道理。但是企业经营者（包括他们的会计师）往往不了解这类支出有多少是基于对长期和短期需求的评估，而这种不了解对长短期需求都会带来重大影响。以下是部分的支出清单：

> 折旧费用；维修预算；资本重置、现代化和扩张成本；研究预算；产品开发和设计支出；团队的支出，包括人员组成和薪酬、规模以及培育未来管理者的开支；建立和维持销售组织的成本；促销和广告预算；顾客服务成本；人力资源管理，尤其是培训费用。

以上支出，几乎每一项都可以大幅削减或删除，而且删减后有一段时间，或许是很长的一段时间，都不会出现任何副作用。我们也可以大幅提高其中任何一项支出，而且也由于种种缘故，有很长一段时间看不出效益。但是，削减支出以后，账面数字总是立刻会显得好看许多，而提高支出以后，账面数字也立刻显得难看许多。

如何管理企业支出，没有一定的公式可循，只能依赖个人判断，而且几乎都是妥协后的结果。但即使是错误的决策，都比信手乱砍预算要好得多，换句话说，千万不要在晴天时乱开支票，一旦看到天边出现第一朵乌云，就立刻大刀阔斧削减支出。所有管理良好的支出都必须长期执行才能见效，短时间拼命冲刺，不见得有效果。而突然削减经费可能在一夕之间摧毁了长期耕耘的成果。在公司发达的时候，夸耀公司福利，成立球队，但是当订单下降10%，就大幅紧缩开支，甚至不再供应盥洗室的洗手肥皂（不要以为我夸大其词，美国在1951年的确发生过这种状况），与其这样还不如细水长流，规划适度而稳定的员工活动。与其等顾客习惯了良好的服务后，却在公司利润下降时裁掉半数的客户服务人员，还不如从一开始就只提供稳定的基本服务。与其1年投入200万美元的研究经费，之后9年却都不花1分钱从事研究，还不如连续10年来，每年花5万美元在研究上。在思考管理支出的问题时，宁可每天都有一片面包，而不要今天有一袋面包，明天却什么都没有。

几乎上述的每一项支出都必须依赖能干的员工，才能发挥效用。然而如果工作时经常觉得受制于突发、不可预测的高低起伏的公司政策，那么一流人才就不愿继续留在公司里，或即使留下来，也不再尽最大的努力，因为"到头来上面还是说砍就砍，努力工作又有什么用呢？"如果在面临"经济浪潮"冲击时，企业大刀阔斧地裁掉了训练有素的员工，那么当管理者突然决定要重整旗鼓时，就很难找到替代的人员，或是要花很长的时间重新训练人才。

有关管理支出的决策对于企业整体发展非常重要（更甚于对个别企业活动的影响），必须逐项慎重考虑，并且思考其加总起来的整体效益。管理者必须了解每一项开支在每个领域中有何用途，以及为什么要这么做。管理者也必须了解哪个领域最重要，哪个领域的经费可以先削减，削减的幅度有多大，以及哪个领域的经费需要增加，增加的幅度有多大。最后，管理者还必须了解为了追求短期效果，必须承担多少关系长远未来的风险，以及需要哪些短期牺牲，以换取长期的成果。

为期5年的支出预算应该显现在最近的将来，要达到企业每个领域的经营目标所需的必要支出；也应该显示为了维持企业5年后的地位，实现具体的目标，每个领域需要哪些额外的支出。如此一来，企业可以清楚地知道当景气好时，必须先提高哪些领域的支出；如果生意下滑时，必须先削减哪些领域的支出。因此管理部门可以预先规划即使在景气不好时，仍然应该维持哪些基本支出；如何随景气波动调整支出，以及即使碰到经济繁荣，仍然应该避免哪些支出。支出预算应该显示这些支出对于达到企业短期成果所发挥的整体功效，以及预期在长期发挥的影响。

平衡各种目标

除了要权衡最近的将来和长远的未来之外，企业管理者也必须在各种目标之间取得平衡。哪个目标更为重要：是扩张市场，提高销售量，还是提高投资报酬率？应该花多少时间和精力在提升制造部门的生产力上？如果把同样的精力和资金投注于新产品设计上，会不会获得更高的回报？

要区别管理是否有效，最好的指标莫过于管理者在平衡各种目标上所显现的绩效。这项工作也没有公式可循，每一家企业都必须达到自己的平衡，而且可能在不同的时期必须达到不同的均衡状态。唯一能确定的是，平衡各种不同的企业目标并非机械化的工作，不是靠"编制预算"就可以办得到的。预算只是最后用来表达平衡决策的文件，但是决策本身有赖于良好的判断力，而健全的判断则必须基于完善的企业经营分析。企业管理者能否谨守预算，往往被视为管理能力的一大考验。但是当预算将企业各种不同的需求做了最佳调和后，能否尽力达成预算，才是检验管理能力更重要的指标。已故的凯迪拉克总经理德雷斯达特（Nicholas Dreystadt）是我所认识的企业管理者中最有智慧的一位，他曾经说过："每个笨蛋都懂得遵守预算，但是在我这辈子见过的企业管理者中，只有极少数能拟出值得遵守的预算。"

关键领域的目标是引导企业发展方向的必要"仪表盘"。没有目标的管理就好像飞行时只凭直觉碰运气一样，既缺乏地标、地图的引导，过去也没有飞过相同路线的经验。

不过，仪表盘固然重要，飞行员的解读能力也同样重要。对企业管理者而言，则代表预期未来的能力。根据完全错误的预期来拟订目标，可能比根本没有目标更糟糕。因此，接下来我们必须讨论企业管理者需要哪些工具，才能让今天的决策在明天产出成果。

第8章 | CHAPTER 8

今天的决策，明天的成果

> 管理者必须始终预测未来——摆脱对经济周期的依赖——找出波动的范围——找出经济的基石——趋势分析——未来的管理者才是企业真正的保障

企业制定目标，是为了决定今天应该采取什么行动，才可以在明天获得成果，是以对未来的预期为基础的。因此要达成目标，必须采取行动塑造未来，权衡今天的手段和未来的成果，在不久的将来和遥远的未来之间求取平衡。

上述的考虑对于企业经营尤其重要。首先，几乎所有的经营决策都是长期决策，就今天而言，甚至10年的时间都算短了。不管是有关研究发展、建造新工厂、设计新的销售组织或产品，每个重大的经营决策都需要经过多年时间，才能真正奏效，更要在多年以后，才能有真正的产出，投入的资金和人力也才得以回收。

企业经营者别无选择，只有预测未来的发展，并试图塑造未来，在短期和长期目标之间取得平衡。要做好这两件事，远超出凡人的能力，不过虽然缺乏老天的指引，企业管理者绝对不可轻视这些艰难的责任，必须尽己之力，尽职尽责。

预测 5 年、10 年或 15 年后的发展，通常都只能算"猜测"而已。但"基于系统知识的猜测"和"单凭直觉"不同，理性评估后所做的猜测和有如赌博押注般的瞎猜之间，还是有差别的。

摆脱对经济周期的依赖

任何企业都生存于大的经济环境之中，因此规划未来时势必会关注"整体经营条件"的变化。不过企业管理者需要的不是一般人心目中的"经营环境预测"，也就是企图预测明天的天气，或解读三五年后，甚至 10 年以后的经营环境。企业管理者需要的是能够不受制于经济周期，让企业自由思考与规划的工具。

乍一看，这似乎是一种似是而非、自相矛盾的说法。经济周期当然是一种重要的因素。一项决定是在繁荣时期实施还是在萧条时期实施，将对这项决定是否有效和成功产生不同的影响。在经济衰退的低谷时期进行资本投资，在经济繁荣的顶峰时期抑制扩张和新的投资，经济学家这种千篇一律的建议似乎只不过是一种最基本的常识。

事实上，这个建议不会比低价买进高价卖出的建议更加有用和有效。尽管这个建议很好，但是应该如何执行呢？又有谁知道我们现在正处于经济周期的哪个阶段呢？而经济学家过去的平均准确率并不怎么样，生意人预测成功的概率也好不到哪里（还记得 1944～1945 年，大家都预测战后经济会开始走下坡路吗）。即使这个建议很好，利用经济周期依然是个无法实施的建议。

如果工商界人士真的能遵照这个建议行事，那么从一开始，压根儿就不会出现经济繁荣和经济萧条了。经济之所以会出现两极化的波动，正是因为就心理学而言，这个建议根本不可行。在经济繁荣时期，几乎每个人都相信这下子可以海阔天空，无所限制，而在经济跌落谷底时，每个人都相信这一回经济繁荣再也不可能恢复了，会一直走下坡路，或永远停在谷底，无法翻身。只要生意人一直围绕着经济周期思考，他们就会受这种心理所摆布，无论原本的意图有多好，经济学家的分析有多高明，他们都将因此做出错误的决策。

更糟糕的是，即使连经济学家现在都开始怀疑，是否真的有"周期"这回事。当然，经济一直有起有落，但是经济形势的发展真的具有可以预测的周期性吗？伟大的经济学家熊彼特在世时曾经耗费了25年的时间，苦心钻研周期的问题，但他找到的"经济周期"充其量只是各种不同的周期性运动加总起来的结果，而且是事后分析出来的形态。经济周期分析只能告诉我们曾经发生了经济周期，却无法告诉我们未来会如何发展，因此对于企业经营管理发挥不了什么作用。

最后，对许多经营决策而言，经济周期所涵盖的时间太短了。举例来说，我们没有办法根据对未来4年、5年或6年的预测，拟订重工业的工厂扩建计划。这类计划通常必须放眼15年、20年后。无论要根本改变产品或销售组织，成立新商店或开发新的保险方案，也都会碰到同样的情形。因此企业真正需要的，是能协助他们不需要猜测目前经济究竟处于周期的哪个阶段，就能制定决策的工具。无论目前经济形势如何，企业都需要借助这类工具做3年或7年以后的规划。

今天，这类工具有3种，在经营企业时，3种工具都很有效。

第一种，我们可以假定经济总是会不断起伏，而不需试图臆测目前的经济正处于经济周期的哪个阶段。换句话说，借着分析过去的经验，找出预期可能碰到的最坏可能或最可能碰到的严重挫败，㊀并据以检验目前的经营决策。

㊀ 对大多数美国制造业而言，过去碰到的最坏状况并非1929～1932年的"经济大萧条"，而是1937～1938年短暂的经济衰退。除了日本和德国战败后经济崩溃的惨况外，这8个月的衰退幅度在工业国家中可以说是前所未见的。

如此一来，企业的决策就不必受制于对经济周期的臆测。

这个方法无法告诉我们决策是对是错，但却能显示其中所牵涉的最大和最小周期性风险，因此在评估企业必要的最低利润时，这是最重要的预测工具。

第二种工具比较不容易掌握，但功效更大。这种工具是根据可能对未来经济产生重大影响的事件来制定决策，把考虑的重心放在过去已经发生且不具经济意义的事件上，而不去预测未来；试图找出影响经济环境的基本因素，而不去猜测未来的经济环境。

我们在前面曾经提过，有一家公司在第二次世界大战期间决定在战后转行成为保险丝盒和闸盒制造商。这个决定就是基于影响经济发展的基本要素——1937～1943年，美国出现了新家庭日益增多的趋势和人口结构的变化。

到了1943年，很明显，美国的人口趋势已经发生根本变化，即使人口统计专家的推论正确——他们预测高生育率是战时的短暂现象，在战后就会下降（这是历史上最缺乏根据的轻率推测）——仍然无法改变一个事实，新家庭形成率从1937年的低点开始大幅上升，远超过萧条时期的数字。即使新家庭形成率和人口出生率在战后再度下降，这些新家庭仍然需要房子住。除此之外，房地产市场已经停滞了将近20年，所以对于住宅潜藏了惊人的需求。由此可以得到的结论是，除非美国战败，否则战后建筑业必定非常兴旺。

如果战后美国发生严重的经济萧条，住宅兴建计划就会由政府主导。事实上，人口趋势和住宅供需情况都显示，兴建住宅势必成为政府对抗经济萧条的重要政策。如果战后美国经济日益繁荣，而后来情况也确实如此，那么房地产市场就会更加蓬勃发展，私有住宅会大量兴建。换句话说，无论战后经济形势是好是坏，住宅建设都会蓬勃发展（事实上，如果战后真的发生经济萧条，可能住宅建设还会更加兴旺）。

企业正是根据针对这类已经发生而且预期会影响未来经济发展的趋势所做的分析，决定是否跨入新行业。因此即使在做长期规划时，企业经营者仍然可以理直气壮地说，他们其实不是在预测未来。

当然，人口结构只是其中一项基本要素。在第二次世界大战刚结束的那段期间，人口结构可能是影响美国经济发展的主要因素，但在其他时候，人口结构可能只是次要甚至不相干的因素。

不过，基本方法依然放之四海而皆准：找到过去已经发生过的非经济性却会影响经济环境的事件，然后据以制定未来的决策。

但是，尽管基本要素分析是我们手边所能拥有的最佳工具，却离完美还有一大段距离。1944年，法国也很可能根据同样的人口趋势分析而推出相同的结论——战后住宅建设将是一片繁荣。尽管他们的分析很正确，法国的住宅建设却没有盼到预期的繁荣。当然，原因可能完全与经济体系无关。或许问题出在法国实施房租管制和糟糕的税法，也可能住宅建设的繁荣只是暂时延后，仍然蓄势待发。战后住房不足的窘境可能是法国政治和经济问题的主因，因此根本就不该让这种情形发生。然而，对商人而言，这些安慰没什么用。在法国，转行生产保险丝盒和闸盒的决定虽然是基于理性的猜测，却仍然是错误的决定。

换句话说，我们不能说任何事情在未来一定会发生。即使必然会发生的事情确实发生了，我们仍然无法预估发生的时间。因此，我们绝不能单独运用基本要素分析法，必须由第三种降低预测风险的工具加以检验：趋势分析，这也是今天美国人普遍采用的方法。基本要素分析试图探究未来的事件"为什么"会发生，趋势分析问的问题则是"有多大的可能"和会"多快"发生。

趋势分析所根据的假设是：经济现象——例如家庭用电，或平均每1美元的家庭所得有多少花在寿险上——是长期的趋势，不会很快改变或变幻莫测。这种趋势可能会受到周期性波动的干扰，但经过长时间后，终将恢复原本的走势。拿统计学家的术语来形容，"趋势曲线"会是一条跨越10年、15年或20年的"真实曲线"。

所以，趋势分析就是要找出关于企业发展的特有趋势，借着趋势，企业在制定长期决策时，不需要太在意短期的经济周期。

趋势分析非常重要，它可以拿来检验基本要素分析的结果，但是也不能单独运用这个工具，以免变得盲目依赖过去的经验或"社会惯性法则"。事实上，尽管这两种分析采用的方法不同，却能形成合力，帮助我们捕捉飞逝的时光，以便能好好审视一番。

尽管这三种方法都有缺点，但如果能持续熟练地运用这些方法，并且了解其限制，应该可以向前跨一大步。制定经营决策时，不再单凭预感，而是理性地推测。至少管理层知道，目标应该基于什么样的期望值，期望值是否合理，或是当预期的情况没有发生，或是不在预期的时间内发生时，什么时候该检验目标。

未来的管理者才是企业真正的保障

企业真正的安全保障，是未来的管理者。即使有了这些改进后的方法，关系未来的决策仍然只是预期而已，很可能出现猜错的情况。因此任何经营决策都必须预先做好改变、调整或补救的准备。针对每一个经营决策，管理者都必须预做充分准备，尽可能将未来打造成预期的模样。否则，就算预测未来的技术再高明，经营决策都不过是一相情愿的如意算盘，和所有根据长期预测所做的决定一样，将走向不可避免的下场。

具体来说，这表示今天的管理者必须有系统地为明天的管理者做好准备。明天的管理者能够调整今天的决策以适应明天的环境，能将理性推测转变为扎实的成就，让明天的环境更适合今天所制定的决策。

在探讨管理者培养时，我们强调必须协助有能力制定未来决策的管理者做好准备。话虽没错，但我们之所以需要有系统的管理者培养计划，首先还是为了今天的决策，尤其重要的是，必须为了解这些决策及其背后思想的人做好准备，因此当今天的决策变成明天的困扰时，他们才能采取明智的行动来处理。

最后我要指出，无论企业经济学的理论多么完备，分析多么周密，工具多么有用，企业管理终究都要回归到人的因素。

CHAPTER 9 | 第 9 章

生产的原则

生产能力永远是一个决定性和限制性的因素——生产不是将工具应用于原材料,而是将逻辑应用于工作——每一种生产系统有其自身的逻辑,并对企业和管理层提出其自身的要求——三种生产系统——新式的大规模生产是第四种生产系统吗——单件产品的生产——"旧式"和"新式"的大规模生产——流程生产——管理层应向它的生产人员提出什么要求——生产系统对管理层的要求——"自动化",革命还是渐变——要求每个管理者在以后的年代里都懂得生产的原则

生产管理就像销售、财务、工程管理,或保险公司的投资管理一样,都不是本书讨论的焦点。但是,任何从事商品生产或销售的企业,其最高管理层都应该认真思考生产的原则。因为在这类企业中,能否完成绩效目标,完全要视企业能否依照市场要求的价格和数量生产商品,并供应市场所需而定。制造业在设定目标时,必须考虑其生产能力。管理层的职责是利用现有的物质生产要素克服生产的限制,并把这些物质限制转为机会。

当然,这些都是老生常谈。但传统上,管理层对于生产的物质限制的反

应往往就是对生产部门施压：与其他部门相比之下，"通过压力进行管理"在生产部门总是特别流行。而生产人员则把解决之道寄托在从机器设计到工业工程的各种技术和工具上。

不过，这些都不是关键。要克服物质限制，或将限制转为机会，管理层首先必须了解企业运营需要的是哪一种生产系统，了解这一系统运作的原则何在；其次是必须一致而彻底地应用这些原则。生产并非是把工具应用在材料上，**而是将逻辑应用在工作上**。越能更清楚、一致而合理地应用正确的逻辑，生产所受到的限制就会越少，碰到的机会则越多。

在企业的每个领域和每个阶层，每一种生产系统对企业管理都有不同的要求，要求管理者展现不同的能力、技巧和绩效。任何一组要求不一定"高于"另外一组要求，就好像非欧几里得式的几何学不一定就高于欧几里得几何学一样。但是每一组要求都不同。管理层必须了解他们所采用的生产系统有何要求，才能有效管理。

今天，当许多企业都从一种生产系统转换到另外一种生产系统时，这种观念尤其重要。如果管理者认为转换生产系统只与机器、技术和生产原理有关，企业操作新系统时将不可避免地碰上重重难关。要享受到新系统的好处，管理者必须明白，新系统将关系到新原则，因此必须先了解新的生产原则到底是什么。

三种生产系统

到目前为止，我们所知的基本工业生产系统有三种：单件产品的生产系统、大规模生产系统和流程生产系统。我们也可以把它算成四种生产系统，即大规模生产系统可分为："旧式"的大规模生产系统，也就是大规模生产同一种产品，以及"新式"的大规模生产系统，制造同一种零件，但却组装成不同的产品。

每一种系统都有自己的基本原则,每一种系统对于管理也都有其特殊的要求。

要提升生产绩效,克服限制,有两个通则:

(1)能够在更短的时间内将生产限制降得更低,就能将生产系统的原则应用得更彻底、更持续。

(2)这几个系统本身代表了不同的先进程度,单件产品的生产系统是最落后的生产系统,流程生产则是最先进的生产系统。这几种系统也代表了对于物质限制不同的控制程度。这并不表示只要从单件产品系统往流程生产系统迈进,就一定能掌握进步的契机。每一种系统都有其特定的应用方式、要求和限制。但我们的确能进步到懂得遵循较先进系统的原则来组合生产的各个部分,并同时学习如何在企业内部调和两种不同系统。

关于每一种系统对于管理能力的要求,也有两个通则:

(1)各种系统的要求不但难度有别,而且所要求的管理能力和绩效顺序也不同。从一种系统转换到另外一种系统时,管理层必须学习如何做好新工作,而不只是把旧的工作做得更好。

(2)越能成功地贯彻每个系统的原则,就越容易达到系统对管理的要求。

每个管理者都必须根据其产品和生产的性质,来满足公司应采用系统的要求,而不是只求达到企业现有系统的要求。不能或不愿采用最适当的系统,只会导致绩效不彰,而不会降低系统对管理能力的要求。的确,如此一来,将不可避免地提高了企业管理的难度。

其中一个例子是钢铁制造业,采用"整批生产流程"的单件产品生产系统。钢铁制造业比任何产业都努力改进单件产品系统,而且也非常成功。不过,钢铁业的管理层所面临的问题完全出在流程生产上：由于对固定资本的要求很高，而且需要连续生产，因此损益平衡点很高，需要维持大量且稳定的业务，并且及早为长远的未来制定基本投资决策。但同时，钢铁业却没有享受到什么流程生产的效益。

总而言之，管理企业时，很重要的是必须了解企业所采用的是哪种系统；尽力贯彻系统的原则；找出生产系统的哪些部分能组合应用到更先进的系统，并且加以组合；了解每一种系统在管理上有哪些要求。

正如同钢铁业的情形，当历史和技术障碍阻挠生产组织采取适当的系统时，管理层的重大挑战就是如何有系统地克服这些障碍。的确，在这种情况下，不应该再把焦点放在如何让根本上已经错误的系统发挥更高的效益。我相信钢铁业在技术上投入的庞大心力，都用错了方向。一味地把焦点放在改善传统的生产工艺上，结果只是白费力气，因为钢铁制造业终究会采用流程生产方式，而且这种改变很可能在不久的将来就会发生。采用错误系统的企业仍然需要满足适当而先进的系统对管理的种种要求，但是却缺乏必要的资金为后盾，因为只有靠更先进的系统来增强生产能力，才能提供充足的资金。

单件产品的生产

那么，这三种生产系统及其生产原则究竟是什么？

在第一种生产系统——单件产品的生产系统中，每个产品都自给自足，各自独立。当然，严格说起来，根本没有所谓单件产品生产这回事，只有艺术家才会制造出独一无二的产品。建造战舰、大型涡轮机或摩天大楼和生产单件产品十分类似，盖房子也一样，而在大多数情况下，在作坊中进行的整批生产也一样。

在这种系统下，基本原则是将生产过程组成许多同质性的阶段。举个最单纯的例子——建造传统独栋住宅，我们可以把它分为四个阶段：首先是挖地基，为地基墙和地下室的地板浇灌水泥；接着是架设梁柱，建构屋脊；然后则是在内墙铺设管线；最后进行室内装修。这四个阶段各自独立，施工每完成一个阶段，都可以停下来一长段时间，而不至于对整个工程造成伤害。此外，在每个阶段中，工作都必须一气呵成，否则就会损及已完成的工程，甚至必须重头来过。建造不同的房子时，可能会有不同的阶段，但每个阶段不会为下一阶段带来任何困扰或延误，也不需要调整下一阶段的施工。每个阶段都有其产品（房子）内在的逻辑，自成完整的实体。

单件产品生产由于将工作组合成同质的阶段，和技能性组织截然不同。在技能性组织中，木匠完成所有的木工，水管工负责所有的水管维修工作。通过适当的组合，单件产品的生产不是靠手艺，而是靠半技术工来完成。安装电话的技工就是个好例子，电话安装工人不见得是技术熟练的电工、木匠、水管工或盖屋顶的工人，但是他却能铺设电线、锯木板、连接地线、换装瓦片。换句话说，就是参与某个阶段工程的每一位工人都必须有办法完成那个阶段所有必要的工作；否则就像建造大型涡轮机一样，每个阶段都必须有一支整合件的团队，其成员拥有这个阶段需要的一切技能，但个别工人或整个小组所拥有的技能不需超越这个阶段的要求。

第二次世界大战期间，美国之所以能在极短的时间内成功建造所需战舰，这正是主要的原因。能够建造出前所未见的大量战舰，不是因为大量生产系统，而是把工作分割成同质性的不同阶段；满足每个阶段的特别需求而系统化组合工作，并且有系统地训练大量人力来完成各个阶段的所有工作。结果实现了积极的工作进度规划，节省了很多时间。

"旧式"和"新式"的大规模生产

大规模生产是把标准化的相同零件组装成（大量或小量的）不同产品。

今天在制造业中，大规模生产已成为最普遍的生产系统，而且也被视为工业社会的典型生产系统，尽管流程生产可能很快就会变成强劲的竞争对手。

今天大规模生产已经如此普遍，大家可能假定我们完全了解大规模生产系统及其基本原则，但事实并非如此。经过了40年以后，我们现在才开始了解应该做什么，原因在于当初引进大规模生产系统的人误解并误用了这个系统，先驱者往往会走上这条路。

当亨利·福特说，"顾客可以选择任何颜色的汽车，只要汽车是黑色的"时，他可不是在开玩笑。他的话正充分表达了大规模生产的本质——大规模制造出相同的产品。当然，福特知道要让顾客选择颜色也很容易，只需要给生产线末端的喷漆工人三四个喷漆枪就可以了。但是福特也很清楚，一旦他对产品多样性让步，产品的一致性立刻就会彻底消失，对他而言，产品一致性是大规模生产的关键。

这种旧式的大规模生产系统建立在误解之上。真正的大规模生产系统比人类所设计的任何生产方式都能制造出更多样的产品，而不是只能生产统一的产品。大规模生产系统其实是以统一的零件大量组装成各种不同的产品。

因此大规模生产的最佳范例并非福特汽车公司的生产线，反而是南加州的农具制造商，它们设计和制造特殊农耕机器，以供在灌溉过的土地上进行大规模耕作时使用。它们所设计的机器都十分独特。例如，它们制造的机器加上各种配件后，能够包办大规模栽种黄瓜的所有工作——从春天挖土施肥播种，在黄瓜成熟时适时收割，到腌制黄瓜。每一种机器每次都只制造一部，然而它们所设计的700多种不同的机器，每一部机器完全由大规模生产、统一且标准化的零件所组装而成，而这些零件都是由美国经济体系中的某个厂商大规模制造的。这个制造商最重要的工作不是解决设计机器的问题，例如如何让机器挑出成熟得可以拿来腌制的黄瓜，而是找到能大量生产某个零件的厂商，尽管这个零件原本是为了截然不同的用途而设计的，但是把它装配到黄瓜耕种机上，却能发挥所需的功能。

应用这个原则的诀窍在于，必须能系统化地分析产品，找出构成这些产品多样化的模式。然后运用这个模式，可以用最少量的零件组装出最大量的产品。换句话说，把多样化的重担从制造转移到组装工作上。

10年前，有一家大型电机公司制造了3400种机型的产品，每一种机型都包含40～60种零件。他们分析产品线后，发现其中有1200种机型是重复的，因此先将产品种类减少了1/3，为了制造剩余的2200种产品，这家公司自行制造或采购了超过10万种不同的零件。

分析了产品之后，他们建立了产品模式，决定了需要的零件，结果发现这2200种机型可以依照使用的电压，归为4类。只有40种产品没有办法纳入这种模式。因此他们可以再度缩减产品需要的零件种类。接下来，他们又把每一种零件的种类减到最低；只有一种零件还需要11种不同的类型，如今每个零件平均只有5种类型。

尽管最终产品种类繁多，这家公司的生产其实只是零件生产，零件组装要肩负起多样化的重任。零件持续生产的进度是由存货的多寡来决定的，而不是视顾客订单而定，而存货的多寡则由组装和运送产品所需的时间来决定。

这种新式的大规模生产是今天最立即可用的生产概念。但是只有少数从事生产工作的人理解这个概念，也只有少数公司实践这个概念。充分运用这种概念的技术和方法也直到现在才出现。这是"作业研究"的合理方式，使得我们能够针对产品和零件进行必要而复杂的分析，让正确的大规模生产原则发挥效果。

只要运用了新生产原则的工厂，成本都大幅降低，有时候甚至降低了50%、60%。而且这种概念也不是只能应用在生产流程上。由于零件存货取代了最终产品存货，公司因此能降低成本，并为顾客提供更好的服务。

换句话说，这种新原则确实达到了福特所追求的理想：持续生产统一的商品，不会因为订单不稳定或需要替换工具、式样或机型而中断。但是达到目标的途径并非由生产统一的产品，而是通过生产标准化的零件而办到的，是制造的一致性加上了组装的多样性的结果。

显然，要应用大规模生产的原则并不容易，已经超越了生产的范畴，需要营销人员、工程师、财务人员、人力资源部门和采购人员共同努力。这种做法的生产周期约3个月、6个月，有时候甚至18个月，而且会连续使用机器，因此有它的风险，需要掌握新会计工具。

新式大规模生产也不可能一蹴而就，一家电机公司花了3年的时间来发展新的生产系统。但是由于省下的成本实在太惊人了，两年内就弥补了重新设计产品和生产设备的花费。

流 程 生 产

第三种系统是流程生产，流程和产品合而为一。

流程生产最古老的例子就是炼油业。炼油厂所采用的流程决定了从原油提炼出来的最终产品究竟为何。炼油厂只能依照当初建厂时的设计，以确切的比例生产石油蒸馏物。如果要加上新的蒸馏物，或要大幅改变不同蒸馏物之间的比例，就必须将炼油厂重新改建。化学工业都遵循流程生产的原则而运作，和乳制品及平板玻璃工厂的基本生产系统其实大同小异。

"新式"的大规模生产及流程生产系统都很容易转换成自动化生产。

管理层应向它的生产人员提出什么要求

管理层应该要求负责生产的人员先了解哪一种生产系统最适合，然后持续采用那种系统的原则，并将之发挥到极致。要消除生产对于经营绩效的限制是决定性的第一步。

只有采取了这些步骤之后，才能展开下一步：依照更先进的系统来组织零件生产。

房屋预制构件失败的经验正显示了没有先分析生产流程，并适当组织生产流程，便急于推动更先进的生产系统可能造成的结果。以标准化的预制构件来盖房子似乎是理所当然的事情。然而第二次世界大战后预制构件房屋的尝试却惨遭败绩。失败的原因在于，硬要把标准化的统一零件（也就是大规模生产方式）套用在缺乏组织的单件产品生产系统上。建筑业的生产原则比较接近技能性的组织，而不是同质阶段的生产方式。在技能性的生产系统中，采用预制构件的结果反而会比传统方式更加昂贵，也更费时。不过当长岛的拉维兹公司把兴建住宅的过程组合成同质阶段时，立刻就因为采用统一的标准化预制零件，而明显节省了时间和金钱。

同样，如果一家火车头维修厂采取技能性的组织方式，标准化的零件将节省不了什么成本。但是，如果他们把工作分成几个小组来执行,每个小组都拥有他们所负责的阶段所需的一切技能,换句话说,阶段组织方式取代了技能性组织方式,标准化零件就能大幅节省成本。

这在大规模生产多种产品的产业中特别重要,因为这类产业中蕴藏了应用自动化生产的大好机会;但只有当企业能充分了解生产是怎么回事,并将之组织为统一零件的生产,再将零件组装成多样的产品,才能发挥自动化的效益。

前面提到的电机公司很容易就可以运用自动化的方式来生产零件,这种生产作业十分类似炼油厂和玻璃平板工厂那种持续生产和自动控制的状况。

美国标准局最近为海军研制出电路的自动化生产方式。这种方式不再需要个别焊接电路,换句话说,取消了电子业传统的"装配"生产过程。同时,他们又大量采用不同的电路和电路组,而不需要重新设计生产流程或改变生产方式。因为他们以少数预先设计好的零件,来取代收音机或电视机里面的线路。这些零件能在装配线上快速组装成许多电路和电路组。

我最喜欢的例子是一家衬衫制造商。他们面临的问题是衬衫的尺寸、样式和颜色种类繁多,几乎不可能做什么生产规划。不过他们也发现,他们所生产的衬衫中,有3/4是白衬衫,而制造白衬衫只需要3种基本布料,比例也都不难预测。此外,所有的衬衫都包含了7个部分:前片、后片、垫肩、领子、右袖、左袖、袖口。在组装各个部分,缝制成衬衫时,只要裁掉多余的长宽,调整衬衫的尺寸即可。因为牺牲几寸的布料,要比生产不同尺寸的衬衫便宜多了。生产不同样式时,也只需组合不同的衣领、袖口和纽扣即可。结果，除了袖口和领子之外，所有的衬衫组件都一律只用3种等级的布料即可；袖口有3种，领子则有6种。今天，只有容易生产的衣领是根据顾客订单而制作的。20年前，还完全要靠手工在缝纫机上将一件件衬衫制作完成，今天却已经变成由存货标准来控制的连续自动化生产流程。结果成本大幅降低，成品的尺寸和样式种类都大幅增加，也大大提升了顾客满意度。

生产系统对管理层的要求

管理层必须了解不同的生产系统对于管理能力和绩效有什么不同的要求。

在单件产品生产的情况下，管理层的首要工作是获得订单。在大规模生产的情况下，管理层的职责是建立有效的销售组织，引导顾客适应企业所供应的产品种类。在流程生产中，管理层的首要任务是创造、维持并扩大市场，并且发现新市场。50年前标准石油公司的著名故事（免费向他国农民赠送煤油灯，借此创造煤油的市场）正是个好例子。

对于个别产品而言，生产单件产品的成本很高，但工厂却享有较大的灵活度。"新式"大规模生产能在广泛的产品范围内，廉价供应顾客需要的产品。但大规模生产系统需要较高的资本投资和高度的连续作业，同时也有存货风险，必须建立能持续销售产品的组织，而不是拼命追求特殊的个别订单。流程生产需要的资本投资最高（以绝对金额来计算的话），也需要连续不断的一贯作业方式。由于生产流程和产品合而为一，即使现有市场对于新产品没有任何需求，生产流程的改变仍然会创造出新的产品，化学工业就经常发生这种情况。因此企业管理层必须为新产品开发新市场，同时为旧产品维持稳定的市场需求。的确，在自动化时代，无论采取大规模生产还是流程生产，管理层的主要责任都是维持更稳定的经济活动，防止经济两极化波动——无论是趋向繁荣还是萧条。

在单件产品的生产系统中,决策的时间幅度很短。在大规模生产的系统中,决策的时间可以长一点,例如凯泽·弗雷泽汽车公司在第二次世界大战后发现,可能要花 10 年的时间,才能把销售组织建立起来。但是在流程生产系统中,制定决策往往是为了更长远的未来,生产设备一旦完工,就没有什么变动的弹性,必须耗费巨资才能改变,投资总额可能非常庞大,市场开发也需要长期的努力。大型石油公司的营销体系就是个好例子。生产组织越先进,针对未来所做的决策就越重要。

每个系统都需要有不同的管理技巧和管理组织。单件生产需要的是身怀绝技的人才,"新式"和"旧式"的大规模生产需要的管理人才必须受过分析思考、生产进度安排和规划的训练。新式大规模生产和流程生产一样,管理者在整合观念和制定决策时,都必须能视企业为整体。

单一产品的生产系统可能采取中央集权的管理方式,需要由高层来协调不同的部门。销售、设计、工程和生产部门可能各自分立,只有在制定公司决策时才需聚集一堂。尽管在 20 世纪 50 年代的美国大多数产业中,采取单件产品生产方式可能是例外,而非常态,但是我们的组织理论多半仍然以这种生产模式为假设状况。

"旧式"的大规模生产仍然可以维持这种管理方式,只不过会碰到相当大的困难,并且效率不高。如果能够将决策和整合的功能下放,将会获得较佳的绩效。因为在这种生产系统下,设计产品的工程师和制造产品的工人、营销产品的业务人员之间需要密切的协调。

在"新式"大规模生产和流程生产的系统中,根本不可能由中央一手控制企业所有的功能,因为所有的部门在每个生产阶段中都必须密切合作,因此必须由各部门代表组成小组,同时处理有关设计、生产、营销和组织的问题。小组成员必须了解自己部门的工作,并且随时都明白部门工作对于整个企业的影响。企业必须在分权的层级上（有时候甚至是今天不被视为"管理层"的层级）制定影响企业整体的决策。

在员工管理的做法上，不同的生产系统也有极大的差异。单件产品的生产系统通常会因为经济波动来调整员工结构，在不景气时，他们只保留领班和高技能的核心干部，因为通常很容易就可以在人才市场上找到其他技术人员。也正因为技术有限，"旧式"大规模生产系统中的劳动力必须不断要求企业保障他们的工作稳定性。然而在采用自动化系统的企业中（无论是"新式"大规模生产还是流程生产系统）企业本身必须努力稳定人员状况，因为自动化所需要的员工大半都是同时受过技术和理论训练的人才。流失这类人才不但意味着庞大的投资付诸东流，而且通常只有通过公司内部培训，经过多年的努力，才能造就这样的人才。难怪采取流程生产方式的典型公司——石油公司，即使在经济萧条时期，仍然费尽心力为员工保住稳定的工作，这绝非偶然，也不是石油公司突发善心所致。

在自动化的生产系统中，看不到什么"工人"。我们在前面曾经说过，自动化并不会减少企业整体雇用人数，就好像大规模生产系统也没有减少雇用人数一样。目前，我们从采取流程生产的产业中明显看到的情形是，整体工作人员不但没有缩减，反而增加了。但是自动化需要的是截然不同的人员，其所需的人员更近似于专业和技术人才，而不是今天的生产线工人。因此在员工管理上就面临新的问题，完全不同于过去的管理者很熟悉的"人力资源管理问题"。

自动化，革命还是渐变

每当有人开始预测技术或企业组织即将发生革命性或压倒性的改变时，我通常都抱着怀疑的态度。毕竟，今天距离第一次工业革命已经有200年的时间了，但是我们仍然看到纽约制衣业蓬勃发展，这个庞大的工业采取的是"外包"生产方式，而教科书却告诉我们这种方式早在1750年就已经落伍了。我们很容易就可以找到其他类似的例子，这些活化石很幸运地（而且还很赚钱地）浑然不知自己早已灭绝了。

当然，自动化革命前面横亘着重重阻碍，尤其是在新观念和新技能上受过良好训练的人员严重不足。据估计，就20世纪50年代的技术水准而言，只有1/10的美国产业已经能从自动化中获利。即使这场货真价实的"自动化革命"，都是渐进而非常不平稳的过程。

不过，革命确实发生了。在美国经济体系中，将会有一股巨大的力量——劳动力的不足，在未来10年中推动自动化革命的发展。主要肇因是20世纪30年代生育率过低，美国的劳动人口到1965年为止，只会增加11%。然而即使目前破纪录的高生育率不再，美国总人口数增加的速度仍然比劳动人口增加的速度快得多。因此许多公司如果继续采用现有的生产系统，就必须雇用两倍的人力，才能达到上述人口数字、技术进步和经济趋势所提示的最低成长目标。

即使没有发生革命，在未来数十年中，提升企业经营绩效最有希望、最具持续性的重大契机，将不在于新机器或新流程的发明，而在于持续应用新式的大规模生产原则，和持续应用自动化的生产原则。未来，生产管理的技术和工具仍然是只有生产人员才需要精通的专业科目，但是每一位管理者都必须了解生产的原则，尤其了解到真正影响有效生产的其实是原则的问题，而不是机器的问题。因为如果缺乏这样的理解，企业管理者在未来数十年中，将无法善尽职责。

2

第二部分

管理管理者

THE PRACTICE
OF MANAGEMENT

第 10 章
福特的故事

第 11 章
目标管理与自我控制

第 12 章
管理者必须管理

第 13 章
组织的精神

第 14 章
首席执行官与董事会

第 15 章
培养管理者

第 10 章 | CHAPTER 10

福特的故事

> 管理者:企业最稀有、最昂贵、最脆弱的基本资源——缺乏管理者是福特衰败的主因——福特汽车公司濒临破产——重建福特公司的管理层——管理管理者意味着什么——不是通过授权进行管理——管理者的六项要求

包括秩序、结构、激励和领导力等企业的基本问题都必须通过管理管理者来解决。管理者是企业最基本的资源,也是最稀有的资源。在全自动化的工厂中,几乎看不到任何基层员工,但是却有很多管理者——事实上,管理者的数目将会比我们今天在工厂中看到的多很多。

对大多数企业而言,管理者是最昂贵的资源,也是折旧最快,需要不断补充的资源。建立起一支管理团队,需要花多年的时间,但是却能因管理不当而毁于一旦。管理者的数目和每位管理者所代表的资本支出都会稳定地增加,过去半个世纪以来,就呈现这样的趋势。同时企业对于管理者能力的要求也不断提高,每一代都加倍成长,在未来数十年中,我们看不出这个趋势有减缓的趋向。

究竟能不能管理好管理者,决定了企业是否能达到目标,也决定了企业如何管理员工和工作。因为员工的态度反映了管理层的态度,也直接反映出

管理层的能力和结构。而员工的工作效益则大半取决于员工管理方式。早期的"人事管理"的涵盖范围之所以只局限于基层员工，而将管理者排除在外，有其形成的历史背景。尽管如此，这仍然是个严重的错误。最近有一家大公司成立了人际关系部门，他们采取的正是一般通行的做法："人际关系部门的管理范围是公司与年收入低于 5000 美元的员工的关系。"但这种做法几乎预告了新部门的种种努力必然失败。

对管理者的管理是每位管理者关注的焦点。在过去的 10 年或 15 年中，美国企业管理者不断在各种演讲和研讨活动中彼此告诫提醒，管理者的工作就是管理部属，应该把这项任务当成首要之务，同时他们还互相交换各种"向下沟通"的方法和昂贵的工具。我所遇到过的管理者，无论官衔和职务，几乎每个人最关心的都是和上司的关系，以及如何和上面沟通。我所认识的每一位企业总裁，无论他们的公司是大是小，担心和董事会的关系都远甚于担心与副总裁的关系，而每位副总裁也认为和总裁的关系才是真正重要的问题。依此类推，一直到第一线的主管、生产线领班或高级职员，他们都很确定，只要"老板"和人力资源部门不要管那么多，他们一定能和部属处得很好。

人力资源部门认为，这种情况透露出人性的黑暗面，其实并非如此。管理者理所当然会优先考虑和上面的关系。身为管理者，意味着必须分担责任，设法达成企业绩效。如果没有被预期来承担这份责任的人，就不是管理者。而没有把这项任务当成自己首要职责的人，即使不是玩忽职守，也是不称职的管理者。

管理者所担心的与上司的关系包括：与顶头上司的关系，上司对他的期望，难以将自己的看法传达给上司，无法让上司接受他的计划，重视他的活动，还有与其他部门和幕僚单位的关系等，这些问题全都和管理管理者有关。

因此，企业人事组织的讨论起点不能是普通的雇员和他们的工作，无论他们的数量何其之多，该起点必须是对管理者的管理。

缺乏管理者是福特衰败的主因

我们最好还是以实际例子来说明管理管理者的根本挑战和基本概念，而最好的例子就是福特汽车公司的故事。㊀

没有一种变迁比福特汽车公司在短短的15年中从不可比拟的成功跌落到濒临崩溃的地步更具有戏剧性了。不过同样具有戏剧性的是该公司在过去的10年中又迅速地复苏。

20世纪20年代初期，福特公司占有2/3的美国汽车市场。15年后，在第二次世界大战爆发前，福特的市场占有率却滑落为20%。当时福特公司还是未上市公司，没有公布财务数字，不过同业普遍认为，在那15年间，福特公司一直处于亏损状态。

当埃兹尔·福特（Edsel Ford）——亨利·福特唯一的儿子在第二次世界大战中突然去世时，在汽车工业界所引起的恐慌表明公司已经接近崩溃。将近20年来，在汽车工业界，人们一直在说："那个老人不可能拖得太久。等吧，等到埃兹尔接管公司。"然而，他却去世了，而那个老人仍然活着，这使得汽车工业界不得不面对福特公司现实的状况。严峻的现实使公司继续生存似乎不大可能，有些人说根本不可能。

从当时底特律相关业者提议的急救方案中，我们就可以看出当时福特公司的生存危机是多么严重。他们建议美国政府足额贷款给美国第四大汽车制造公司（但规模还不及福特公司的1/6）斯蒂旁克，让斯蒂旁克收购福特家族的股权，接管福特公司。业界普遍认为，如此一来，福特公司还可能保有一线生机，否则的话，就必须将福特公司收归国有，免得一旦福特倒闭，将危及美国经济和美国的战争。

㊀ 撰写本书时，完整的福特汽车公司发展史尚未面世。内文斯（Allan Nevins）的著作《福特》（*Ford*, New York：Scribner's, 1954）只涵盖了1915年之前的发展。不过相关的重要事实几乎已经变成常识，在诠释上，我文责自负。

为什么福特公司会陷入如此严重的危机呢？我们已经听过很多遍老福特治理不当的故事，知道许多不见得正确的恐怖细节。美国管理界也很熟悉老福特秘密警察式的管理和唯我独尊的独裁统治。然而大家不了解的是，这些事情并不只是病态的偏差行为或老糊涂所致，尽管两者或多或少有些影响。老福特失败的根本原因在于，他在经营10亿美元的庞大事业时，有系统且刻意地排除管理者的角色。他派遣秘密警察监视公司所有主管，每当主管企图自作主张时，秘密警察就向老福特打小报告。每当主管打算行使他们在管理上的权责时，就会被炒鱿鱼。而老福特的秘密警察头子贝内特（Harry Bennett）在这段时间扶摇直上，成为公司权力最大的主管，主要原因就是，他完全缺乏管理者所需的经验和能力，成不了气候，只能任凭老福特差遣。

从福特汽车公司的早期，我们就可以看出老福特拒绝让任何人担负管理重任的作风。例如，他每隔几年就将第一线领班降级，免得他们自以为了不起，忘了自己的饭碗全要拜福特先生之赐。老福特需要技术人员，也愿意付高薪聘请技术人员，但是身为公司老板，"管理"可是他独享的职权。

正如同他在创业之初，就决定不要和任何人分享公司所有权一样，他显然也决定不和任何人分享经营权。公司主管全都是他的私人助理，只能听命行事；顶多能执行命令，绝对不能实际管理。他所有的作风都根源于这个观念，包括秘密警察，他深恐亲信会密谋背叛，很缺乏安全感。

在许多机构中，都可以看到这种视管理者为所有者的延伸和代表意义的现象。在西方社会中，军官最初只是领主的家臣。直到18世纪，许多欧洲国家的军队里，军阶仍然被视为军团司令官的私人财产，司令官可以把军阶任意卖给出价最高的人，而今天的军衔（尤其是尉官）也要回溯到过去军衔还是私相授受的年代。同样，政府公仆起先只是领主的代表（即使不是家仆）。法王路易十一可能最先想到设立全职行政管理者的概念,因此他雇用了专职的私人理发师、秘密警察头子和总管大臣。直到今天在英文中,政府的部长与"秘书"(secretary)还是同一个字。

当然,福特汽车的衰败正是因为缺乏管理者所致。即使在第二次世界大战前夕,福特公司跌落谷底的时候,其销售和服务组织依然十分健全。汽车业界认为,即使历经15年的亏损,福特的财力仍然和通用汽车相当,尽管当时福特汽车的销售额几乎只比通用汽车高1/3。但是,福特公司中没有几个管理者(除了销售部门),大多数人才不是被开除,就是早已离开;美国在历经10年的经济萧条后,第二次世界大战开创了大量的就业机会,也吸引了大批福特主管另谋他就。少数留下来的主管多半都是因为不够优秀,找不到其他工作机会。几年后,当福特公司重整旗鼓时,这群老臣大都无法胜任中高层管理的工作了。

重建福特公司的管理层

假如战后出现萧条,福特公司究竟能否生存下来,这是颇有争议的。但是,即使在战后繁荣时期,如果亨利·福特的不用管理者管理企业的观念未被他的继承者,他的孙子福特二世(Henry Ford II)迅速纠正的话,这家公司可能已经崩溃了。福特公司从1944年开始复苏的经历是美国企业的一部史诗。许多细节尚未被外界所知,现在是公开全部真相的时候了。但是,人们所知的情况足以清楚地表明,福特公司复苏的关键是管理层的组织和建设,恰如公司早先衰败的症结是抑制和破坏管理层。

随着父亲的过世和祖父迅速地衰老,当管理企业的责任突然降到福特二世肩上时,他年仅二十五六岁。他没有任何经商的经验,公司中也没剩下几个有水平的管理者来帮助他、指导他。然而，他很清楚真正的问题是什么，因为他的第一个举措就是制定一项基本的政策，即要有一个真正的管理层，组成该管理团队的大多数人员必须从企业外面寻找。但是在引进人才之前，必须先进行内部清理，建立起公司未来经营的基本原则。由于祖父仍然在世，祖父的亲信也位居要津，因此他必须独立完成这些工作。只有如此，他才能挑选新人来协助管理。新的主管能独立工作，获得充分授权，也负完全的责任。事实上，他任命的第一个新人是执行副总裁布里奇（Ernest R. Breech），他同时宣告，布里奇将完全担负起经营重任。在建立各层级的管理职位时，他都充分遵守这个基本概念。

福特二世还采取了目标管理的方式。在过去，福特公司的主管对于公司经营状况一无所知，新领导人则设法让每位管理者都能获得工作上所需的信息，并尽可能提供有关公司状况的信息。他们抛弃了旧观念——主管是企业老板的私人代理，取而代之的新观念是——管理者的权威基于客观的工作职责。个人武断的命令已由根据目标和测评的要求而制定的业绩标准所代替。

或许最大也最明显的挑战是组织结构上的挑战。过去福特公司采取严格的中央集权式管理。老福特不仅一手掌控了所有的权力，制定所有的数字，而且只用一套数字来反映公司整体复杂的经营状况。

举例来说，福特公司拥有自己的钢铁厂，每年有150万吨的产能，是美国最大的钢铁厂。但是，在福特公司的总成本数字中，根本看不到这座钢铁厂的成本数字，这种情况在底特律早已是公开的秘密。例如，钢铁厂厂长不知道他用的煤炭是花了多少钱买来的，因为在旧政权时代，采购合约是福特公司的"最高机密"。

相反，今天福特公司分成15个自主管理的事业部，每个事业部都有健全的管理团队，为经营绩效负起完全的责任，也享有充分的授权，能制定政策，设法达成目标。而钢铁厂也是众多事业部之一，和福特与水星林肯事业部、零件与设备事业部，以及负责国际和出口事务的事业部一样。

当然，这些管理观念和组织观念并非福特二世独创，他其实是吸收了福特公司最大的竞争对手——通用汽车公司的管理观念。这些观念是通用汽车公司的基石，⊖也是通用汽车能跃升为美国最大制造公司的原因。但福特二世最特别的地方是，他从一开始就采取整套原则，而不是一边做，一边不知不觉地发展出来。他的经验等于在实际验证这些管理观念，因此也别具意义。福特公司原本已经走到穷途末路了——缺乏管理、士气低落、乏人领导，10年后，福特公司的市场占有率却稳定上升，在汽车市场上和通用汽车的雪佛兰车争夺第一名的宝座，从一家奄奄一息的公司脱胎换骨为不断成长的重要公司。而奇迹的诞生完全要归功于福特公司彻底改变了对管理者的管理原则。

管理管理者意味着什么

根据福特的故事，我们可以很有把握地说，企业不能没有管理者。我们不能说，管理者是通过"企业所有者"的授权代替他们执行管理工作。企业需要管理者，不仅是因为管理工作太过庞杂，任何人都没有办法独立完成，而且也因为经营企业原本就和管理私人财产截然不同。

老福特把公司当成他的私人财产来经营。他的经验证实了无论法令如何规定，都不可能以这种方式经营现代企业。只有当企业资源能够长存，而且超越个人寿命时，企业所投入的资源才能创造出财富。因而，企业必须做到使企业本身长期不衰。而要做到这一点，必须有管理者。管理者的工作是如此复

⊖ 有关通用汽车管理观念及管理实务的详细描述请参见拙著《公司的概念》。我曾经应通用汽车最高主管的要求，针对通用汽车公司进行了两年的研究分析，本书呈现的就是这项研究的成果。

杂，即使在小公司中，都不可能由一个人在众多助手的辅佐之下完成。而必须建立起有组织的整合性团队，团队中的每一分子都履行自己的管理职责。

因此现代企业的定义是——它需要管理层，也就是治理和经营企业的机制。只有一件事能决定管理层的功能和责任：企业需要的目标。在法律上，企业所有者可能是管理层的"雇主"，甚至在某些情况下，享有无限的权力。但是在本质上，管理层的功能和责任永远因其任务来决定，而不是通过雇主的授权来决定。

没错，管理最初确实源自小公司老板在公司不断成长的情况下，将自己无法负荷的工作授权给助手来完成。但是当事业成长到一定规模，也就是发生量变之后，管理就必须产生质变。小生意一旦发展为企业，就不能单从企业所有者授权的角度来定义管理的功能，而是因为企业客观的需求而产生管理的功能。否定或贬低管理的功能就是毁灭整个企业。

管理本身并非目的，管理只是企业的器官。管理层是由个人所组成的，因此管理管理者的第一个要求是，必须将个别管理者的愿景导向企业的目标，而将他们的意志和努力贯注于实现目标上。管理管理者的第一个要求是"目标管理与自我控制"。

但是，管理者个人也需要付出必要的努力，产出企业要求的成果。设定工作内容时，必须以能达到最大的绩效为前提。因此，管理管理者的第二个要求是"为管理者的职务建立适当的结构"。

虽然管理者都是独立的个体，但他们必须在团队中共同合作，而这类有组织的团体总是会发展出自己的特质。虽然这种群体特质是经由个人以及他们的愿景、实践、态度和行为而产生的，但所产生的却是大家共有的特质。即使始创者都已不在，这种群体特质仍然会持续长存，并塑造新进人员的行为和态度，决定谁将在组织中脱颖而出，以及组织究竟会肯定和奖励卓越的表现，还是成为安于平庸者的避风港。的确，组织特质决定了其成员会不断成长，还是停滞不前；会抬头挺胸，顶天立地，还是弯腰驼背，丑态毕露。组织精神卑劣，则产生的管理者也言行粗鄙；组织精神崇高，则能造就卓越的管理人才。因此管理管理者的重要要求是创造"正确的组织精神"。

企业必须具备治理的机构。事实上，企业需要能全面领导和制定最后决策的机制，也需要能全面检讨和评估的机制。企业既需要首席执行官，也需要董事会。

企业必须为自己的生存与成长做好准备，也为"未来的管理者"未雨绸缪。有组织的团体需要有结构。因此管理管理者的最后一个必要条件是"为管理组织建立健全的结构性原则"。

以上并非企业"应该"做的事情，而是每个企业目前已经在做的事情（无论管理者是否意识到这点）。在每一家企业中，管理者要不是方向正确，就是误入歧途；但是他们总是得将愿景和努力聚焦于一致的目标上。在每一家企业中，管理者的职务安排可能很适当，也可能不适当；但却不能漫无章法，缺乏条理。每一家企业的组织结构也许很有效，也可能缺乏效益；但还是必须有一个组织结构。组织必定有其特有的精神，无论组织精神是在扼杀活力，还是激发生命力。企业总是在不断培育人才，唯一的选择是要促使员工充分发挥潜力，符合企业未来的需求，还是让员工不当地发展。

由于亨利·福特不想要任何管理者，结果他误导了管理者，而且安排管理职务失当，导致组织中弥漫怀疑和挫败的气氛，公司缺乏组织，管理者也没有得到适当的发展。在上述六个领域中，管理者只能选择将管理工作做好或是做得不好，却不可能逃避不做。而管理工作做得好不好则决定了企业的存亡兴衰。

CHAPTER 11 | 第 11 章

目标管理与自我控制

误导的力量——技艺：一种需要和一种危险——上司的误导——管理者的目标应该是什么——靠压力进行管理——管理者的目标应该如何确立，由谁确立——通过测评进行自我控制——正确使用报告和程序——管理哲学

任何企业都必须建立起真正的团队，并且把每个人的努力融合为共同的力量。企业的每一分子都有不同的贡献，但是所有的贡献都必须为了共同的目标。他们的努力必须凝聚到共同的方向，他们的贡献也必须紧密结合为整体，其中没有裂痕，没有摩擦，也没有不必要的重复努力。

因此，企业绩效要求的是每一项工作必须以达到企业整体目标为目标，尤其是每一位管理者都必须把工作重心放在追求企业整体的成功上。期望管理者达到的绩效目标必须源自企业的绩效目标，同时也通过管理者对于企业的成功所做的贡献，来衡量他们的工作成果。管理者必须了解根据企业目标，他需要达到什么样的绩效，而他的上司也必须知道应该要求和期望他有什么贡献，并据此评判他的绩效。如果没有达到这些要求，管理者就走偏了方向，他们的努力付诸东流，组织中看不到团队合作，只有摩擦、挫败和冲突。

目标管理必须投注大量心力，并需要特殊工具。因为在企业中，管理者并不会自动自发地追求共同的目标。相反，企业在本质上包含了三种误导管理者的重要因素：管理者的专业工作、管理的层级结构，以及因愿景和工作上的差异，导致各级管理者之间产生隔阂。

在企业管理会议上，大家很喜欢谈的故事是：有人问三个石匠他们在做什么。第一个石匠回答："我在养家糊口。"第二个石匠边敲边回答："我在做全国最好的石匠活儿。"第三个石匠仰望天空，目光炯炯有神，说道："我在建造一座大教堂。"

当然，第三个石匠才是真正的"管理者"。第一个石匠知道他想从工作中得到什么，而且也设法达到目标。他或许能"以一天的劳力换取合理的报酬"，但他不是个管理者，也永远不会成为管理者。

麻烦的是第二个石匠。工作技艺很重要，没有技艺，任何工作都不可能获得生机。事实上，如果组织不要求成员展现他们最大的本领，员工必定士气低落，但太强调个人技艺，总是隐藏了一个危险。真正的工匠或真正的专业人士，常常自以为有成就，其实他们只不过在磨亮石头或帮忙打杂罢了。企业应该鼓励员工精益求精，但是专精的技艺必须和企业整体需求相关。

大多数的企业管理者都和第二位石匠一样，只关心自己的专业。没错，企业应该把职能性管理者的数目维持在最低限度，尽量增加"一般管理者"的数目。一般管理者负责管理整合性的业务，并且直接为绩效和成果负责。但即使将这个原理发挥到极致，大多数管理者负责的仍然是职能性职务，年轻的管理者尤其如此。

管理者在从事职能性和专业性工作时，通常会逐渐建立起管理的习惯、愿景和价值观。对专业人员而言，达到高技术水准是很重要的事情，他们追求的目标是"成为全国最优秀的石匠"。不为自己的工作设定高标准，是不诚实的行为，不但自己会日渐堕落，也会腐化下属。只有强调专业水准和追求专业水准，才能激发每个管理领域的创新和进步。努力达到"专业的人力资源管理"水准，经营"走在时代尖端的工厂"，从事"真正科学化的市场研究"，"实施最现代化的会计制度"或"最完美的工程"都值得鼓励。

但是这种努力提高专业水准的做法也会带来危险，可能导致员工的愿景和努力偏离了企业整体目标，而把职能性工作本身当成目的。我们看到，太多的部门主管只在意自己是否达到专业水准，而不再根据部门对于企业的贡献来评估自己的绩效。他根据部属的专业技术水准来评估他们的表现，决定奖励和升迁，抗拒上级为了达到经营绩效而提出的要求，视之为对于"良好的工程品质""顺畅的生产"和"畅销的产品"的一大干扰。除非能加以制衡，否则部门主管追求专业水准的合理要求，将成为令企业分崩离析的离心力，致使整个组织变得十分松散，每个部门各自为政，只关心自己的专业领域，互相猜忌提防，致力于扩张各自的势力范围，而不是建立公司的事业。

目前正在发生的技术变迁更是加深了这种危险性。受过高等教育的专业人才进入企业工作的比例将大幅增加，他们需要达到的技术水准也会大幅提升，因此将技术或部门职能本身当成工作目标的倾向也会愈演愈烈。但同时，新科技要求专业人才之间更密切地合作，并且，它将要求那些甚至在最低管理层次的职能性的管理者将企业看作一个整体，懂得企业对他们的要求是什么。新技术既需要追求卓越技艺，也需要各个层次的管理者坚持不懈地将共同的目标作为他们努力的方向。

上司的误导

管理的层级结构更令问题恶化。在下属眼中，"上司"的言行举止，甚至漫不经心的谈话或个人怪癖，都经过精心规划和考虑，具有特殊意义。

"在这地方你听到的都是人们在谈论人际关系。但是，当老板训斥你时，总是因为生产费用数额太高之故。而当提拔一个人时，钟摆总是倾向于那些会计报表做得最好的人。"这是一种最普遍的调子，尽管在各个管理层面，说法稍有不同。它会导致经营情况不理想——即使在削减生产费用数额时也是如此，它也表明对公司和公司的管理者失去信心，缺乏尊重。

对许多管理者而言，误导部属绝非他们的初衷。他们都真心相信，人际关系是管理者最重要的任务。他讨论成本数字，是因为他觉得必须让下属认为他很"务实"，或是以为和下属说同样的"行话"，会让下属觉得他很清楚问题所在。他再三强调会计表格的重要性，只不过是因为会计部门一直拿这个东西来烦他，就好像他一直拿这些表格来烦他的下属一样，或纯粹只因为会计主管已经把他烦得快受不了了。对下属而言，这些理由都隐而未宣；他们眼中所见，耳中所闻，都是关于成本数字的问题，以及一再强调填表格的重要性。

要解决这个问题，在管理结构上，必须兼顾管理者及其上司对管理工作的要求，而不是只重视上司的看法。目前许多企管理论只是一味地强调行为和态度，并不能解决问题，反而因为提高了不同层级的管理者对于关系的自觉，加重了问题的严重性。的确，今天在企业界屡见不鲜的情况是，管理者试图改变行为，以避免误导部属，却反而把原本还不错的关系变成充满误解、令人尴尬的梦魇。管理者变得过于小心自己的一言一行，以致再也无法恢复过去和下属之间轻松自在的相处方式。结果下属反而抱怨："救救我们吧，老头子读了一本书；以前我们还知道他对我们的要求是什么，现在我们只好去猜了。"

各个管理层次的差异

造成这种偏差的原因可能是不同层次的管理者关心的问题各异，职能也不同。下面的故事充分说明了这种状况，我称之为"盥洗室破门之斧"：

> 美国西北部一家铁路公司刚上任的会计主管注意到，每年公司都花一笔超额的费用来为火车站盥洗室更换新的门。他发现如果按照规定，小车站应该锁上盥洗室的门，有人要用盥洗室时，再去向售票员拿钥匙。但是为了省钱，他们只发给每位售票员一把钥匙——一位早就卸任的总裁在位时颁布了这个节约措施，还沾沾自喜于一下子为公司省了200美元。因此，每次有旅客上完盥洗室，忘记归还钥匙时（而这种情形总是一再发生），售票员就没有钥匙可以开门。但是，花两毛钱来配一把新钥匙被视为"资本支出"，必须得到总公司旅客服务部的领导批准，而且文件往来要耗掉6个月的时间。此外，售票员却可以自行动用"紧急维修"费，并且直接从现金账户支付这笔费用。还有什么事情比盥洗室的门破了还要紧急呢？于是，每个小车站都准备了一把斧头，可以随时破门而入！

这个故事听起来荒谬绝顶，但是每一家企业都有自己的"盥洗室破门之斧"——奖励错误行为、惩罚或抑制正确行为的偏差政策、程序和方法。而且在大多数情况下，其结果都比每年花2万美元来更换盥洗室的破门要严重许多。

我们同样不能靠改变态度和行为来解决问题，因为问题的根源在于企业的结构。同样，"良好的沟通"也无法解决问题，因为要有良好的沟通，前提是先建立良好的共识和共同的语言，而这正是一般企业所缺乏的。

难怪管理界的人老是喜欢谈论盲人摸象的故事，因为每个层次的主管都从不同的角度，看到同样一头"大象"——企业。正如同盲人摸到象腿，却以为是树干一样，生产线领班也只看到眼前的生产问题。而高层主管则好像盲人摸到象鼻，却断定那是一条挡路的蛇一样，他们一心视企业为整体，眼中只看到股东、财务问题，全是一堆极端抽象的关系和数据。运营主管则好比摸到了象肚，却以为摸到了山坡，完全从职能性的角度来看事情。每个层次的管理者都需要具备独特的眼光，否则无法把工作做好。但是，由于每位管理者看事情的角度大相径庭，因此常见的情况是，不同层次的管理者明明在讨论同一件事情，却浑然不知，或明明讨论的是南辕北辙的不同事情，却误以为大家谈的是同一件事。

高效能的企业管理层必须将公司所有管理者的愿景和努力导入一致的方向，确定每位管理者了解公司要求达到的成果，而且他的上司也知道应该预期下属达到哪些目标。高效能的企业管理层必须激励每位管理者在正确的方向上投入最大的心力，一方面鼓励他们发挥最高的专业水准；另一方面，要把高超的专业技能当作达到企业绩效目标的手段，而不是把达到高标准本身当成努力的目标。

管理者的目标应该是什么

从"大老板"到工厂领班或高级职员，每位管理者都需要有明确的目标，而且必须在目标中列出所管辖单位应该达到的绩效，说明他和他的单位应该有什么贡献，才能协助其他单位达成目标。目标中还应该包括管理者期望其他单位有什么贡献，以协助他们达到目标。也就是说，目标从一开始就应该强调团队合作和团队成果。

而这些目标应该根据企业的整体目标来制定。我发现有一家公司甚至向领班提供一份详细的说明，让他不但了解自己的目标，也了解公司的整体目标和制造部门的目标，结果发挥了很大的功效。尽管由于公司规模太大，领班的个别生产绩效和公司总产量相比，有如九牛一毛，但结果聚沙成塔，公司的总产量仍然大幅提升。因此，如果"领班是管理团队的一分子"是我们的真心话，那么就必须说到做到。因为根据定义，管理者的工作是为整体绩效负责，换句话说，当他在切割石材时，他其实是在"建造一座大教堂"。

每位管理者的目标都应该说明他对于公司所有经营目标的贡献。显然，并非每位管理者都能对每个领域有直接的贡献。例如，营销主管对于提升生产力的贡献可能非常有限，但是如果我们并不期望每位管理者和他所管辖单位对于影响企业生存繁荣的某个领域有直接贡献的话，就应该明确说明。管理者应该明白，他在不同领域所投入的努力和产出的成果之间必须达到平衡，企业才能发挥经营绩效。因此，必须一方面让每个职能和专业领域都能发挥得淋漓尽致，另一方面也要防止不同单位各据山头，党同伐异，彼此忌妒倾轧。同时，也必须避免过度强调某个重要领域。

为了在投入的努力中求取平衡，不同领域、不同层次的管理者在制定目标时，都应该兼顾短期和长期的考虑。而且，所有的目标也应该包含有形的经营目标和管理者的组织和培养，以及员工绩效、态度和社会责任等无形的目标。

靠压力进行管理

正确的管理要求兼顾各种目标，特别是高层管理者对目标要统筹兼顾。它排斥那种普遍的、有害的经营恶习：靠"压力"和"危机"进行管理。

任何一家公司的管理者都不会说，"我们这里办成任何事情的唯一方法是靠施加压力"。然而,"靠压力进行管理"已成了一种惯例而不是一种例外。每个人都知道,并清楚地预料到,压力消失 3 周后事情将退回到原来的状态。"经济压力"的唯一结果可能是辞退收发员和打字员,15 000 美元薪金的经理不得不做 50 美元一周的工作,自己打印信件。许多管理者仍未得出显而易见的结论:归根结底,压力不是完成目标的方法。

但是,除了管理无效之外,靠压力进行管理还会形成误导:它片面强调工作的一个方面而损害其他的一切事情。

"我们用了 4 周削减库存,"一个思维已经定型的惯用危机进行管理的老手有一次这样总结道,"然后我们用 4 周削减成本,接下去是用 4 周梳理人际关系。我们只有一个月的时间来提高对顾客的服务。然后,库存又恢复到我们开始时的水平。我们甚至无暇做我们的工作。整个管理层谈论的、思考的、告诫的就是上周的库存或这周的顾客投诉,他们甚至不想知道我们是怎样做其他工作的。"

在一个靠压力管理的企业中,人们或是将他们的工作置之一旁去对付当前的压力,或是悄悄地对压力采取一种集体怠工的态度,以便能做好他们的工作。不管是在哪一种情况下,他们对"狼来了"的叫声正变得麻木不仁。当真的危机到来,应当扔下手中所有的东西拼命干时,他们只是把它当作企业管理层的歇斯底里发作的又一个例子。

靠压力进行管理,像靠"严厉措施"进行管理一样,无疑是一种困惑的标志,它是对无能的一种承认,它是管理层不懂得怎样计划的标志。但是,首先它说明公司不知道对它的管理者应期待什么,即不知道如何引导他们,并对他们进行了误导。

管理者的目标如何确立，由谁确立

就定义而言，管理者应该负责让自己所管辖的单位对所属部门有所贡献，并且最后对整个企业有所贡献。他的绩效目标是向上负责，而非向下负责。也就是说，每位管理者的工作目标必须根据他对上级单位的成功所做的贡献来决定：地区销售经理的工作目标应该由他和销售小组对公司销售部门应有的贡献来决定，专案工程师的工作目标应该由他和手下的工程师、绘图员对工程部门应有的贡献来决定，事业部总经理的工作目标应该由他所管辖的事业部对母公司应有的贡献来决定。

所以，每位管理者必须自行发展和设定单位的目标。当然，高层管理者仍然需要保留对目标的同意权，但是发展出这些目标则是管理者的职责所在。的确，这是他的首要职责，而这也意味着每位管理者应该负责任地参与，协助发展出更高层级的目标。单单"让他有参与感"（套用大家最爱用的"人际关系"术语）还不够，管理者必须负起真正的责任。正因为管理者的目标必须反映企业需要达到的目标，而不只是反映个别主管的需求，管理者必须以积极的态度，认同企业目标。他必须了解公司的最终目标是什么，对他有什么期望，又为什么会有这样的期望，企业用什么来衡量他的绩效，以及如何衡量。每个单位的各级管理者都必须来一次"思想交流"。而只有当每一位相关管理者都能彻底思考单位目标时，换句话说，积极并负责地参与有关目标的讨论，才能达到会议的功效。只有当基层管理者积极参与时，高层管理者才知道应该对他们抱着什么样的期望，并据以提出明确的要求。

这件事太重要了，我认识的几位高效能的企业高层管理者还更进一步，要求下属每年要给上司写两封信。在信中，每位管理者首先说明他认为上司和自己的工作目标分别是什么，然后提出自己应该达到哪些工作绩效。接下来，他列出需要做哪些事情，才能达到目标，以及他认为在自己的单位中，有哪些主要的障碍，同时也列出上司和公司做的哪些事情对他会形成助力，哪些又会构成阻力。最后，他概要叙述明年要做哪些工作，以达到目标。如果上司接受信中的陈述，这封信就变成他进行管理工作的章程。

这个设计比我所看过的其他管理上的设计都更能显示，即使最优秀的"上司"，也不免通过未经思考的轻率发言来混淆和误导下属。有一家大公司已经推行这种制度长达10年之久，然而几乎每封信列出的目标和绩效标准都令上司极其困惑。每当他问下属："这是什么？"得到的回答都是："你不记得几个月前和我一起搭电梯下楼时说的话了吗？"

这种情形也反映出上司和公司对于员工的要求往往自相矛盾。当速度和高品质只能取其一时，是否公司仍然要求两者兼顾？如果为了公司利益着想，应该如何妥协？上司在要求下属具备自主性和决断力的同时，是否又要他们事事都先征得他的同意？他是否经常征询下属的想法和建议，但是却从来不采用或讨论他们的建议？每当工厂出问题的时候，公司是否期望工程小组能够立刻上阵，但是平常却把所有的努力都投注于完成新设计上？他们是否期望管理者达到高绩效标准，但同时又不准他开除表现不好的下属？在公司所塑造的工作环境中，员工是否认为，"只要老板不知道我在做什么，我就能把工作做完"？

这些都是常见的状况，都会打击士气，影响绩效。"给上司的信"或许不能防止这种状况，但是至少会把它摆在阳光下，显示有哪些需要妥协的地方、需要深思熟虑的目标、需要设定的优先顺序以及需要改变的行为。

如这种方式所表明的，管理管理者需要做特殊的努力，不仅要确定共同的方向，而且要排除错误的导向。共同的理解从来不可能通过"向下沟通"而取得，只能产生于"向上沟通"，它既需要上司有听取下属意见的诚意，也需要有一种专门设计的手段使下属管理人员的意见能得到反映。

通过测评进行自我控制

目标管理最大的好处或许在于，管理者因此能控制自己的绩效。自我控制意味着更强烈的工作动机：想要有最好的表现，而不只是达标而已，因此会制定更高的绩效目标和更宏伟的愿景。虽然，即使有了目标管理，企业管理团队不一定就会同心协力，方向一致、但是如果要通过自我控制来管理企业，势必推行目标管理。

到目前为止，我在本书中还没有讨论到"控制"这件事，我只谈到"测评"。因为"控制"的意思很含糊，一方面代表一个人管理自我和管理工作的能力，另一方面也意味着一个人受到另外一个人的支配。就第一层意义而言，目标是"控制"的基础，然而在第二层意义中，目标却绝非"控制"的基础，因为如此一来，会失掉其原本的目的。的确，目标管理的主要贡献在于，我们能够以自我控制的管理方式来取代强制式的管理。

在今天的美国或美国企业界，毋庸置疑，大家都非常向往自我控制的管理。所有关于"把决策权尽量下放到基层"或"论功行赏"的讨论，其实都隐含了对这种管理方式的认同，因此传统观念和做法需要找到新工具，来推动深远的改变。

为了控制自己的绩效，管理者单单了解自己的目标还不够，还必须有能力针对目标，衡量自己的绩效和成果。所有公司都应该针对每个关键领域向管理者提供清楚统一的绩效评估方式。绩效评估方式不一定都是严谨精确的量化指标，但是却必须清楚、简单而合理，而且必须和目标相关，能够将员工的注意力和努力引导到正确的方向上，同时还必须很好衡量，至少大家知道误差范围有多大。换句话说，绩效评估方式必须是不言而喻的，不需要复杂的说明或充满哲理的讨论，就很容易了解。

每位管理者都应该具备评估自己绩效所需的信息，而且应该及早收到这类信息，因此才能及时修正做法，以达到预定目标。这类信息应该直接提供给管理者，而非他的上司；这类信息是自我控制的工具，而不是上级控制下属的工具。

今天由于信息搜集、分析和整合的技术大幅进步，我们获得这类信息的能力也提高许多，因此特别需要强调这点。到目前为止，我们不是根本无法获得一些重要事实的信息，就是即使搜集到信息，却为时已晚，因此派不上什么用场。不过，无法产生可衡量的信息却不见得全然是件坏事。因为如此一来，固然很难有效地自我控制，但上级也因此不容易有效控制管理者。由于公司缺乏信息来控制管理者，因此管理者得以采用自己认为最适当的工作方式。

通过新科技，我们有能力获得可衡量的信息，因此也能进行有效的自我控制；如此一来，管理层的工作绩效将大幅提升。但是，如果企业滥用这种新能力来加强对管理者的控制，新科技反而会打击管理层的士气，严重降低管理者的效能，造成无法估计的伤害。

通用电气公司的例子充分显示企业可以将信息有效地运用在自我控制上：

> 通用电气公司有一个特殊的控制单位——巡回稽查员。稽查员每年都会详细研究公司每个管理单位一次，但他们的研究报告却直接呈交该单位主管。只要偶尔与通用电气公司的主管接触，都可以感受到通用电气内部所流露出的自信心和信任感。这种运用信息

来加强自我控制，而非加强对下控制的作风，直接影响了公司的气氛。

但是通用电气的做法在企业界并不普遍，也不太为一般人所了解。管理层的典型想法通常都比较接近下面的例子所提到的大型化学公司的做法：

在这家公司里，控制部门负责稽查公司里的每个管理单位，然而他们并不会将稽查结果交给受稽查的主管，只会将报告上呈给总裁，总裁再把单位主管招来当面质问。公司主管为控制部门起了个绰号："总裁的秘密警察"，充分显示这种做法影响士气。的确，现在越来越多的主管不是把单位经营目标放在追求最佳绩效上，而是只力求在控制部门的稽查报告上能展现漂亮的成绩。

千万不要误以为我在鼓吹降低绩效标准或主张不要控制。恰好相反，以目标管理和自我控制为手段，可以达到比目前大多数公司绩效标准还高的绩效。而每位管理者都应该为绩效成果承担百分之百的责任。

但是，究竟要采取什么做法来获得成果，应该由管理者来主导（而且只有他能主导）。他们应该清楚了解哪些行为和手段是公司所禁止的不道德、不专业或不完善的做法。但是，在限制范围内，每位管理者必须能自由决定该做的事，而且只有当管理者能获得有关部门作业的充分信息时，他才能为成果负起百分之百的责任。

正确使用报告和程序

要采取自我控制的管理方式，就必须彻底反省我们运用报告、程序和表格的方式。报告和程序都是管理上的必需工具，但是我们也很少看到任何工具会如此轻易地被误用，而且造成这么大的伤害。因为当报告和程序被误用时，就不再是管理工具，而成了邪恶的统治手段。

有三种最常见的误用报告和程序的方式。第一，一般人普遍相信程序是道德规范的工具，其实不然。企业制定程序时，根据的完全是经济法则，程序绝对不会规定应该做什么，只会规定怎么做能最快速完成。我们永远也不可能靠制定程序来规范行为；相反，正确行为也绝不可能靠程序来建立。

第二个误用方式是以为程序可以取代判断。事实上，只有在不需要判断的地方，程序才能发挥效用，也就是说，只有在早已经过判断和检验的重复性作业上，程序才派得上用场。西方文明十分迷信制式表格的神奇效用，而当我们试图用程序来规范例外状况时，就是这种迷信危害最严重的时候。事实上，能否在看似例行的程序中，迅速分辨出目前的状况并不适用于标准程序，而需要特别处理，需要根据判断来做决定，才是检验良好程序的有效方法。

但是，最常见的误用方式是把报告和程序当作上级控制下属的工具，尤其是纯为提供信息给高级主管而交的每天例行报告更是如此。常见的情况是，工厂主管每天必须填20张表格，提供会计师、工程师或总公司的幕僚人员连他自己都不需要的信息。可能还有几千个类似的例子。结果，管理者没办法把注意力集中在自己的工作上，在他眼中，公司为了达到控制目的而要求他做的种种事情，反映了公司对他的要求，成为他工作中最重要的部分；尽管心里愤愤不平，但是他只好把力气花在处理报表上，而不是专注于自己的工作。最后，甚至连他的上司都为这些程序所误导。

几年前，有一家大型保险公司推动了一项"经营改善"大计划，并且还为此特地建立了强有力的中央组织，专门处理有关续约率、理赔、销售成本、销售方式等事宜。这个组织表现卓越，高层对于保险公司的经营学到了宝贵的经验。但从那时候开始，这家公司的实际经营绩效就一路下滑。因为专业管理者必须花越来越多的时间写报告，越来越没有时间把工作做好。更糟糕的是，他们很快就知道"漂亮的报告"比实际绩效还重要，因此不只绩效一落千丈，内部风气更是日益败坏。专业管理者开始视公司高层和他们身边的幕僚为必须智取的敌人，不是阳奉阴违，就是敬而远之。

类似的故事简直不胜枚举，几乎在每个产业、在大大小小的公司里，都可以看到同样的故事上演。就某个程度而言，这种情况可说是错误的"幕僚"观念所造成的，我们随后会在本书其他章节中讨论。但是，最重要的仍然是误把程序当成控制工具所带来的后果。

企业应该把报告和程序保持在最低限度，只有当报告和程序能节省时间和人力时，才运用这项工具，并且应该尽可能简化。

有一家大公司的总裁说了这样一个亲身经历的故事。15年前，他在洛杉矶为公司买了一座小工厂。工厂每年有25万美元的利润，他也以这样的获利状况为基础来开价购买。当他和原来的工厂老板（他留下来担任厂长）一起巡视工厂时，他问："你们当初都是怎么决定价格的？"这位前老板回答："很简单，我们每1000个单位要比你们便宜0.1美元。"他又问道："那么，你们怎么控制成本呢？"他回答："很简单，我们知道总共花了多少成本在原料和人工上，也知道应该有多大的产量才能赚回我们花出去的钱。"他最后问道："那么，你们如何控制管理费用呢？""我们不操心这个问题。"

这位总裁想，嗯，只要引进我们的制度，实施彻底的全面控制，肯定能为工厂省下很多钱。但是一年后，这座工厂的利润下滑为 125 000 美元；尽管销售量不变，价格也相同，但是复杂的报表程序却吃掉了一半的利润。

每一家企业都应该定期检视是否真的需要那么多报告和程序，至少应该每 5 年检讨公司内部表格一次。我有一次不得不建议一家公司采取激烈的手段来进行内部整顿，因为他们的报表就像亚马孙流域的热带雨林一样茂盛，已经深深危及这家老公司的生存。我建议他们暂停所有的报告两个月，等到过了两个月不看报告的日子以后，管理者仍然要求使用的报告才可以恢复使用。如此一来，居然淘汰了 3/4 的报告和表格。

企业应该只采用达到关键领域的绩效所必需的报告和程序。意图"控制"每件事情，就等于控制不了任何事情。而试图控制不相干的事情，总是会误导方向。

最后，报告和程序应该是填表者的工具，而不能用来衡量他们的绩效。管理者绝对不可根据部属填写报表的品质来评估他的绩效，除非这位部属刚好是负责这些表格的职员。而要确保管理者不会犯下这个错误，唯一的办法就是除非报表和工作绩效密切相关，否则不要随便要求下属填任何表格，交任何报告。

管 理 哲 学

企业需要的管理原则是：能让个人充分发挥特长，凝聚共同的愿景和一致的努力方向，建立团队合作，调和个人目标和共同福祉的原则。

目标管理和自我控制是唯一能做到这点的管理原则，能让追求共同福祉成为每位管理者的目标，以更严格、更精确和更有效的内部控制取代外部控制。管理者的工作动机不再是因为别人命令他或说服他去做某件事情,而是因为管理者的任务本身必须达到这样的目标。他不再只是听命行事,而是自己决定必须这么做。换句话说,他以自由人的身份采取行动。

管理圈子里近来越来越喜欢大肆讨论"哲学"这个名词。我曾经看过一份由一位副总裁署名的论文,题目是《处理申购单的哲学》(就我所了解,此处所谓的"哲学"是指申购时应该采用三联单)。不过,目标管理和自我控制被称为管理"哲学"倒是合理的,因为目标管理与自我控制是基于有关管理工作的概念,以及针对管理者的特殊需要和面临的障碍所做的分析,与有关人类行为和动机的概念相关。最后,目标管理和自我控制适用于不同层次和职能的每一位管理者,也适用于不同规模的所有企业。由于目标管理和自我控制将企业的客观需求转变为个人的目标,因此能确保经营绩效。目标管理和自我控制也代表了真正的自由,合法的自由。

第 12 章 | CHAPTER 12

管理者必须管理

管理者的工作是什么——个人的任务和团队的任务——管理职责的幅度——管理者的职权——管理者和他的上司

管理者的工作是什么

管理者的工作应该以能够达成公司目标的任务为基础,是实质工作,能对企业的成功产生明显而且可以清楚衡量的贡献。管理者的工作范围和职权应该尽可能宽泛,凡是不能明确排除在外的事务都应该视为管理者的职责。最后,管理者应该受绩效目标的指引和控制,而不是由上司指导和控制。

企业需要哪些管理工作,以及工作内容为何,永远都应该取决于达到公司目标必须进行的活动和产生的贡献。管理者的工作之所以存在,是因为企业所面临的任务必须有人来管理,没有其他原因。既然管理工作有其必要性,则管理者必须有其自身的职权和自身的责任。

由于管理者必须为企业的最终成果负责并有所贡献,他们的工作必须涵盖充足的范围,总是迎接最大的挑战,承担最大的责任,产生最大的贡献,而且必须是明显可见并可衡量的具体贡献。管理者必须能够指着企业最终成果说："这部分就是我的贡献。"

有些任务对于个人而言太过庞大，而且无法分割为许多完整而明确的工作，就应该把它组织为团队的任务。

在企业界之外，团队组织广泛受到社会肯定。举例来说，几乎每一篇学术论文上面都有三四位作者的名字，其中每一位——无论是生化学家、生理学家、儿科医生、外科医生，都有其特殊的贡献。然而，每个人都贡献了自己的技能，并且为整个工作负责。当然，团队总是会有一位领导人，虽然领导人掌握了较大的职权，但是他总是采取引导的方式，而非监督或命令。他的权威是根源于知识，而非阶级。

企业界也经常采取团队运作方式，次数远比文献上所记载的频繁。每一家大型企业都经常运用团队来担负短期任务；做研究时，团队合作也很普遍。运作顺畅的工厂实际采用的是团队组织，而非组织图上显示的层级组织，尤其当牵涉工厂厂长和直属技术部门主管之间的关系时，更是如此。流程生产和新式大规模生产方式的许多工作都只能靠团队运作的方式来完成。

但是在任何企业中，最重要的团队任务都是高层管理任务。高层管理任务无论在范围、技能要求、工作的性质和种类上，都超越了个人能力。无论教科书和组织图怎么说，管理完善的公司都没有单人"首席执行官"，只有管理团队。

因此，很重要的事情是，管理层必须了解团队组织是什么，什么时候应该运用团队，以及如何运用团队。最重要的是，管理层必须了解，团队的每一位成员都应有明确的角色。团队并非只是把一团混乱变成美德，团队运作比个人的工作需要更多的内部组织、更多合作和明确的工作分派。

管理职责的幅度

在讨论管理职责究竟涵盖了多大的幅度时，教科书通常都会从一个观察开始：一个人只能督导少数人的工作，也就是所谓的"控制幅度"。这种说法导致管理变成怪物：复杂层级阻碍了合作和沟通，抑制了未来管理者的发展，腐蚀了管理工作的真义。

然而，如果管理者是受他自己工作的目标要求所控制，并且是根据他的绩效进行衡量，那就无须存在这样一种监督：告诉下属做什么，然后设法确保下属做其所被要求做的事。这里不存在控制范围。从理论上讲，一个上司可以无限量地拥有向他汇报工作的下属。然而，的确存在一种由"管理职责幅度"所设定的限制（我相信，这个术语是雷斯博士（Dr. H. H. Race）从通用电气公司照搬过来的）：一个上司所能够支持、教导和帮助他们实现自己目标的人员的数目。这是一种真正的限制，但是，它不是固定的。

我们听到的说法是，每个人的控制幅度不能超过 6～8 位下属。然而，管理职责的幅度却要视下属需要协助和教导的程度而定，只有在研究过实际状况后，才能决定。和控制幅度不同的是，当我们在组织中步步高升时，管理职责的幅度也随之扩大。管理新手需要最多的协助；他们的目标最难清楚界定，绩效也最难具体衡量。此外，我们假定资深主管应该知道如何把工作做好，他们的目标是要直接为企业带来贡献，他们的绩效是根据企业经营成果的标准而定。

因此，管理职责的幅度远比控制幅度宽广得多（雷斯博士认为理论上，上限应该在 100 人左右）。为了不任意扩大控制幅度，管理者负责领导的人数应该总是略高于他实际能照顾到的人数。否则，就会抵挡不住监督部属的诱惑，不是干脆跳下去做部属的工作，就是什么都要管。㊀

㊀ 曾任职于西尔斯百货公司，后来任职于美国商务部的沃西（James C. Worthy）曾针对这点，提出许多支持性的证据。

管理职责的幅度大小，不会因管理者的部属是个人或团队而有所差异。不过，团队成员的数目不应该太多。我在企业界见过最大的职能性团队是标准石油公司的董事会，董事会完全由公司全职主管组成，是全世界规模最大、最复杂也最成功的企业管理团队。14位董事会成员似乎不算太多，但是，只有靠最严谨的纪律，这么大的团队才能运作顺畅。举例来说，标准石油公司的董事会讨论问题时，必须全体无异议通过，才会成为决议。然而就一般情况而言，这个程序实在太过繁复了，因此，团队人数通常最多不超过五六个人，而且一般而言，三四个人的效果最佳。

团队通常不会造就杰出的管理者，换言之，在团队内部，管理者不应该有上下之分——虽然团队成员完全可能来自下层管理者。管理职责的基本因素是帮助和教导，只有通过个人才能得到最好的发挥。

管理者的职权

尽可能给予管理者最大的工作幅度和职权，其实只是把决策权尽量下放到最低层次，以及让决策权尽可能掌握在实际行动者手中的另一种说法罢了。然而就效果而言，如此要求严重偏离了由上而下授权的传统观念。

企业的活动和任务可以说都是从上而下规划的，必须先从期望的最终产品着手分析企业的绩效目标和预期成果为何；从分析中再进一步决定应该完成哪些工作。但是在组织管理者的工作时，我们必须由下而上规划。我们必须从"第一线"活动着手——负责产出实际的商品和服务、把商品和服务销售给顾客，以及制作出蓝图和工程图的工作。

第一线管理者负责基本管理工作——其他所有工作都完全依赖基本管理工作的绩效。由此可见，高层管理工作是基本管理工作衍生出来的产物，目的是协助第一线管理者做好他们的工作。如果从企业的结构和组织上来看，第一线管理者才是所有权责的中心，只有第一线管理者无法亲自完成的工作才会向上交由高层管理者来完成。因此可以说，第一线管理者是组织的基因，所有高层的器官都是由基因预先设定的，也从基因发展而成。

显然，第一线管理者能够做和应该做的决定，以及应该担负的权责，仍有其实际限制——他仍然会受到职权所限。例如，改变销售人员的报酬就与生产线领班无关，地区销售经理无权插手其他地区的业务等。他能做的决定也有其限制。显然，他不应该制定会影响到其他管理者的决策，也不应该制定会影响到整个企业及其精神的决策。例如，任何管理者都不能在未经评估的情况下，独自决定下属的生涯和前途，这是基本的审慎态度。

我们不应该期待第一线管理者制定他们无法制定的决策。例如，必须为短期绩效负责的管理者没有时间考虑长期决策。生产线人员缺乏知识和能力来拟订养老金计划或医疗计划。这些决策当然会影响他，他应该知道这些计划，了解这些计划，而且尽可能参与这些计划的筹备和形成过程，但是他无法制定这些决策，因此也无法承担这方面的权责，因为职权与责任应该以任务为导向。这个原则适用于各级管理层，上至首席执行官本身的工作。

有一条简单的规则确定管理者有权做出的决策的局限性。通用电气公司电灯产品部的管理章程套用美国宪法，以如下的语言阐述这种局限性："任何未以书面形式明确表明为高层管理者所拥有的职权都为下层管理者所拥有。"这是旧的普鲁士的公民权利概念的翻版："任何未明确表明允许的事都属禁止之列。"换言之，应该详细列明管理人员在他的任务范围内无权做出的决定，因为对所有其他的决定而言，管理者都应该对其负有职权和责任。

管理者和他的上司

那么管理者的上司应该做哪些事情呢？他的职权是什么？责任又是什么？

如果纯粹从美学的角度而言，我不太欣赏美国布雷克皮鞋公司的吉文㊀所提出的"自下而上的管理"这个名词。

不过，这个名词所代表的含义却很重要。上下级管理者之间的关系不只是"督导"这个词中所表达的上对下关系，事实上，甚至不只是双向的上下关系，而包含了三个方面：下层管理人员与上层管理人员的关系，各个管理人员与企业的关系，上层管理人员与下层管理人员的关系。这三种关系的每一种实质上都是一种责任——是一种义务而不是一种权利。

每位管理者都有一项任务——对上级单位的需求有所贡献，以达成上级的目标。的确，这是他的首要任务，他也据此发展出自己的工作目标。

接下来，则是管理者对企业的责任。他必须分析自己单位的任务，清楚界定需要采取哪些行动，才能达到目标。他必须构建这些活动所要求的管理职务，协助下属管理者通力合作，结合个人利益与企业整体利益。他必须指派下属执行这些管理工作，撤换绩效不佳的管理者，奖励绩效良好的部属，并且让表现卓越的管理者获得额外的报酬或升迁机会。他还需要协助下属管理者充分发挥能力，以及为明日的管理任务做准备。这些责任都很繁重，但却不是其他人（下属）的工作责任，而是主管自己的工作责任。这些责任隐含在管理者自己的工作中，而不是在部属的工作中。

最后，则是对于下属管理者应负的责任。他首先必须确定他们了解他的要求，帮助他们设定工作目标，并达成目标。因此他必须负责让下属获得必需的工具、人员和信息，提出建议和忠告，并在必要的时候，教导他们如何表现得更出色。

如果需要用一个词来定义这种上对下的关系，"协助"将是最接近的字眼。的确，许多成功的公司——其中最著名的是IBM——称管理者为下属的"助手"。出于目标管理上的必要性，每个部属都必须为自己的工作负责，他

㊀ William B. Given, *Bottom-up Management*（New York：Harper & Brothers, 1949）.

们的绩效和成果归他们自己所有，同时也承担达成目标的责任，但是上级主管的责任是尽一切力量，帮助下属达成目标。

管理单位的目标应该包括本单位对于企业的成功必须贡献的绩效与成果，应该总是把焦点放在上级的目标上，但是单位主管的目标应该包括如何协助下级主管达到目标。管理者的愿景应该总是向上看，视企业为整体，但是他同样应该向下负责，向他所领导的团队中的管理者负责。或许在有效组织管理者的工作时，基本的要求是，管理者应该明白他和下属的关系是一种责任，而不是上对下的监督。

CHAPTER 13 | 第13章
组织的精神

让平凡的人做不平凡的事——绩效的检验——注重优点——实践而非说教——安于平庸的危险——"你不可能发财,但也不会被解雇"——"我们不能提拔他,但他在这里工作时间太长,不能解雇他"——评价的需要——根据绩效进行评价,围绕着优点进行评价——作为奖励和激励的酬劳——延期支付酬劳的做法有效吗——不要过度强调升迁——合理的升迁制度——攸关管理者命运的决策——管理人员对组织的精神的自我检查——什么人不应被任命担任管理工作——关于领导力

我们可以用两段话来概括"组织的精神"。第一段话是卡内基(Andrew Carnegie)的墓志铭:

> 这里长眠着一个人
> 他知道如何在其事业中
> 起用比自己更好的人

另外一段话则是为残疾人找工作而设计的口号："重要的是能力，不是残疾。"目标管理告诉管理者应该做什么，通过工作的合理安排，管理者能顺利完成工作，但是组织精神却决定了管理者是否有意愿完成工作。组织精神能唤醒员工内在的奉献精神，激励他们努力付出，决定了员工究竟会全力以赴，还是敷衍了事。

套句贝弗里奇爵士（Lord Beveridge）的话，组织的目的是"让平凡的人做不平凡的事"。没有任何组织能完全依赖天才，天才总是非常罕见，而且不可预测。但是能不能让普通人展现超凡的绩效，激发每个人潜在的优点，并且运用这些优点，协助组织其他成员表现得更好，换句话说，能否取长补短，是组织的一大考验。

好的组织精神必须让个人的长处有充分的发挥空间，肯定和奖励卓越的表现，让个人的卓越表现对组织其他成员产生建设性的贡献。因此，好的组织精神应该强调个人优点——强调他能做什么，而不是他不能做什么，必须不断改进团体的能力和绩效；把昨天的优良表现当作今天的最低要求，把昨天的卓越绩效视为今天的一般水准。

总而言之，良好组织精神真正的考验不在于"大家能否和睦相处"；强调的是绩效，而不是一致。"良好的人际关系"如果不是根植于良好的工作绩效所带来的满足感与和谐合理的工作关系，那么其实只是脆弱的人际关系，会导致组织精神不良，不能促使员工成长，只会令他们顺从和退缩。我永远忘不了一位大学校长说过的话："我的职责是让一流的老师能够好好教书，至于他和我或其他同事相处得好不好（真正好的老师往往和同事相处得不好）完全是两码事。当然，我们学校有很多问题人物，但是他们很会教书。"当他的继任者改变政策，强调"安宁与和谐"时，教师的表现很快就每况愈下，士气也随之瓦解。

相反，对组织最严重的控诉，莫过于说他们把杰出人才当成威胁，认为卓越的绩效会造成别人的困扰和挫折感。对组织精神杀伤力最大的莫过于一味强调员工的缺点，而忽视他们的长处，不正视员工的能力，只怪罪他们的无能。企业必须把焦点放在员工的长处上。

实践而非说教

组织精神良好，表示组织所释放出来的能量大于个人投入努力的总和。显然，企业无法靠机械手段产生这样的结果。理论上，机械手段充其量只能完整无缺地保存能量，而不能创造能量。只有靠道德力量才有可能获得高于投入的产出。

为了在管理层中塑造良好的精神，必须依赖道德力量，强调优点，重视诚实正直，追求正义，在行为上树立高标准。

但是道德不等于说教。道德必须能够建立行为准则，才有意义。道德也不是告诫、说教或良好的愿望，重要的在于实践。的确，要达到效果，道德必须超然，独立于员工的能力和态度之外，是有形的行为，是每个人都看得到、可以实践和衡量的行为。

为了避免有人说我提倡伪善，我得事先声明，人类历史上所有曾经展现伟大精神的组织，都是借由实践而达成的。美国最高法院可以让迂腐的政客转变为伟大的法官；美国海军陆战队和英国海军也借由实践，打造出著名的团队精神；世界上最成功的"幕僚机构"——耶稣会的精神也是基于有系统的实践。

因此，管理需要具体、有形而清楚的实践。在实际做法上必须强调优点，而非缺点；必须激发卓越的表现；必须说明组织的精神根植于道德，因此必须建立在诚实正直的品格上。

企业必须通过5方面的实践，才能确保正确的精神贯彻于整个管理组织中：

1. 必须建立很高的绩效标准，不能宽容差的或平庸的表现，而且必须根据绩效，给予奖励。

2. 每个管理职位本身必须有其价值，而不只是升迁的踏板。

3. 必须建立合理而公平的升迁制度。

4. 管理章程中必须清楚说明谁有权制定事关管理者命运的重要决定，管理者必须有向高层申诉的途径。

5. 在任命管理者的时候，必须很清楚诚实正直的品格是对管理者的绝对要求，是管理者原本就需具备的特质，不能期待他升上管理职位后才开始培养这种特质。

安于平庸的危险

当管理者说："在这里，你不可能发财，但也不会被解雇"时，对公司和组织精神的伤害，莫过于此。这种说法强调安于平庸，结果会养成官僚，变相惩罚了企业最需要的人才——企业家。这种心态不鼓励员工冒险犯错，导致员工不愿尝试新事物，既无法建立组织的精神——只有高绩效才能创造精神，也无法建立安全感。管理层所需要的安全感是建立在对高绩效的认知和肯定上的。

因此，对管理人员的精神的第一个要求是要有高绩效。管理者不应该被他人所督促，他们应该自己督促自己。其实，要求实行目标管理和根据工作目标的要求确定管理工作，其中一个主要的考虑就是需要管理者自己为他们的绩效确定高标准。

当管理者持续绩效不佳或表现平平时，公司是绝对不能容忍的，更遑论加以奖励了。公司不应该允许制定低目标或绩效总是不佳的管理者留在原来的岗位上，应该把他降到较低的岗位上或开除他，而不是把他"踢上楼去"。

这并不表示应该惩罚犯错的管理者。每个人都是从错误中学习，越优秀的人才犯的错越多，因为他比较愿意尝试新事物。我绝对不会把从未犯错的人升到高层领导岗位上，因为没有犯过大错的人必然是平庸之辈。更糟糕的是，没有犯过错的人将不会学到如何及早找出错误，并且改正错误。

但是，应该撤换持续绩效不佳或表现平平的员工，并不表示公司应该大开杀戒，无情地到处开除员工。公司对于长期效忠的员工负有强烈的道德责任。就像其他决策机制一样，企业的管理层在提拔一个人时，因自己犯下的错误，升了不该升的人，就不该为了他后来的表现没有达到预期的工作要求，而把他开除。公司或许不该完全怪罪这名表现不理想的员工，很可能经过几年后，工作的要求已经超越了他的能力。举例来说，没多久以前，许多公司还认为稽核工作和资深会计差不多，今天他们却视稽核为重要决策功能，因此10年前胜任的稽核人员在今天的新观念下，可能变得能力不足、表现不佳，但是这不能完全归咎于他，而是游戏规则已经改变了。

当下属失败的原因显然出自管理上的失误时，就不应该将他解雇，但仍然应该把绩效不佳的人调离目前的工作岗位。这是管理者对企业应尽的责任，也是为了全体的士气和精神着想而必须做的事情，这样才对得起表现优异的员工。这也是主管应该为绩效不佳的部属尽到的责任。由于能力不足而无法胜任工作，其实受创最深的还是员工自己。当员工绩效显示出有调整工作的必要性时，无论个人情况如何，管理者都必须痛下决心，采取行动。

至于是否应该继续雇用这名员工，考虑又完全不同。关于第一项决定的政策必须严格，关于第二项决定的政策却必须多一些体谅与宽容。坚持严格的标准能激励士气和绩效，但关于人的决定却必须尽可能考虑周全。

福特汽车公司的做法是很好的例子。当福特二世接班后，某个部门的9位主管全都无法胜任组织重整过程中创造的新职位。结果，公司没有指派任何一位主管到新职位上，反而在组织内部另外为他们找到能胜任的技术专家职位。福特公司原本可以辞退他们，因为他们都无法胜任管理工作。尤其在这种特殊状况下，新官上任后，当然自认有权展开大幅人事改革。然而，福特的新管理团队秉持的原则是，虽然不应该允许任何人未有上佳的表现而占有一个职位，但是，也不应该因为前领导层的错误而惩罚任何人。

福特汽车后来快速重整旗鼓，有很大部分要归功于高层严格遵守这个原则（附带说明一下，那 9 位主管中，有 7 个人后来在新职位上表现优异，其中一个人因为绩效卓越，而被擢升到比他最初的职位更重要的位子上。有两个人仍然表现不好：一个人被迫退休养老，另一个人则遭到解雇）。

在实务上，要兼顾对高绩效的坚持和对个人的关怀并不难。只要肯努力，再发挥一点想象力，几乎都一定能在组织中找到与个人能力相符的实际工作（而不是"制造出来的工作"）。我们经常听到的借口是："我们根本动不了他；他在这里待太久了，不能随便把他开除。"这样的说法根本站不住脚，会伤害到管理者的绩效、士气以及他们对公司的尊敬。

评估的需要

要坚持高目标和高绩效，就必须系统化评估下属设定目标和达成目标的能力。

当管理者指派工作、调配人力、建议工资幅度和升迁名单时，他其实都在根据对下属及其绩效的评估来做决定。因此管理者需要系统化的评估方式，否则他就会浪费太多时间做决定，而且仍然依赖直觉而非知识来做决定。下属也必须要求主管制定这些决策时是出于理性，而不是单凭直觉行事，因为这些决策说明了上司对他们的期望以及重视的目标。

因此，美国企业界越来越流行系统化的管理者绩效评估，在大企业中尤其如此。许多评估程序都必须借重专家的协助，而且通常都是心理学家，把焦点放在开发个人潜能上。这种做法或许合乎心理学，却是很糟糕的管理。评估应该是主管的责任，也永远都应该把焦点放在改善绩效上。

评估下属及其绩效，是管理者的职责。的确，除非亲自评估下属，否则他无法履行协助和教导下属的责任，也无法尽到对公司的责任，把对的人放在适合的位置上。评估程序不应困难和复杂到必须委托专家来进行，因为如此一来，管理者不也是在放弃职权、规避责任吗？

评估必须基于绩效。评估是一种判断，总是需要有清楚的标准，才能下判断；缺乏清晰、明确的公开标准而做的价值判断是非理性而武断的，会腐化判断者和被判断者。无论多么"科学化"，无论能产生多少"真知灼见"，强调"潜能""性格"和"承诺"的评估方式，都是在滥用评估。

针对长期潜能所做的判断是最不可靠的。一个人对别人所下的判断通常都不值得信赖，而变化最大的莫过于人的潜能了。许多人年轻时潜力无穷，前程似锦，步入中年后却庸庸碌碌，平凡无奇。也有许多人原本只是平凡无奇，40岁以后却成为耀眼的明星。试图评估一个人的长期潜能，简直比蒙特卡罗的赌盘更没有胜算。而且，评估制度越"科学化"，预测错误的风险就越大。

但是，最大的错误是试图根据缺点来做评估。

有一个古老的英国趣闻很适合说明这个观点。皮特（Pitt）不到20岁就担任英国首相，在拿破仑横扫欧洲、英国孤军奋战的那段暗淡日子里，皮特以无比的勇气与决心，领导英国人顽强对抗拿破仑，并深以自己纯洁的私生活自豪。他在那腐败的年代展现了绝对诚实的作风；在道德沉沦的社会中，他是完美的丈夫和父亲。可惜他年纪轻轻就过世了。当皮特过世后来到天国之门，圣彼得问他："身为一个政客，你凭什么认为自己可以上天堂？"皮特指出自己从来不接受贿赂，也没有情妇等。但是圣彼得粗暴地打断了他的话："我们对于你没有做什么，一点也不感兴趣，你到底做了哪些事情？"

一个人不可能通过他所没有的能力来完成任何事情，一个人也不可能什么都不做，而能达到任何成就。每个人只有靠发挥自己的长处，努力实践，才能有所成就。因此，评估的首要目标必须是能让每个人的能力充分发挥。只有当一个人的长处为人所知，并受到赏识时，提出以下的问题才有意义：他必须克服哪些缺点，才能发挥长处，有所进步？一个人希望做得更好、懂得更多、表现得不一样，这些需求都非常重要，必须达到这些目标，他才能成为更优秀的强者。

作为奖励和激励的酬劳

如果一个人会因为表现不好而被开除，他应该也有机会因为表现特别优异而致富。管理者所得到的报酬应该和工作目标息息相关。最糟糕的一种误导是告诉管理人员，他们必须平衡目标，以便能保留企业长期获利能力，但同时却根据目前短期利润发放他们的酬金。

几年前，一家大型制药公司就发生过这种情形。公司管理层原本强调他们希望资深化学家多从事基本研究，而不是去开发立即可以上市的产品。有一年，其中一位资深化学家在有机化学的领域有了重大的发现，但是还需要多年的努力，才能把他的发现转换成商品。结果发年终奖金的时候，这位化学家发现他得到的奖金数目和前一年差不多，拿到高额奖金的同事对既有产品做了很多简单的小改善，但是却可以立即上市。管理层认为自己的行为完全合理，这位化学家的重大发现对于该年的获利毫无贡献，而年终奖金原本就是以每年获利为基础的。但是这位化学家却觉得高层口是心非，于是他递了辞呈，四五位同事也和他一起离职，公司损失了一批最优秀的化学家，直到现在还无法网罗到一流的研究人员。

此外，薪资制度不可太过僵化，以致"超乎职责要求的特殊绩效"得不到应有的奖励。

我曾经在一家公司认识了一位工程人员，多年来，他训练了无数刚进公司的年轻工程师，而且连续四任总工程师当年都是从他手下训练出来的，但是他自己始终待在基层，毫无升迁机会。工程部门里每个人都知道他的贡献，然而直到他退休，公司始终没有给他应有的肯定。等他退休后，公司不得不雇用训练主任和两名助理来填补他留下的空缺。后来，这家公司为了弥补先前的疏忽，送了一份厚礼给这位退休老人。

这类贡献应该在当时就获得奖励。这类贡献或许无法直接带给企业可衡量的经营成果，但是却能塑造企业精神，提升绩效，而且通常员工都很看重这类贡献，如果管理层不能肯定和奖励这些人，员工会觉得非常不公平。因为伟大的组织之所以有别于一般组织，正是因为其成员有奉献精神。任何组织如果拥有这样的员工，应该暗自庆幸，把原本的薪资上限抛在脑后。针对这类贡献而颁发的奖励应该像美国国会荣誉奖章或英国维多利亚十字勋章一般珍贵、眩目而伟大。

金钱上的奖励绝对不能变成贿赂，也不能制造出高层主管既无法辞职，也不能被解雇的处境。美国企业界为了节税，很流行延期支付酬劳的做法，因而引起严重的不满。

其中一个效应是，有位高层主管多年来一直觉得在公司无法一展所长，想要离开。其他公司开出了极富吸引力的条件，他总是在最后一刻婉拒了，原因很简单，他还有一笔 50 000～75 000 美元延期支付的红利扣押在公司里，他必须继续为公司效命 5 年，才能领到这笔钱。结果，他继续待在原本的工作岗位上，却十分痛苦，经常为去留问题彷徨不已，成为整个管理团队不满的对象。

企业无法买到忠诚，只能努力赢得忠诚。我们不能贿赂员工留在公司；只有当员工自己禁不起诱惑时，他们才只会怪罪公司。我们不能把开除员工变成过于严厉的惩罚，以至于从来没有人敢轻易尝试。我们不应该让高层主管变得太注重安全感。处理事情时，老是只考虑安全保障的人，不太可能从其他角度看待工作，也不太可能开拓和创新。

我举双手赞成弥补高税率带给高层管理者的损失。20 世纪 50 年代的美国，只有企业管理者的税后收入明显地比 1929 年的水准低，我认为这种情形无论对于社会福祉或经济发展，都会带来严重的危机。提高薪水不能解决问题，因为高税率会吃掉加薪幅度，达到的唯一效果是激起员工的愤怒（因为没有几个员工明白税前收入其实不算真正的收入）。但是除了用延期支付报酬来贿赂员工之外，一定还有更好的解决办法，既能强调管理者的企业家角色，奖励卓越的绩效，而又不会让管理者变成公司的奴隶。

不要过度强调升迁

每个管理者应该都能从工作本身获益，得到满足，管理职位不应只是在组织中向上攀升的踏脚石。即使在快速成长的公司里，能够升上去的管理者仍然只占少数。对于其他各阶层主管而言，今天的职位很可能就是他们会一直做到退休，甚至过世的工作。每5位管理者中，可能会有三四个人因为公司过度强调升迁而深感挫败，士气低落。过度强调升迁的做法也会引发不当的竞争风气，为了自己能脱颖而出，员工将不惜牺牲同事。

为了避免过度强调升迁带来的坏处，薪资结构中应该提供特殊表现的奖赏，奖金几乎相当于因为升迁而增加的酬劳。举例来说，每个阶层的薪资幅度应该保留适当的弹性，因此绩效卓越的员工获得的报酬将超过比他高一个层级员工的平均薪资，而且相当于比他高两个层级员工的最低薪资。换句话说，即使没有升迁的机会，如果表现优异的话，每个人还是有可能大幅加薪的，而加薪幅度相当于连升两级所增加的酬劳。

但是，单单靠金钱奖励还不够。无论管理者或一般员工，无论在企业内外，每个人都还需要另外一种奖励——声望和荣耀。

对于大企业而言，这个问题尤其严重。无法满足这方面需求的有两个领域，而且主要都出现在大企业中：企业大单位主管以及专业人才对外的地位和声望的象征。

通用汽车或通用电气公司的事业部主管所负责的单位几乎都是产业界的龙头老大，规模通常都相当于或大于独立经营的任何一家同业，不过他们的头衔却只是"总经理"而已，而那些规模较小的竞争者，公司首脑却享有"总裁"的头衔和身为企业领导人的地位。因此基本上，大企业给予管理者的头衔必须能与他们承担的责任和重要性相称。或许应该称他们为事业部"总裁"，而事业部高层主管则叫"副总裁"。许多公司的例子显示（其中最著名的是联合碳化物公司和强生公司），其实在企业内部，这些头衔并不会改变实质关系，但是却会对享有头衔的主管对外的身份地位和荣耀感、工作动机及组织精神，都产生莫大的影响。

同样，企业也必须给予专业人才在专业地位上应有的肯定和奖励。

合理的升迁制度

即使没有过度强调，升迁问题仍会不断盘旋在管理者的脑海中，激发他们的雄心壮志。因此必须有合理的升迁制度，才能塑造良好的组织精神和管理绩效。

企业应该根据绩效来决定升迁。危害最深的做法莫过于为了把绩效不彰的员工踢出去，而推荐他升官，或迟迟不肯让优秀的员工更上一层楼，借口是"假如没有他，我们不知道该怎么办"。升迁制度必须确保所有具备升迁资格的员工都列在考虑名单上，而不是只有最受瞩目的人出线。同时，还必须由更高层的主管审慎评估所有的升迁决定，才不容易发生"把庸才往上推"或"把优秀人才藏起来"的情况。

升迁制度还应该充分运用公司内部的管理资源。如果升迁机会总是落在工程师、业务员或会计人员头上，不仅有损于团队精神，而且，也是对昂贵的稀有资源的一种浪费。有些企业会需要某些特殊才能或技术背景的人才来担当要职，既然如此，他们就应该有系统地雇用较低层次的人员来担任其他工作，并且实实在在地和员工说清楚，免得他们抱着虚幻的期望。但是在大多数企业中，升迁机会失衡其实只反映了僵化的传统、混淆的目标、心理上的怠惰，或不靠实力只因为备受瞩目来决定升迁的做法依旧阴魂不散。

企业不应该完全从内部升迁。内部升迁确实应该是企业的常态，但很重要的是，不要让管理层完全依赖近亲繁殖，结果变得自鸣得意、自我封闭。公司规模越大，就越需要局外人的参与。公司内部应该建立起清楚的共识——即使是高层管理职位，都需要定期引进外部人才，而外部人才一旦加入公司，享受到的待遇将和遵循正常轨道升上来的"老干部"没什么两样。

西尔斯的发展过程显示了这种做法是多么重要。邮寄事业部自行培养出来的人才，没有一个人能够将事业领域扩展到零售商店，并且确保公司不断成长。因此他们必须寻求外援，借重伍德将军的才能。同样，福特汽车在重整旗鼓的过程中，必须从外界引进人才，担任高层职位。企业必须持续引进外部人才，而不是碰到危机才寻求外援，才能避免危机，或未雨绸缪。

管理章程

升迁决策是我称之为攸关管理者命运的重大决策，其他重大决策还包括有关解雇或降级、薪资高低及工作范围的决策。同样重要的则是有关管理者管辖单位的工作范围和内容的决策，例如资本支出。即使是绩效评估，也深深影响到管理者在公司的生涯发展。这些决策都非常重要，不应该只依赖一个人独自下判断。

就评估而言，一般人都认同上述观点，因此许多公司的评估制度都要求管理者和上司一起检视他对下属的评估。有些公司甚至把这个原则延伸到所有影响主管地位的决策，例如有关薪资或职位的决策。举例来说，通用电气公司要求管理者制定这类决策后必须再经上司核准，才能正式生效。但是在大多数的公司里，只有在任命高层主管时，才会遵守这个规定。至于企业在任命低层主管时，通常都没有明确划分权责，也没有制定任何措施来防止个人专断或错误决定。除了会直接影响个人升迁、降级、解雇或薪资的决定外，其他的决策就更缺乏明确准则了。

管理者应该了解谁是有权做决定的人，知道在做这类决定时必须咨询哪些人的意见，同时也知道在攸关自己工作和职位的决策上，是否有适当的措施防止个人独断专行或错误判断。他们也应该有申诉的权利。

有些罐头公司的做法最明智。在这里，每一位管理者都能够针对直接影响自己的重要决定（例如有关职位或工作的决定）提出申诉，而且可以一直上诉到总裁和董事长的层次。不过上诉到"最高法院"的机会微乎其微，因为绝大多数的申诉都在第一次审讯中就处理完毕。但是有权向最高层申诉的措施会对整个管理层造成极大的冲击，每位管理者碰到这类重大人事决定时，都会三思而后行。而受人事决策影响的主管在受到恶意、偏颇或愚蠢的对待时，不会再感到无依无靠。

比这些防范措施都更有效的做法是，告诉全体员工，管理层真正想要的是健全的组织精神。事实上，最简单的方法就是告诉所有的管理者："建立组织精神是每一个人的责任。想想看，你在自己所领导的部门中，做了哪些事情来建立健全的组织精神，然后告诉我们这些高层主管，我们可以做哪些事情，为你所属的部门建立起健全的组织精神。"

管理者深切反省自己和上司的做法，往往有助于改善现况，为管理精神带来重大贡献，也让员工相信管理层并不是只爱说教，而且也决心有所作为。这样做将能形成一种精益求精的愿望，而这种不断改善的决心和意愿甚至比实际的绩效还要重要，因为动态的成长远比静态的完善能带来更丰厚的回报。

什么人不应被任命担任管理工作

最好的做法未必能培育出正确的精神，除非每次管理层任命一个人担任管理工作时，都能证明对某人的任命是正确的。最终能证明管理层的真诚和认真的是毫不含糊地强调正直的品质，因为领导工作是通过品质才能贯彻实施的。好的品质才会树立起好的榜样，人们才会去仿效。品质不是一个人所能获得的某种东西。如果他不将品质带到工作中，他就永远不会有这种品质。品质不是一个人能愚弄人们的某种东西。与他一块工作的人，尤其是他的下属，通过几周就知道他是否具有正直的品质。他们可以原谅一个人的许多东西：无能、无知、不牢靠，或行为粗鲁，但是，他们不会原谅他的不正直。他们也不会原谅高层管理者，因为他们任命了这个人。

可能我们难以给品质下个好定义，但是，缺乏正直的品质所构成的严重性，致使某人不适合担任管理职务则不难界定。如果一个人的注意力只集中在人们的弱点上，而不是人们的长处上，这个人绝不能被任命担任管理职务。一个人如果总是对别人的能力缺陷看得一清二楚，而对他们的能力却视而不见，将会破坏其企业的精神。当然，一个管理人员应该清楚地了解他的人员的局限所在，但是，他必须将这些看作对他们所能做的事的局限，看作让他们把工作做得更好的一种挑战。他必须是一个现实主义者，应懂得如何对其下属扬长避短。

如果一个人对"谁是正确的"这一问题比"什么是正确的"这一问题更感兴趣，这个人就不应予以提拔。将个人的因素置于工作的要求之上是一种堕落的表现，并且起着腐蚀的作用。打听"谁是正确的"会鼓励下属谨小慎微，或是玩弄权术。总之，它会鼓励人们一发现错事，便立即进行"掩盖"，而不是采取纠正的行动。

管理层不应该任命一个将才智看得比品德更重要的人，因为这是不成熟的表现。管理层也不应该提拔害怕其手下强过自己的人，因为这是一种软弱的表现。管理层绝不应该将对自己的工作没有高标准的人放到管理岗位上，因为这样做会造成人们轻视工作，轻视管理者的能力。

一个人可能知之不多，绩效不佳，缺乏判断能力和工作能力。然而，作为管理者，他不会损害企业的利益。但是，如果他缺乏正直的品质（无论他知识多么渊博，多么聪明，多么成功），那么他就具有破坏的作用。他破坏企业中最有价值的资源——企业员工。他败坏组织精神，损害企业的绩效。

对于企业高层领导来说，尤其如此。因为组织精神是由最高管理层开创的。如果一个企业有良好风气，那是因为企业的最高管理层风气良好。如果一个企业腐败，那是因为企业的最高管理层腐败。常言道："上梁不正下梁歪。"在任命高层管理人员时，再怎么强调人的品德也不过分。事实上，除非管理层希望某个人的品质成为他的所有下属学习的典范，否则就不应该提拔这个人。

关于领导力

我们已经界定组织的目的为"让平凡的人做不平凡的事"，不过我们还没有讨论如何让平凡的人变成不平凡的人。换句话说，我们还没有讨论领导力的问题。

我是故意如此。领导力非常重要，领导力是无可替代的，但同时我们无法创造或提倡领导力，也无法教导或学习领导力。

在古希腊或古以色列关于领导力的论述中，作者已经充分说明了有关领导力的一切。如今每年都冒出许多关于企业领导才能的书籍、论文和演讲，其中并无新的创见，不外乎古代先知的话语及埃斯库罗斯（Aeschylus，前525—前456，古希腊剧作家）的作品中早已谈过的话题。第一部系统讨论领导力的著作是色诺芬（Xenophon，前431—前350，希腊史学家）的《尼鲁士的教育》(*Kyropaidaia*)，这本书迄今仍然是有关领导力最好的一部杰作。然而经过了3000年的研究、告诫、约束和循循善诱，领导人才并没有显著增加，我们也没有比过去更懂得如何培养领导人才。

领导力是无可替代的，但是单单靠管理无法塑造领导，只能创造出有利于领导的潜在特质发挥的环境或抑制领导人才发挥潜能。由于领导人才过于稀有而难以预测，因此我们无法依赖领导人才来创造能让企业发挥生产力及凝聚力的企业精神。管理者必须通过其他方式来塑造组织精神，这些方法或许比较平凡无奇，效果也没有那么好，但至少是管理者可以掌握的方法。事实上，把焦点全部放在领导才能上，反而很容易在建立组织精神上毫无建树。

领导力需要看个人资质，而优秀的总工程师或总经理已经非常罕见，更遑论还要他们具备领导天分了。领导力还需要正确的基本态度，但是最难定义也最难改变的莫过于基本态度了。因此把领导力当作建立组织精神唯一的关键，结果往往一事无成。

但是，无论个人资质、个性或态度如何，只有通过实践才能完成任务，虽然实践的过程可能单调乏味。实践不需要天分，只需要行动；重要的是做事，而不是讨论。

正确的实践应该要充分激发、肯定和运用管理团队的领导潜能，同时为正确的领导打好基础。领导力并不等于吸引人的个性，那只是煽动人心的行为；领导力也不是"结交朋友，影响他人"，那只是推销能力。真正的领导力能够提升个人愿景到更高的境界，提升个人绩效到更高的标准，锻炼一个人的性格，让他超越原来的限制。要为这样的领导奠定良好基础，必须先建立起健全的管理精神，在组织日常运作中确立严格的行为准则和职责，追求高绩效标准，并且尊重个人及其工作。有个储蓄银行的广告词对于领导也颇适用：希望不能使愿望成真，只有实实在在地去做，才能使希望成真。

第14章 CHAPTER 14
首席执行官与董事会

瓶颈通常都处在瓶子的顶端——首席执行官有多少项工作——工作多么杂乱无章——需要简化首席执行官的工作——一人当家的谬误——首席执行官的工作是团队工作——高层人士的孤立——他的继任问题——对明日企业最高管理层工作的要求——一人当家的危机——这种观念在实践中的废止——如何组织首席执行官管理团队——团队，而不是委员会——不存在一个成员向另一个成员提出恳求——明确分配首席执行官各个部门的工作——团队成员有多少——董事会——为什么需要董事会——董事会应该干什么，董事会应该是什么

俗话说："瓶颈通常都处在瓶子的顶端。"任何企业都不可能展现出比它的最高主管更宏观的愿景与更卓越的绩效。企业（尤其是大企业）或许可以靠着前任最高主管的愿景和绩效而过一段风平浪静的日子，但这只是把算账的时刻往后延，而且通常都比大家以为可以拖延的时间更短。企业需要建立中央治理机制和绩效评估机制，而这也是高层管理工作的内涵，企业的绩效、成果和精神主要依赖于这两个机制的品质。

前一阵子，我参加了几位大企业总裁为一位工商界前辈所举办的晚宴。这位前辈早年白手起家，建立了一家大公司，并且担任了多年总裁，一年前才转任董事长。晚餐后，他开始缅怀往事，而且很快就开始热切地讨论继任者的表现。他花了将近一小时的时间，详细描述新总裁的工作方式。他一边讲，我一边匆匆记下他提到的各种活动。他最后说："我为公司所做过最好的一件事，就是挑选接班人。"于是我根据他的谈话，列了一张清单，说明企业首席执行官所从事的活动和肩负的责任。

我在这里列出这些活动，不是为了正确分析首席执行官的工作，而是因为这张清单忠实反映了一位成功企业家的思维。

企业首席执行官深入思考公司的事业领域。他发展并设定整体目标，制定达到目标所需的基本决策，和管理者沟通这些目标和决策，教导管理者把企业视为整体，并且协助他们从企业整体目标中发展出自己的目标。他根据目标衡量绩效和成果，并视情况检讨和修正目标。

首席执行官也决定高层人事，并且确保公司每个阶层都在培育未来的管理者。他负责制定有关公司组织的基本决策。他必须知道应该问公司主管什么问题，并且确定他们都明白问题的含义。他协调公司各个部门和产品线，在发生冲突时担任仲裁，防止或解决员工间的摩擦。

首席执行官就好像船长一样，在紧急状况下亲自发号施令。

这位前辈说："5个月以前，我们有个大厂发生火灾，打乱了所有的生产进度。我们必须把急着交货的订单挪到其他工厂生产，有些订单得外包给竞争者，有的只好延迟交货。我们还必须安抚重要客户，或为他们找到替代的供应商。我们还必须立刻决定，究竟要整修这座老工厂，还是干脆重新盖一座现代化的工厂。我们可以在6个月内，花200万美元整修这座工厂，但结果新总裁决定花1000万美元和两年的时间来建新厂，新厂的产能将是旧厂的两倍，成本却低很多。这是正确的决定，但这表示所有的生产计划和资本支出计划都必须改变。这也意味着在发行公司债券筹款之前，必须先想办法拿到6个月的银行贷款来应急，而原本我们打算一年后才发行公司债券。于是，足足有4个星期的时间，新总裁夜以继日地待在办公室里工作。"

他接着说，同样，当公司业务碰到严重的麻烦时，新总裁一肩挑起应负的责任。当有人控告他们公司侵犯了专利权时，新总裁和公司律师及外面的法律事务所为了应付这场官司，一起花时间准备资料，还拨出两个星期的时间出庭作证，为公司辩护。

接下来这位新总裁做的事情（也是只有他才能做的事情）是，负责规划资本支出，筹募资金。不管是银行贷款、债券发行或股票上市，新总裁都积极参与决策和谈判。他也向董事会建议股利政策，关心公司和股东之间的关系。他必须在年度股东大会上回答问题，保险公司和投资信托公司等大型法人投资机构的证券分析师在需要时，必须能随时找得到他，同时他还不时和重要报纸和财经杂志的金融记者见面。

他必须为每个月的董事会议安排议程，在董事会上报告和回答问题，同时把董事会的决议传达给公司主管。

"他每个月都会到华盛顿一次，花两天的时间参加两个政府顾问委员会的会议，原本我是委员，现在则由他接手。"前总裁说："直到现在，我还在我们最大的工厂所在的城市担任医院委员会的委员，也仍然担任地区红十字会的董事，但是新总裁已经接手担任社区福利基金会的副主席，同时也担任公司为员工子女设立的教育基金会董事。他获选为母校（一所工程学院）的理事，明年还将担任母校筹款活动的地区主席。他尽量减少公开演讲的次数，委由副总裁出面，但是每年仍然必须参加一两次商会的会议，通常只发表简短的谈话。上个月，他参加美国管理协会的会议，报告我们公司的组织结构。每年我们还会召开一次经销商大会，总裁必须做开场演讲，介绍我们的新产品和销售计划；他还必须在经销商大会的最后一天，主持一场盛大的晚宴。另外，在我们公司，由服务25年以上的资深员工组成的'老员工俱乐部'每年有一次聚会，总裁在大会上介绍新会员，并且颁发纪念章。我们每年也为即将退休的主管（从工厂领班到副总裁在内）举办两三次晚宴。我主持其中一次晚宴，新总裁则负责主持其他几场。公司还有个由我发起的宝贵习惯，就是每年都邀请刚提升到管理职位的新人到总公司来，把他们介绍给高层主管认识。当然，我们每批只介绍五六位新主管，因此每年有八九次这类的聚会，而且总裁要在高层主管餐厅招待他们用午餐。"

清单上最后一项工作是：每年新总裁都亲自造访在美国和加拿大的52座工厂。他规划在不久的将来，就去视察在欧洲和拉丁美洲的7座工厂。

"我们的工厂都蛮小的，"这位前总裁说，"只有一座工厂——就是起火的那座工厂，员工超过2000人。其他的工厂员工人数都不到1000人，平均只有400人左右。我们希望保持小规模，以把工厂管理得好一点。我们尽可能给工厂主管最大的自由度，但因此更必须强调，所有的工厂都是公司的一分子，所有管理者都属于同一个团队。而只有'大老板'亲自造访了每座工厂，才能达到这样的共识。而且总裁从参观工厂中学到的，也远比坐在办公室读报告要多得多。他通常都花一天的时间视察工厂，另外一天则拜访那个地区的客户，看看他们有什么不满的地方。"

当这位老前辈描述完接班人的工作后，立刻引发了同桌企业家的共鸣。其中一位问道："你们的新总裁视察工厂时，需不需要会见当地大学、医疗慈善机构的募款人？对我来说，这是最耗时的事情。"另外一位说："你们的总裁不用参与劳资谈判吗？我们公司的人事副总裁坚持我必须参与谈判过程。"第三位问："你们去年在芝加哥发生的罢工事件是怎么解决的？谁负责处理这个问题？"到此为止，没有一个人说："我不会亲自处理这件或那件事，我授权下属去做。"事实上，从这位老前辈开始谈话之后，我就一直想问这个问题："请问，你们这位新总裁是不是有三头六臂啊？"这时候，我已经列了41项不同的活动，全都是有经验的公司总裁认为首席执行官责无旁贷的工作。

工作多么杂乱无章

几乎没有一项工作比企业首席执行官的工作更需要组织和系统。企业总裁和其他人一样，一天只有24小时，而他需要的睡眠和休闲时间当然也和其他工作比较轻松的人没有两样。只有把总裁的工作内容拿来彻底研究一番，总裁工作时才不会漫无章法；只有系统化地安排优先顺序，首席执行官才不会把时间和精力都耗费在不重要的琐事上，才不会忽略了重要大事。

不过，我们几乎没有做过严谨而系统化的工作安排，结果无论公司大小，许多首席执行官工作时都缺乏条理，浪费了很多时间。

瑞典卡尔森教授（Professor Sune Carlsson）的研究报告是我所

见过的唯一一份已发表的、把重心放在分析首席执行官日常工作方式上的研究。㊀卡尔森和同事花了几个月的时间用秒表记录瑞典12位企业家如何运用工作时间。他们记录了这些企业家花在谈话、开会、拜访、听电话等方面的时间，结果发现这12位企业家没有一位可以连续工作20分钟而不受到干扰。至少在办公室中绝对办不到。他们只有在家里，才可能集中注意力。他们经常需要在一大堆冗长而不重要的电话和"危机"问题之间，勉强挤出时间，即席做重要的和长期的决策，只有一位首席执行官例外。而这位例外的首席执行官每天早上进办公室之前，都先在家里工作一个半小时。

我们没有针对美国的企业首席执行官做过这样的研究，但是我们不需要研究就可以推断，许多首席执行官都被外在压力和紧急事件占据了工作时间，消耗了宝贵的精力。

即使是受到外在压力支配的首席执行官也比某些首席执行官好得多，至少他们还把时间花在首席执行官的工作上（尽管是比较不重要的部分），比这更糟的是把时间浪费在某一部分的功能，而非管理企业上：例如在应该制定财务政策时，却在招待客户；忙着修正工程图上的细节，却忽略了组织不良的危机；亲自检查每个销售人员的费用账目等。这些人不但无法完成自己的工作，而且因为他们把下属的工作抢过来做，因此妨碍了其下级管理者完成工作。这种紧抓着自己擅长和熟悉的功能性工作不放的首席执行官其实不在少数。

这个问题牵涉工作的系统化概念和组织。如果没有建立这样的概念和组织，即使是最能干、最聪明和用意善良的首席执行官，也无法把工作做好，

㊀ 详见卡尔森的著作《首席执行官的行为》(*Executive Behavior*, Stockholm：Stromberg, 1952)。

只好忙于应付压力和紧急状况。我曾经听到一位演讲人说："骑虎难下，咎由自取。"这正是深受工作压力所左右，而不能有系统地研究、思考和安排工作和时间的最好写照。

著名的法国工业家和管理学家诺德林（Rolf Nordling）最近指出，[一]首席执行官的工作是科学管理的应用中最缺乏探索的一大领域，尤其在"简化工作"方面。首先要做的应该是效法卡尔森在瑞典的做法：用秒表精确记录执行官每天的工作时间过程，并加以研究。

这种做法当然很不错，然而（正如诺德林急于指出的），在进行工作时间研究的同时，也必须深入思考执行官的工作内容应该是什么。有哪些活动需要首席执行官亲自参与？哪些事情可以放手让其他人做，让谁来做？应该把哪些活动摆在第一位？无论"危机"带来的压力有多大，他应该为这些活动保留多少时间？

换句话说，单凭直觉行事的管理者无法胜任首席执行官的职务，无论他多么才智过人、反应灵敏。首席执行官的工作必须有所规划，而且也必须根据计划来执行工作。

一人当家的谬误

即使有了系统化的研究、周全的组织和充分的授权，首席执行官的职务仍然不是单靠一己之力就能做得好、应该由个人承担的工作。的确，首席执行官工作上的问题有 90% 都根源于一人当家的谬误。我们就和亨利·福特一样，仍然把现代企业的首席执行官想成传统经济模式中独资的私人产业业主。

[一] 出自他在 1954 年接受华莱士·克拉克"科学管理杰出贡献奖"时的致辞，这段致辞是在 1954 年 1 月 13 日的（美国）国际管理发展理事会上说的。

任何人在上班时间都有忙不完的工作。前面我列举了许多首席执行官实际参与的活动，或许我们应该从首席执行官的工作清单中删除其中一半的活动，交给其他人办理。剩下的 15 项、20 项重要工作，仍然不是单靠执行官一己之力就可以独立完成的。每一项工作对企业而言都非常重要，都困难而耗时，必须缜密地规划、思考和筹备。即使尽量加以简化，这份工作仍然超越了个人所能承担的管理责任幅度。即使老天爷能无限量供应万能的天才，除非也能同时命令太阳永不下山，否则一人当家的观念仍然站不住脚。

首席执行官职务中所包含的活动性质也过于南辕北辙，很难完全由一个人来执行。首席执行官的工作清单中主要都是和规划、分析、政策执行相关的工作，例如决定公司的业务、设定目标等，也包括需要迅速决策、当机立断的事项，例如处理重大危机；有的工作和公司长远的未来有关，有的则着眼于解决眼前的问题。不过，基本原则是，如果你把明日事和今日事混淆在一起，那么就绝对不可能达成目标，更不要说与昨天的事情混合在一起了。诸如仲裁内部冲突或发行股票等活动需要发挥谈判技巧，有些活动需要的则是教育家的才干，还有一些活动要求高明的交际手腕（至于像参加公司社交活动、喜庆宴会等，最重要的恐怕是要有铁打的肠胃了）。

企业首席执行官必须具备 3 个基本特质："思考者""行动者"和"抛头露面的人"（引用一位在企业担任高层主管的朋友的说法）。我们或许可以在一个人身上找到其中两项特质（"但是，你真的想要找个精神分裂的人坐在首席执行官的位子上吗？"同一位朋友质疑），通常很难在同一个人身上看到 3 个特质并存。不过，如果企业要繁荣发展，就必须在这 3 个重要领域中，都找到人好好负起责任。

因此结论只有一个：（或许非常小的企业是个例外）即使有再妥善的安排，都不可能由个人来承担企业首席执行官的所有工作，必须由好几个人共同努力，通过团队合作来完成。

这个结论还有两个值得讨论的论点：首先，是首席执行官的孤立状态。

无论公司大小，总裁的职位都会把他隔绝于其他人之外。每个人都有求于他：下面的主管想要"推销"自己的想法或升官；供应商想把产品卖给他；顾客希望获得更好的服务或享受到更低的价钱。因此总裁和其他人打交道时，出于自我保护，不得不采取若即若离的态度。而且一旦公司达到一定的规模，到达他手中的信息或等待决定的事项势必先经过筛选、整理或摘录，不是活生生的原始资料，而是过滤过的信息，否则总裁根本不可能处理。他的社交生活（如果他有任何社交生活的话；考虑到总裁的工作压力，他根本不太可能有社交生活）通常都是和同样阶级与身份地位的人在一起，因此他几乎没有什么机会和观点、经验或意见不同的人交流。他可能是全世界最随和的家伙，但是他视察工厂或和主管共进午餐时，却如拜占庭式的国家访问，尽管这完全不是他的错。结果，有一位敏锐的管理观察家曾经对我说："坐在总裁位子上的人是全世界最寂寞的家伙。"

妥善组织首席执行官的工作或许更强化了这种孤立的状况。因为首席执行官最不应该亲自插手的事情很多时候正好能让他穿破与世隔绝的帷幕。每个人都认为，首席执行官应该多花一点时间思考和规划，但这表示他花在和客户通电话、处理生产或设计上的细部问题，接见突如其来的访客或慈善机构募款人，以及与记者聊天或在销售大会上和大家打成一片的时间就更少了（或根本没有时间）。然而，尽管还不足够，但这些全是能打破总裁与外界产生隔阂的活动。

不过，妥善组织首席执行官的工作仍然绝对必要。为了达到这个目标，并且在随之而来的高度孤立状态中仍然维持首席执行官职位的效能，就需要团队的协助。有了团队之后，首席执行官可以和同阶层的人一起讨论，而且这些人对他并无所求，他们在一起时，他可以无拘无束，自由交谈，不需要战战兢兢，谨言慎行，可以坦白说出心中真正的想法，而不需要有所承诺。

同时，他因此也可以听到各种不同的观点、意见和经验，这些都是完善的决策所不可或缺的，但一人独揽大权的情况下，即使是最聪明的公关专家都没有办法让首席执行官听到不同的声音。

其次，公司最高管理层采取团队方式运作，也足以解决接班的问题。如果公司高层只有一个人独揽大权，那么真的很难规划接班问题，将会引起一场龙争虎斗。[⊖]最高主管退休（或重病、过世）都会导致危机。而一旦正式任命了接班人，一般而言，不管后来发现这个选择有多糟，都无法中止任命或将他撤换。但是，如果最高管理层是一个团队，例如有3个人共同领导，那么几乎不太可能3人全数更迭。相对而言，要在3个人中间换掉一个人会容易许多，不会造成管理危机；即使选错了人，也不会演变为无可挽回的致命错误。

通用电气公司总裁科迪纳（Ralph J. Cordiner）1953年以"有效的组织结构"为题在哈佛商学院演讲的时候，极力强调这个观点（通用电气公司本身就是在高层采取团队领导的著名例子）。他说：

"企业首席执行官如果负责，应该在接受任命后3年内，找到3名以上的主管和他的表现不相上下，有资格接任他的职位……

"我们因此认为，企业最高阶层应该有一些职位和首席执行官的职位一样重要，薪资水准差不多，而且具有同样的威望，这是非常重要的事情。如此一来，等于创造了好几个执行副总裁的职位，他们组成了高层管理团队。我们的想法是，这些高层主管应该和总裁

⊖ 在卡梅隆·霍利（Cameron Hawley）的畅销小说《行政套房》（*Executive Suite*）中对此有更有趣、更精彩的描述。这是很现实的，只是在真实的商业生活中，欢乐大结局可能会比较少一些罢了。

及董事长成为一个团队，每个人都有自己的特殊职责，同时在必要时，又能接替其他人的工作。"

最后，未来企业首席执行官的工作将包括了解一系列数学和逻辑分析、综合分析与衡量的新基本工具。首席执行官必须能够清楚可以把这些工具应用在什么地方，教育其他主管这些工具的意义和用途，同时具备基本的应用技巧。这些工具将包括前面所讨论过的分析和预测未来的技术，其中也包括诸如"作业研究""信息理论"和高等数学理论等（本书将在第五部分中讨论如何将这些工具应用到决策过程中）。

如此一来，20年后，或可能更早一点，首席执行官的职位所要求的不只是"抛头露面的人""思考者"和"行动者"，除此之外，还必须是一流的分析家和整合者。当然没有人能在一生中同时扮演好这4种角色，更不要说在同一个工作日中四者兼顾了。

一人当家的危机

企业的最高管理层应该是个团队，但即使将高层管理工作组织为团队工作的人都认为这种说法是异端邪说（举例来说，在我们前面引用的演说词中，通用电气公司的科迪纳强调需要有一组地位、威望相当的人参与高层管理，但是他仍然谈到"一位首席执行官"）。大多数组织理论专家似乎认为，一人当家是自然法则，不需要任何证明，也不容有任何怀疑的余地。

在美国以外的地方，成功的管理者大多数以团队方式来共同承担最高主管的职务，这充分证明了根本没有什么自然法则可言。在德国，每家大企业都有管理团队。通常都由其中一位成员主持团队的运作,但所有成员都平起平坐(具有讽刺意味的是,希特勒抨击这种运作方式为"无能的民主"和"美国主义",他试图推动一人领导的管理模式)。同样,英国银行界的"五大"所创造的高效率管理组织建立了不止一个,而是两个高层管理团队:董事长和副董事长负责基本目标,总经理群负责政策、管理实务和人事。

今天,这种观念在企业中面临严重危机,在大企业中,情形尤其严重,由此可见高度怀疑一人当家的观念是合理的。一人当家再也无法好好制定决策。他根据下属给他的一页纸的建议,来核准攸关公司存亡的重要决策,而事实上,他根本无法根据这短短一页纸来下判断,更不用说改变决策了。他甚至不知道这份简短的报告是否呈现了所有的重要事实。更糟糕的是,他越来越依赖这些高度形式化的"口头报告"来做决策,而这些报告的目的都是通过最少的讨论,让老板点头核准,换句话说,老板对于自己核准的决策,缺乏深入的了解。

更糟糕的是,"私人智囊团"的势力日益膨胀。由于无法做好首席执行官的工作,首席执行官周遭围绕着一群私人亲信和助理、分析家、"控制部门"等。私人智囊团都没有明确的职责,但都能直接同老板接触,在组织中拥有神秘的权力。他们削弱了一线主管的职权,重复了主管的工作,阻断主管直接和高层沟通的渠道。他们是组织不良的最大病源,形成了亲信统治的状况。然而一人当家很需要智囊团,如果组织在设计上不允许他组成一支适当的管理团队,他就只好将就一下,靠助理、秘书和亲信替他拿主意,而制定公司基本决策的重要权力也逐渐落入这些人手中。

我所看过的最糟糕的例子是,在一家规模不小的钢铁公司里,总裁助理的数目是副总裁的两倍。没有一位助理有明确的工作职责,总裁吩咐他们做什么,他们就做什么。例如,同一位助理可能既要为总裁采购圣诞礼物,又负责公司的财务规划。没有一位助理手中握有实权,但实际上,他们却是最后制定决策的人。然而,当新上任的董事长要求这位总裁取消这种畸形的做法时,他回答:"我知道我早应该杜绝这种离奇的现象。但如果不是这样,我怎么样才能完成所有的工作呢?"解决办法其实很简单。让几位副总裁组成"规划委员会",委员每个星期必须拿出两天的时间,来完成委员会的工作(因此,这几位副总裁把部分职务分出去,公司另外指定了四位新的副总裁来分担他们的工作)。委员会负责设定目标、提出有关政策、组织高层管理人事的建议,同时为财务计划和预算编制做准备。换句话说,公司的管理由团队来负责,团队成员包括扮演"行动者"和"抛头露面的人"的公司总裁,以及担任"思考者"的规划委员会。从此以后,公司就没有再碰上什么大麻烦,也无意恢复"私人智囊团"了。

一人当家观念逐渐瓦解的另外一个迹象是,许多大企业中高层主管日益增多。公司最高主管和实际运营单位之间,插进了越来越多的管理层级。例如,通用汽车公司的总裁和各产品事业部的主管之间,隔了两个管理层级。即使像雪佛兰这么庞大的事业部(雇用了20万员工,每年卖出去价值40亿美元的汽车),其总经理仍然不是直接向通用汽车的总裁报告,而是向事业集团主管报告,而事业集团主管再向执行副总裁报告,然后才呈报总裁本人。但到了这个阶段,已经不再有管理可言了,如果我们所说的"管理"仍然和"可管理的"有任何关系的话。当然,要管理像雪佛兰这么庞大的事业(比许多所谓"大公司"的规模都还要大好几倍),必须能和操最后生杀大权的人直接沟通。这种危险而令人困扰的超级管理结构之所以存在,纯粹是因为通用汽车的总裁无法亲自执行最高主管的所有工作。

最后，对速度的考虑导致企业一家接一家地纷纷放弃了一人当家的观念，这证明了一人当家其实是只能藏身于理论中的幽灵。实际上，工作是由一个团队来完成的。

美国新泽西州的标准石油公司则更前进了一大步，他们的最高阶层是由14个人所组成的董事会，而这14个董事都是公司的全职主管。比较常见的情况是通用电气公司的模式：高层管理团队包括总裁和一群可以称为代理总裁的高层主管，以及几位负责研究、营销或管理组织等重要领域目标和政策拟订的副总裁。纽黑文铁路公司、美国罐头公司、联合碳化物公司和杜邦公司都采取同样的模式。

事实上，究竟成功的企业是否采用了这种一人当家的方式，都很值得怀疑。在每个企业成长的案例中，都是至少由两三个人通力合作才会有所成就。公司在创立之初往往"活在一个人的阴影之下"，但是除非一人当家的领导模式逐渐转变成团队领导模式，否则公司不可能生存和成长。通用汽车公司成长最快的时期就是由两三个人组成的集体领导团队，其中包括先担任总裁、后来成为董事长的斯隆，以及先是副总裁、后来担任副董事长的布朗，通常还包括第三位主管——实际的公司总裁。在罗森沃尔德执政时期，西尔斯公司的高层管理团队包括3个人：罗森沃尔德自己、他的法律顾问罗伯，以及负责邮购作业的多林。伍德将军接掌西尔斯后，仍然由3个人团队担负起经营重任，包括他自己、负责商品规划的副总裁豪泽，以及公司总裁。标准石油公司和其宿敌索康尼公司也是如此，索康尼公司在20世纪20年代由两个人合力创建。

这份名单可以无止境地延伸下去，包括美国电话电报公司、通用食品公司、杜邦公司，几乎所有美国大公司都不例外。即使是福特汽车公司在成长最快、事业最兴旺的时期，都是由老福特和卡曾斯（James Couzens）两人小组所领导。

以团队组织方式执行高层管理职务，是成功大公司的惯例，也是他们成功的主要原因之一，1954年4月《哈泼斯杂志》刊登的报道就指出过这点：

美国有一家很受推崇的银行最近向研究部门的主管抛出一个问题："有没有任何特征可以让我看出一家公司管理得到底好不好？"

研究人员很快就发现，这个问题乍看之下很简单，其实不好回答。单单利润本身，并非可靠的指标。短视的主管只要让工厂不停运转或耗尽库存原料，就可以轻易得到几年的高获利。此外，一直处于亏损状态的公司可能正走到转折点，即将一飞冲天，因为多年的研究发展和高瞻远瞩的管理终于开始收获了。

最后，在研究了几百家公司之后，研究人员发现了一个线索。这个发现完全出乎意料，显然商学院或专业市场分析师都还没有发现这个线索，银行因此能够更准确地投资，并获得出色的成果（顺便提一下，这个信息还是第一次公之于世）。

以下就是研究部门主管的报告：

"如果一家公司的最高主管领的薪水比公司第二、第三、第四号人物的薪水高了好几倍，那么你可以肯定地说，这家公司一定管理不善。但是，如果公司最高层的四五位主管的薪资水准十分接近，那么整个经营团队的绩效和士气很可能都很高。

"至于薪资高低反而没有那么大的差别。不管公司总裁的年薪是2万美元或10万美元，都不重要，只要副总裁能拿到总裁

75%～90%的年薪就无妨。但是当总裁自己拿10万美元的高薪，而主要管理者只拿到2.5万～5万美元的年薪时，麻烦就来了。"

成功的小公司也不例外。他们通常都由两人小组或三人小组（通常都是公司总裁，加上销售主管和财务主管）共同担负"首席执行官"的职责。除了初创时期以外，一人当家模式都行不通。

在采取分权化管理的公司里，例如通用汽车的事业部或通用电气的产品部门，也是同样的情况。每当我们分析这类单位时，我们发现他们的最高管理层都是一个团队。团队中可能包括这个单位的总经理和一位高层主管——通常都是财务主管（因为负责财务报表的财务主管，和总公司有直接的沟通渠道）。有时候，则包括单位总经理和他的直属上司，例如通用汽车的事业集团副总裁和通用电气的事业部总经理。我所见过最成功的例子是，以上三种高层主管通力合作，在团队中平起平坐（尽管在正式的组织阶层中并非如此）。

事实上，只有一个论点可以为一人当家辩护，尽管这个论点不太有说服力。这个论点是：一定要有一个人对董事会负责，而他必须是最后的老板。但是，尽管和董事会的关系非常重要，却只是最高主管诸多职能之一，而且今天大多数大企业的董事会成员都包含好几位高层主管，因此显然董事会也预期将会和不止一位高层主管共事（通用电气公司的董事长甚至还要向总裁报告）。

一人当家的观念违反了所有的经验和工作上的要求，成功的公司都不采取这种方式，推行这种制度的公司往往也深陷麻烦之中。

如何组织首席执行官管理团队

那么应该如何组织首席执行官管理团队呢？

第一个要求是，这必须是个"团队"，而不是"委员会"。团队没有集体责任，每个团队成员在他所负责的领域中享有最终决策权，有事情大家集思广益，但各自做决定。不过千万不要忘了，组成"团队"的方式有两种，或许我可以分别用棒球队和网球双打搭档为例。

在棒球队里，每位球员都有固定的守备位置，不能随便离开位置。在网球双打比赛中，每位球员一方面有自己的责任区，但是也需要在队友出现漏洞时灵活补位。在第一种组织形式中，必须为每位球员划定界限。在第二种组织形式中，界线由合作搭档自行制定。棒球队的好处是，即使完全陌生的一群人也可以一起打球，但是厉害的对手可以把球击往守备位置之间的三不管地带。至于网球双打比赛，如果想要赢球的话，双打搭档必须一起打球一段时间，等到两人彼此了解，建立信任之后，打球时就不会出现防守的空隙，让对手有可乘之机。换句话说，第一种团队完全依赖完善的组织，第二种团队则在组织中加上了个人调整和弹性的元素。两种方式都能组织起成功的管理团队，但是团队每位成员以及公司其他主管都必须了解他们选择的是哪一种组织方式。

尤其在设定有关企业关键领域的绩效目标，以及慎重考虑决策和行动对这些领域的影响时，责任归属必须非常明确。可能管理团队的每一位成员都必须承担部分责任；可能指派副总裁组成规划委员会来负责，或指派专人负责，事实上通用汽车公司的唐纳森（Mr. Donaldson Brown）在担任副董事长时，就肩负这一责任，也可以在每个领域指派一个人负责此事——虽然只有非常大的企业才会这么做。通用电气公司就采取这个做法，他们的最高管理层除了总裁和集团首席执行官外，还有几位副总裁，每位都横跨整个公司，专门负责管理某个关键领域。

在这里，公司规模和业务性质扮演了决定性的角色。最重要的是，有关长期规划和思考、设定明确目标、发展绩效评估标准和培养主管等工作，都必须理清责任归属和明确指派负责人。

第二个要求是，管理团队的成员之间不能相互责难。无论是谁做的决定，都代表整个管理团队的决定。这并不表示管理团队不需要有一位队长。相反，队长的角色非常必要，而且一定会有某个人凭着才干和道德权威脱颖而出。例如，在通用汽车公司中，不管斯隆先生坐在会议桌的什么位置，也没有人会质疑谁是老大。同样，在西尔斯公司，伍德将军的地位必然超越其他主管。但是，每当公司出现这样一位特殊人物时，他必须加倍小心，不要任意推翻别人的意见，干涉别人的领域，运用自己的优势，使别人处于弱势。换句话说，他应该运用自己的长处来协助团队成员扮演好各自的角色，发挥高效能的团队领导作用。他必须扮演队长的角色，而不只是在场边摇旗呐喊的管理者。

团队中究竟应该包含多少位成员？应该越少越好，但是至少要多于两个人。的确，如果两个人能密切合作，就能形成理想的团队。但这种情况极为罕见，由两个人组成的团队通常都极端不稳定。有一位企业管理团队的资深成员曾经告诉我："如果团队中只有两个人，只要彼此意见稍稍不一致，都可能变得很危险。如果团队中还有第三个人，即使其中两个人彼此不说话，团队还是能正常运作。"只有当两位搭档在情感上有强烈联系时，双人团队才会运作得很好，但是这种状况本身就非常不妥当。最后，接班问题会变得更严重。正因为两位合作伙伴的关系必须非常亲密，他们通常都会一起退休，否则留下来的人很难适应新搭档。当通用汽车的斯隆先生退休时，布朗也自愿提早好几年退休，就是个好例子。另外一个例子是通用电气公司的斯沃普（Mr. Swope）和扬（Mr. Young）一起从经营团队中退休。不过千万不要忘了，管理团队的重要任务之一是延续管理团队，让继任者能顺利接班，而非制造危机，掀起惊涛骇浪。

董 事 会

我们在前面谈到了首席执行官的概念所面临的危机。然而，我们没有提及其中一个原因——在企业运作机制中，董事会的功能逐渐没落。

根据法律，董事会是企业唯一的法定机构，无论用什么形式，每个工业国家都有这种机制。在法律上，董事会就代表企业主，他们掌握大权，也独享所有的权力。

而在现实世界里，董事会在立法者眼中充其量只是陈腐的假象罢了，甚至称之为"影子国王"也不为过。在大多数的大企业中，董事会成效不彰，管理团队早已取代了它的地位。"内部"董事可能是重要原因，也就是说，董事会完全由管理团队成员组成，他们在每个月的第一个星期一开会，监督和核准自己在每月其余29天所做的事情。或是董事会完全只是做做样子，将一堆名人安插在董事会中挂名，董事手中没有任何信息，也没有影响力或权力欲。在小公司中常见的模式则是，董事会只是积极参与家族事业的家族成员和前合伙人的遗孀所参加的另外一个会议罢了。

如果我们的信息正确的话，这种情形在其他国家也很普遍，因此董事会逐渐没落就不是偶然，而是有着根深蒂固的原因。部分原因在于：由于企业的所有权和控制权已经分立，因此由股东代表来指挥企业运作，就变成很荒谬的事情；今天的企业运营变得非常复杂；或许最重要的原因是，要找到有时间召开董事会，而且还严肃看待董事职务的优秀人才，变得越来越困难。

但是，有些实际的功能却只有依赖董事会的运作，才能充分发挥。公司究竟在从事什么样的事业及应该经营什么样的事业这类重大决策，必须有人点头同意；必须有人核准公司设定的目标和发展出来的绩效衡量标准；还必须有人以批判性的眼光审核公司的利润计划、资本投资政策和支出预算，也要有人扮演"最高法院"的角色，为各种组织问题做最后的仲裁；更需要有人来关心组织的精神，确定组织能充分发挥员工的长处，弥补他们的弱点，并积极培育未来的管理者，而且给予管理者的报酬、所运用的管理工具和管理方法都能强化组织的力量，引导整个组织朝着既定目标迈进。

董事会千万不可变成法律上的统治机构，而必须是企业审核、评估、申诉的机制。只有在企业面临危机时，董事会才能变成行动的机构——撤换失败的现任主管或填补离职、退休或过世主管的空缺。一旦新人上任，董事会就再度恢复到原本的角色。

需要对公司目标负责的管理团队成员必须直接与董事会合作。在大公司中，其中一个方法是针对每个重要目标，在董事会中成立委员会，而负责这个领域的高层主管则担任委员会的秘书或主席。我知道好几个大企业都采取这种做法，而且获得了不错的成果。但是无论如何安排具体细节，董事会都必须能直接接触到负责决定公司关键领域目标的最高主管。

董事会必须保持超然的立场，不介入公司经营管理。此外，董事会也必须视公司为整体，这表示实际担负管理大任的高层主管不应该掌控董事会。事实上，如果董事会真的是个"外部"董事会，也就是大多数的董事从来不曾在公司中担任全职主管，那么董事会将能发挥更高的功效。

许多人往往以大公司的复杂度为由而设立内部董事会，但是对大公司而言，董事不知道公司经营的细节，正是董事会的一大优点。当然，不诚实的最高主管可能会欺瞒董事会（虽然一旦董事开始要求看到他们应该看到的信息，提出他们应该问的问题时，这种情况就不会持久）。但是，尽管内部董事比较不会遭到他人蒙蔽，却很容易自己骗自己。内部的全职主管往往考虑太多眼前的问题或技术问题，外部董事因为隔了一段距离，反而不会犯这个毛病，因此能够留意整体发展形态，关照到更宏观的目标和计划，针对概念和原则提出问题。

在典型的小型家族企业中，外部董事具备了另外一个同样重要的功能。小公司管理者通常没有谈话的对象，没有人来挑战或检验他们的决策，显得格外孤立，而且管理团队通常人数太少，没有办法通过团队成员不同的背景和个性，发挥矫正的功效，而在大公司里，管理团队成员的多样性往往有助于弥补孤立的坏处。因此，即使小公司的董事会中都需要包含外部董事。

不过，要真正从董事会中获益，每个企业都必须慎选董事。无论大企业或小公司，董事的经验、看法和利益都必须与管理团队不同。聘请与公司往来的银行家、供应商或客户来担任董事，达不到这个目标，必须寻找出身背景和管理团队截然不同的人来担任董事（从这个角度而言，英国企业喜欢邀请杰出的公仆在公职生涯结束后参与董事会，相较于美国人喜欢把董事会成员局限于一小撮"经营者的家族成员"，真可谓是一大进步）。我们需要的董事会不是会附和管理团队的董事会，而是能够对事情抱着不同的看法，能够提出异议和质疑，尤其必须质疑管理团队行动背后的假设。

为了找到公司需要的这类人才，董事的报酬必须非常有吸引力。

事实证明，董事会可以成为企业最重要、有效且建设性的根本组织。举例来说，默克制药公司（Merck & Company）认为能建立强而有力的董事会，是其崛起并成为制药业龙头的主因。但是，要让董事会发挥实际功效，而不只是法定的虚设机构；理清董事会的功能，并且设定明确的目标；吸引杰出人才加入董事会，并且让他们能够且愿意对公司有所贡献，都不是容易的事情。但这是最高管理团队最重要的工作之一，也是成功完成使命的主要条件之一。

CHAPTER 15 | 第15章

培养管理者

培养管理者三重责任：对企业，对社会，对个人——哪种方式的培养不是培养管理者——它不能是升迁的计划或寻找"后备人选"——"可提拔人选"的谬误——培养管理者的原则——培养整个管理群体——为明天的需要培养管理者——工作轮岗还不够——如何培养管理者——自我发展需要——管理人才的规划——培养管理者不是一种奢侈，而是一种必需

任何企业的兴旺与存亡都必须依赖未来的管理者展现经营绩效。由于今天的企业基本决策需要更长的时间才能开花结果，因此未来的管理者就变得格外重要。既然没有人能预测未来，今天的管理者如果要制定合理而负责任的决策，就必须好好筛选、培养并考验将在未来贯彻这些决策的明日管理者。

管理已经变得日益复杂。由于技术快速变迁，至少在美国，日常竞争已经变得越来越重要，也越来越紧迫，因此今天的管理者必须有能力处理许多新"关系"——与政府的关系、与供应商及客户的关系、与员工或工会的关系，凡此种种，都需要更优秀的管理者。

今天的企业也需要更多的管理者。工业社会的本质就是理论知识、组织

能力和领导能力（简单地说，就是管理能力）逐渐取代了手工技艺。事实上，美国是首先面临这种困扰的社会，基本问题不再是：我们的社会能够允许多少受过教育的人不必为养家糊口而操劳，而是我们的社会能赡养得起多少没有受过教育的人。

培养管理者也是企业必须对社会承担的责任——如果企业不自动自发，社会将迫使他们采取行动。因为企业的延续性，尤其是大企业的延续性，是非常重要的事情。我们的社会不能容忍企业主管由于找不到足以胜任的接班人，而使这种创造财富的资源蒙受损害。

我们的公民越来越期待企业能够实现社会的基本信念和承诺，尤其是对"机会均等"的承诺。从这个角度而言，培养管理者不过是技术名词而已，代表了我们实现基本社会信念和政治传统的手段。

现代工业社会中的公民逐渐希望在工作中满足创造的欲望，并发挥本性，希望工作能超越经济需求，满足个人的自尊和自豪。因此，培养管理者只是企业管理层履行社会义务的另一种方式，如此一来，工作和工业发展的意义就不只是谋生工具而已。企业通过提供挑战和机会，让每位管理者将潜能发挥得淋漓尽致，企业借此履行了对社会的义务，把工作变成一种"生活方式"。

过去几年中，培养管理者之所以突然成为美国企业关注的焦点，正是因为看到了这些需求所致。15年前，我刚对这个议题发生兴趣时，我发现只有一家公司注意到这个问题，那就是西尔斯公司。而今天，进行中的培养管理者计划可以说数以百计，几乎每家大公司都有类似的计划，甚至越来越多的小公司也在发展自己的培养管理者计划。

哪种方式的培养不是培养管理者

培养管理者不能只是"升迁计划"，只针对"可以获得升迁的员工"来规划，希望为高层管理职位找到接替的"后备人选"。因为"后备人选"这个名词本身隐含的意义是：管理者的工作和公司的组织结构仍然维持不变，因此公司只是找人来接替现有管理者的职务。然而我们可以确定的是，就和过去一样，未来的工作要求和组织结构也将不断改变。所以我们需要培养能够满足明日工作要求的管理者，而不是只能完成昨日任务的人。

通用电气公司总裁科迪纳就曾经清楚指出：

> 如果我们不得不完全依赖传统方式来提高生产力，我会认为这个目标（不到10年内，要将通用电气公司的生产力提高50%）只是一厢情愿的想法。我们的实验室和工厂将继续找到办法，以花费更少的时间、努力和成本，生产出更多更好的产品，但是我们不能期望物理学承担所有的重大责任。
>
> 美国产业界逐渐了解，今天我们拥有大好机会，可以设法充分开发人力资源，尤其是培养企业管理者。无论目前或未来，由于技术在不断进步，管理也日趋复杂，因此培养管理者不但有其必要性，其中也蕴藏了大好机会。熟悉这个领域的人相信，通过更完善的管理，通用电气公司有机会在未来10年提升50%的生产力。

为最高管理者寻找后备人员的做法忽略了一个事实——早在一个人被提升到高层管理职位之前，这个最重要的决策就早已制定完成了。今天的低层管理者将在明天担任高层管理者。等到我们必须找人来接掌大厂厂长或销售部门主管时，我们能够选择的人选已经局限于三四个人了。当我们指派员工担任总领班、部门主管、地区销售经理或稽核人员时，我们已经做了攸关未来的关键决定。在做这些决定时，典型的后备人选其实没有什么帮助。

总而言之，所谓挖掘很有潜力、值得提拔的人才的观念，完全是谬论。

我还没有见过任何方法可以预测一个人的长期发展。即使我们能预测一个人的成长，我们仍然没有权利扮演"上帝"的角色。无论这些方法是多么的"科学"，最多仍然只能有六七成的准确度，没有人有权根据概率来安排别人的职业发展。

更重要的是，这种"可提拔的人选"的观念所重视的人才只占全部的 1/10，充其量也只占 1/5，却把其余的 9/10 弃之不顾。但是，最需要培养管理者计划的却不是这些后备人选或公司想提拔的人才，而是还没有优秀到能步步高升，但也没有糟到需要被解雇的员工。这类员工在企业中占了多数，而且他们也承担了大量实际的企业管理工作。他们大多数在 10 年后仍然会坚守目前的岗位。除非他们能自我提升，以满足未来工作的要求，否则无论公司提拔的人才是多么优秀、经过多么慎重的筛选和培养，整个管理团队仍然有所不足。无论中选的少数人才能带来多大的好处，遭到忽略的多数人扭曲和愤慨的心态都将抵消掉这些效果。无论企业多么谨慎地筛选它们想提拔的人才，就因为它们做了选择，在众多管理者眼中，整个选拔制度仍然独裁专断，偏袒徇私。

培养管理者的原则

因此，培养未来管理者的第一个原则是必须培养所有的管理者。我们花了大量的时间、金钱和精力，只为了提高发电机 5% 的效率，但是可能不必花那么多的时间、金钱和精力，就能将管理者绩效提高 5%，而且所激发出来的能量还会大得多。

第二个原则是，培养管理者必须是动态的活动，绝不能只把目标放在今天——取代今天的主管、他们的工作或他们的资格，而必须总是把焦点放在明天的需求上。我们需要什么样的组织来达到明天的目标？因此会需要什么样的管理职务？为了能满足明天的需求，管理者必须具备哪些条件？他们需要获得哪些新的技能，拥有哪些知识和能力？

因此，今天通行的许多培养管理者工具都已经不再适用，不但后备人选的方式有所不足，大多数公司最喜欢采用的工具——"工作轮岗"，也已经不再适用了。

一般而言，工作轮岗不外乎两种形式。公司把某个部门的专才调到另外一个部门一段时间，通常一个接着一个轮调到不同的部门。或是公司有感于员工对于其他部门了解不够深入，无法执行管理工作，因此安排他从工作中接受特殊训练。有一家大型制造商不久以前宣布："名列升迁名单的员工将被轮调到他们不熟悉的部门，在每个指派的职位上工作 6 个月至两年的时间。"

但是，企业需要的不是对会计一知半解的工程师，而是能够管理企业的工程师。一个人不会因为多增加几项专能，就变成通才，只有视企业为整体，才能提升一个人的视野。员工在短短 6 个月内，究竟能对营销或工程等庞大的领域了解多少？或许懂得一些名词罢了。从一门好的营销课程或一份好的书目单中，他能学到的可能还更多。整个培训工作的观念都违背了既有的规则和经验。我们绝对不应该给员工一份非实际工作的工作、不要求绩效的工作。

总而言之，培养管理者计划必须纳入企业所有管理者，把目标放在激励每个人成长和自我发展上；强调绩效，而不是承诺；强调明天的要求，而不是今天的需要；必须是动态而重质的，而非根据机械化的轮调制度而进行的静态人事更迭。培养明日的管理者事实上就意味着把今天的管理者培养成更重要、更优秀的管理者。

如何培养管理者

由于培育明日管理者的工作太庞大也太重要了，我们不能把它看成特殊活动，其绩效取决于管理管理者的所有要素：工作的安排、与上司和下属的关系、组织的精神以及组织结构。举例来说，在欺弱怕强的组织中，在选择管理人才时不重视品格的组织中，即使有再多特殊的培养管理者活动，都不足以培养出未来的管理者。同样，在中央集权的组织里，再多特殊的培养管理者活动都不足以培养出未来的管理者，只会制造出未来的专家。反之，真正的分权化管理不需要额外增加任何培养管理者活动，就能培养、训练并检验出未来的管理者。

培养未来管理者的工作非常重要，不能只把它当成副业。当然，在大型组织中，特殊的培养管理者活动只是辅助工具，但却是必要的辅助工具。至少这些活动凸显了公司对于这个问题的重视，因此也激励管理者协助下属开发自己的潜能。

其实真正重要的是自我发展，世上最荒谬的事情莫过于由企业一肩扛下发展员工的责任。真正应该承担这个责任的是个人，要靠自己的能力和努力才能成为好的管理者。没有任何企业有能力或有义务取代员工个人自我发展的努力。这么做不但是家长式的不当干预，也展现了愚蠢的虚荣心理。

但是，每位企业管理者都有机会鼓励或抑制、引导或误导个人的自我发展。企业应该特别指派管理者负责协助所有与他共事的同仁好好凝聚和运用自我发展的努力。每家公司也应该有系统地提供管理者自我发展的挑战。

首先，每位管理者应该彻底思考部属各自具备什么能力。当然，思考这个问题时应该以前面提过的系统化绩效评估为基础。分析完部属的能力后，接着应该问两个问题：我们有没有把这个人放在能对公司产生最大贡献的位子上？他还需要哪方面的学习以及克服哪些弱点，才能充分发挥长处和能力？

这两个问题的答案决定了公司应该采取哪些行动来激发他的潜力，可能把他调去其他工作岗位，可能让他接受某个科目的正式教育，可能指派他解决某个具体问题，研究新政策提案或资本投资计划。尤其在大企业中，总是不乏这类机会（假如公司不准"幕僚"担当管理职务的话）。

公司不应该因人设事。不过在小公司中，当员工的工作范围改变时，往往也同时满足了个人发展的需求。而大企业经常有职位空缺，当出现了合适的工作机会时，应该根据针对个别管理者发展需求的分析来填补空缺。当然，这是生死攸关的重要决定，因此在人事命令生效前，应该由上级审慎评估，而且也应该给当事人充分参与的机会。

接下来再通过"管理者人力规划"，依照未来管理职位的要求和需求，检讨公司在培养管理者方面的努力是否充分。

管理者人力规划先从分析公司未来的需求和目标着手，也就是说，未来公司的事业将呈现何种面貌，因为这将决定公司未来的组织结构、有哪些工作以及工作要求为何。短期的管理者人力规划（只看未来两年）其实就是升迁计划。但是真正重要的计划是长期规划——考虑的是5年、10年之后的管理者资源。因为在这个计划中，无论是公司目标、组织结构、主管的年龄结构，都必须加以考虑，而公司也据此拟订培养管理者的方向。

在长期计划中，管理层千万不要忘了，他们的本意绝对不是在任期届满时结束营业。换句话说，单单找到适当人选，满足未来5年的需求还不够。未来5年的作为究竟能产生多大的成效要到10年或15年后才会显现，但是现在和未来几年的作为很可能决定了公司能否继续生存。

今天，我们不需再讨论培养管理者是否只是大公司在景气好时才负担得起的奢侈品。大多数的大公司，以及许多小公司都很清楚，培养管理者就好像研究实验室一样，不再是奢侈品。今天甚至不再需要像过去一样，担心公司会培养太多优秀人才。大多数高层主管都发现，优秀人才越来越供不应求，即使是非常成功的管理者培养计划，培养人才的速度都远远赶不上需求增加的速度（聪明的企业家都知道，被称为"培养总裁的摇篮"永远不会对公司有什么坏处。相反，公司对优秀人才的吸引力直接和它能不能为自己和其他公司培育成功人才的声誉有关）。

培养管理者已经变成非做不可的工作，因为现代企业已经成为社会的基本机构。在任何重要机构中，不管是教会或军队，寻找、培育和考验未来领导人都是非常重要的工作，最优秀的人才必须投入全部心力在这项工作上。

期望今天的管理者培养明天的管理者，对于振奋他们的精神士气，拓展他们的愿景，和提高他们的绩效而言，都是非常必要的。所谓教学相长，一个人在教导别人时，往往自己学到的也最多；一个人在试图协助别人开发自我潜能时，也能充分发展自我。的确，在努力培育别人的过程中，管理者才能自我发展，提高对自己的要求。任何行业的顶尖人物都把自己培养出来的人才视为他们能留存于世的最引以为豪的纪念碑。

3

第三部分

管理的结构

THE PRACTICE
OF MANAGEMENT

第 16 章
企业需要哪一种结构

第 17 章
建立组织结构

第 18 章
大企业、小企业和成长中的企业

第 16 章 | CHAPTER 16

企业需要哪一种结构

组织理论和"实际的"管理者——活动分析——决策分析——关系分析

直到 17 世纪,外科手术仍然不是由医生操刀,而是由未受教育、目不识丁的理发师负责执行,他们如法炮制当学徒时学到的折磨人的把戏。当时的医生都曾宣誓不伤害人体,他们恪遵誓言,甚至连手术过程都不应该观看,更不用说动刀了,操刀动手术简直是不道德的行为。根据行规,手术应该在专业医生指挥下进行,医生远离手术台,高坐在台子上朗读拉丁文经典,指示理发师该怎么做(理发师当然听不懂医生在念什么)。不用说,如果病人死了,一定都是理发师的错;如果把病人救活了,则是医生的功劳。无论病人是死是活,医生都拿走了大部分的酬劳。

400 年前施行外科手术的状况和 20 世纪 50 年代的组织理论颇多类似之处。这个领域的相关著述很多,的确,在美国许多商学院中,组织理论是管理学的重要科目。这些论述都很有价值,就好像有关外科手术的文献也极富价值一样。但是从事管理实务的人一定常常会有和理发师同样的感觉。并不是因为他讲求实际,就不肯接受理论。大多数企业管理者,尤其是大公司的企业管理者，都经过一番辛苦的过程才了解到，良好的绩效必须依赖健全的组织。但是一般而言，有实务经验的企业管理者不见得了解组织理论学家，而组织理论学家也不见得了解企业管理者。

今天我们知道是哪里出了差错。通过建立起兼顾理论和实务的统一组织学科，两者之间的鸿沟正快速缩小。

我们知道，当企业管理者谈到"组织"时，他的意思不同于组织理论学家口中的"组织"。企业管理者想知道的是他需要哪一种组织结构，而组织理论学家讨论的却是应该如何建立组织结构。可以说，企业管理者想知道的是他应不应该建造一条高速公路，这条公路应该从哪里通往哪里；组织理论学家谈的则是悬臂梁和吊桥的相对优点和限制。两个题目都和"筑路"有关，如果提出的问题是应该筑哪一种路，但回答时讨论的却是不同形态的桥梁在结构上的张力，那么必然一团混乱，说不清楚。

在讨论组织结构的时候，必须同时考虑需要的是哪一种结构，以及应该如何建立这种结构。两个问题都很重要，只有当我们能有系统地回答这两个问题时，才能建立起健全、有效而持久的组织结构。

首先，我们必须弄清企业需要哪一种结构。

组织本身不是目的，而是达到经营绩效和成果的手段。组织结构是不可或缺的工具；错误的结构会严重伤害，甚至摧毁企业经营绩效。不过，任何针对组织的分析，都不应该从讨论结构开始，而必须先做经营分析。讨论组织结构的第一个问题应该是：我们的事业是什么？我们的事业究竟应该是什么？组织结构的设计必须能达到未来5年、10年，甚至15年的企业经营目标。

有3种特殊方法可以找出达到经营目标所需的结构：活动分析、决策分析和关系分析。

活动分析

　　企业应该先弄清究竟需要哪些活动，才能达到经营目标，这似乎是天经地义的事情，几乎不值得一提。但是传统理论对于如何分析这些活动却一无所知，传统的理论权威大都假定企业已经有整套"典型"职能，不需要经过事先分析，就可以放之四海而皆准，应用到每一种事业上。例如，制造业的典型职能就包括生产、营销、工程、会计、采购和人事。

　　当然，我们可以预期在从事商品制造和销售的企业中，许多活动都分别贴上了"生产""工程""销售"的标签。但是这些典型职能只是一个个空瓶子而已，究竟每个瓶子里装了什么内容？例如，在所谓的"生产"职能中，我们需要的是1分升的瓶子，还是1升的瓶子？这才是真正重要的问题，有关标准职能的传统观念却无法回答这个问题。一般制造业的确都需要这些职能，但是个别的制造厂商却可能需要所有的职能，或可能还需要其他的职能。因此我们也需要弄清楚，这些分类方式是否真的适用于某些特定产业。如果对这些问题视而不见，只是照猫画虎，完全按照既有的整套标准职能来经营企业，就好像先让病人吃药，再为他诊断病情一样，结果如何也同样令人疑虑。

　　只有通过分析企业达到目标所需的活动，才能真正回答这些问题。

　　在女装业中，根本谈不上工程职能；生产职能大体上也很简单，称不上是主要职能，但是设计的职能却有绝对的重要性。

　　对美国西岸大型纸业公司克朗·泽勒巴克而言，长期的森林管理实在太重要了，但又十分困难，因此必须在组织中独立成重要部门。

　　在金融市场上筹集资金也成为美国电话电报公司中的独立部

门,和会计及长期资本投资计划区分开来。

还有一家大型电灯泡制造商认为,教育大众如何正确使用照明以及养成良好的照明习惯,是公司的主要需求,只有把这项工作独立出来,才能满足其他需求。由于美国所有的住宅、商店和工厂都使用电力,想要扩大市场,推动企业成长,关键在于设法让每位顾客增加电灯泡的使用数量,而不是开发新顾客。

如果将上述活动——克朗·泽勒巴克公司的森林管理、美国电话电报公司的筹集资金以及灯泡公司的顾客教育,归属于其他部门之下,必然会备受忽视。的确,通过活动分析,发现当这些活动归属于其他部门之下时,其重要性没有得到应有的重视,因此也无法达成公司要求的绩效时,就必须将它区分为独立的部门。

不去分析企业实际需要的活动,而只以典型的企业职能取而代之,反映了危险的怠惰心理,结果将事倍功半。因为只有经过完整细密的活动分析,才能理清必须完成哪些工作,应该把哪些工作归为一类,以及每一项活动在组织结构中有何重要性。

已经经营运作了一段时间的企业最需要活动分析,而经营状况不错的企业尤其需要活动分析。在这类企业中,活动分析必然会显示:某些重要活动不是完全没有规划,就是悬而未决,找不到头绪;有些活动曾经非常重要,如今已失去原本的意义,却仍被企业当成主要活动;还有些过去别具意义的分类方式如今不但不再适用,而且还成为企业经营的绊脚石。此外,活动分析当然还会找出许多毫无必要、应该取消的活动。

刚起步的企业也需要这样的思考。但是在规划活动时,最严重的错误往往是企业成长所造成的,尤其是成功导致的后果。常见的情形就好像公司刚起步时,在一栋只有两个房间,却很实用的简陋小屋中办公。随着公司不断成长，公司开始在这里加盖一间厢房，在那里加盖一个阁楼，在某个地方又多个隔间，最后朴实的小屋变成了有 26 个房间的庞然大物，公司元老得靠瑞士救护狗带路，才有办法从茶水间走回自己的办公室。

决策分析

要找出企业需要的组织结构，还有第二个重要工具——决策分析。企业需要哪些决策以达成绩效、实现目标？企业需要的决策属于哪一类？应该由组织中哪个层级来制定决策？其中牵涉哪些活动，或会影响到哪些活动，因此哪些管理者应该参与决策，至少在决策前应该征询他们的意见？决策制定后，应该告知哪些管理者？

或许会有人争辩，我们根本不可能预测未来将出现哪一类决策。但是尽管我们无法预测未来的决策内容，也无法预测应该制定决策的方式，却不难预测决策的种类和主题。我发现企业主管在五年内必须制定的决策有九成以上属于所谓的"典型"决策，而且不外乎有限的几种决策。如果能事先就把问题考虑周详，通常只有在少数情形下，才必须问：这个决策属于哪一类？不过由于缺乏决策分析，几乎有 3/4 的决策无法归类，结果其中大多数决策最后归属的决策层级都过高了。

也有人认为，将决策分析归类的方式通常都失之武断，他们的论点是："很可能某个总裁喜欢亲自制定这类决策，另外一个总裁却喜欢掌控另外一类决策。"当然，无论在任何组织中，决策者的个性和偏好或多或少都会产生影响，但是个人偏好的影响通常不大，很容易就可以调整过来（毕竟总裁并不会经常更换）。何况重要的不是总裁喜欢做什么，而是为了公司利益着想，他和管理层的其他成员应该做什么。的确，如果公司在制定决策的时候，竟然允许个人偏好凌驾于企业需求之上，那么绝对不可能建立高效能的组织，也不可能获得良好的经营绩效。企业无法持续成长壮大，反而每况愈下、濒临破产的最主要原因是，当企业老板不应该做决策的时候，却仍然紧握着决策权不放。

要区分各种决策的权责，首先必须根据决策的种类和性质加以归类。诸如"政策性决策"或"经营性决策"等标准分类实际上完全没有意义，徒然挑起无休无止、深奥难解的辩论。有四种基本特性决定了企业决策的本质。

第一，决策的未来性。这个决策需要公司承诺多遥远的未来？在多短的时间内能扭转决策？

> 公司在采购原料时，究竟应该根据生产进度，还是对价格波动的预测，来采购某个投机性商品（例如铜），这个决策可能牵涉很多钱，需要对多重因素做复杂的分析。换句话说，这是个艰难而重要的决策，但也是几乎可以立即扭转的决策；公司承诺的时间只不过是期货合约的有效期限（每个交易日都可以买卖）。因此尽管这个决策困难而重要，决策权却应该尽可能下放到最低层级：或许是厂长或采购人员。

第二，这个决策对公司其他职能、其他领域或企业整体的影响有多大。如果决策只会影响一个部门，那么可以把它归到最低的决策层级。提高决策层级时，可以考虑到这个决策对所有相关领域产生的冲击，或必须和其他相关领域的主管密切磋商后才做决定。套一句技术名词，就是不应该牺牲其他职能或领域，来达到某个职能或领域之流程和绩效的"最佳化"。

> 例如，一家大规模生产的工厂想要改变零件库存的方式，这个决策表面上似乎是个纯然"技术性"的决策，只会影响单一领域，

但实际上却会影响到其他许多领域。不但影响到整个生产作业，而且也必须在生产线上进行重大改变。这个决策也影响到交货流程，甚至因为必须放弃某些设计、机型以及产品利润，而不得不大幅改变营销和定价方式。有关库存的技术性问题尽管颇令人头大，但是比起改变库存方式造成的其他领域问题，简直是小巫见大巫。企业不应该允许管理者为了达到库存"最佳化"，而牺牲了其他领域。企业必须把这类决策提升到更高的决策层级，并且视之为影响企业整体流程的决定。因此决策层级应该提升到高于厂长的层次，或要求管理者在制定这类决策前，必须征询所有相关部门主管的意见。

第三，决策的性质是由其中包含多少质的因素来决定的，例如基本行为准则、伦理价值、社会和政治信念等。一旦将价值观列入考虑，决策就需要更高层级来做决定或评估。而所有质的因素中最重要也最普遍的是人的因素。

第四，我们可以根据究竟这是经常性决策，还是偶尔为之的特殊决策来归类。两种决策的层级都必须与决策的未来性、影响及特质相呼应。因为员工违纪而施以停职处分，就属于前者，而改变产品性质或公司业务性质，则属于后者。企业需要为经常性决策建立通则。由于对员工施以停职处分是有关人的决定，因此必须由组织高层制定处理原则。依照公司规定的办法来处理个别案例，却属于例行公事，因此较低层的主管就可以决定。但是必须把偶尔出现的突发性决策当作特殊事件来处理，从头到尾周详考虑后，才能决定。

企业应该将决策权尽可能下放到最低层级，越接近行动的现场越好。制定决策层级的时候一定要充分考虑到所有受影响的活动和目标。第一个原则告诉我们决策权"应该"下放到哪个层级，第二个原则告诉我们决策权"可以"下放到哪个层级，以及哪些管理者应该参与决策过程，哪些管理者应该获知决策内容。

因此分析可以预见的决策将指出企业需要什么样的高层管理结构，以及不同层级的主管应该拥有哪些权责。

关系分析

最后一步是关系分析。负责某项活动的管理者必须和谁合作，他必须对负责其他活动的管理者有什么贡献，反之，这些管理者又必须对他有什么贡献？

我们总是根据管理者领导的活动来定义他的职务，也就是说只考虑上对下的关系。从第 11 章中，我们了解这样做还不够。的确，在界定管理者的职务时，首先必须考虑的是他的活动对于所属的上级单位有什么贡献。换句话说，必须预先分析和建立起下对上的关系。

一家大型铁路公司的例子正好可以说明关系分析及其结果。依照传统，铁路公司有两种重要的工程职能，分别与设计新设施和维修旧设施有关，这两个职能都隶属于负责运送货物及旅客的运输部门。如果我们根据管理者向下关系来界定工程部门，这个传统就显得很合理。因为从这个角度来看，两个职能都附属于运输职能之下。我们一旦问道：这两个工程主管向上的关系是什么，传统组织结构就靠不住了，反而成为良好铁路管理的严重阻碍。因为这两位工程主管最重要的任务或许应该是为高层提出建言，同时参与有关铁路事业发展的长期决策。由于他们的工作性质和技术知识，他们必须负责一项攸关重要目标的决策：物力资源的供应，还必须一肩挑起设定创新目标和达成目标的重责大任。因此在安排他们的职务时，即使没有让他们加入高层管理团队，也应该让他们能直接向最高主管献策。否则企业将在缺乏必要知识的情况下，制定许多即使并非攸关生死但却影响企业长远未来的基本决策。就算决策本身是正确的，也无法为负责执行决策的人（两位工程主管）所理解，还可能遭到抵制。换句话说，从向上关系的角度来看，这两种职能应该独立于运输部门之外，直接隶属于最高主管。

此外，还必须分析横向关系。管理者对其他单位管理者的贡献一直都是管理工作的重要部分，还可能是其中最重要的一部分。

营销主管的工作就是个好例子。在他的向下关系中，他是"销售经理"，负责管理一群努力争取订单的业务人员。但是如果这种向下关系依照传统方式决定了职位的组织结构，那么企业对于营销活动最重要的要求可能完全无法实现。工程师要善尽职责，必须从营销活动中得知顾客需要什么新产品，以及如何改良旧产品，获得有关产品发展和设计的方向，以及定价等相关信息。同样，生产部门只有从营销活动中才能获得预期销售量和交货日期等关键信息。采购部门也必须依赖营销主管提供的信息。反过来，营销主管需要上述部门提供信息和指引，才能建立合理的向下关系，善尽管理销售部门的职责：这种横向关系变得如此重要，越来越多的公司在销售经理之上另设营销主管，主要负责协调横向关系，要不就是将营销活动区分为营销职能和销售职能，分设两位管理者，他们具有同等的地位，独立运作，但又密切合作。

不只在决定组织结构时，必须分析关系，在有关人员配置的关键决策上，分析关系也非常必要。的确，只有好好分析工作中各种关系，才能做明智而成功的人事安排。

这三种分析——活动分析、决策分析、关系分析，都应该尽可能保持简短。在小公司里，可能花几个小时，在几张纸上写一写就完成了（不过，在通用电气或通用汽车这类的大企业中，可能要花几个月的时间研究分析，应用先进的数学分析和综合工具才能完成）。但是无论企业规模多小，业务多么单纯，都绝不可轻视这些分析。应该把这些分析视为一定要做好的必要工作。因为只有这些分析能显示企业需要哪一种结构。只有奠基于此，企业才能建立起高效能的组织。

第17章 | CHAPTER 17
建立组织结构

企业组织的三个结构要求——为企业绩效设置组织结构——数量尽可能少的管理层级——培育和检验未来的高层管理者——两条组织结构的原则——联邦分权制——该制度的优点——该制度的要求——该制度的局限性——应用该制度的规则——职能分权制下的共同的公民意识——最高管理层保留的决策权——公司范围的升迁——共同的原则——组织不健全的症状——管理层年龄结构失衡

建立管理结构时，第一个要考虑的是：这个结构必须满足哪些条件？它主要的重点和要求是什么？必须达到什么样的绩效？

这一问题的主要答案有三个：

1. 管理结构在组织上必须以绩效为目标。企业的所有活动都是为了达到最后的目标。的确，我们可以把组织比喻为传动装置，把所有活动转化为一种驱动力——企业绩效。组织越小越简单，就越有效率——越不需要改变个别活动的速度和方向来达到企业绩效。应该尽量多让管理者扮演商人的角色，发挥经营绩效，而不是充当官僚；应该通过企业绩效和成果来检验管理者，而非借由行政技巧或专业能力的标准来检验。

组织结构不能将企业的努力引导到错误的绩效上。组织结构不应鼓励管理者把焦点放在容易生产、已经过时的老旧产品上，而忽视不断成长但可能难度较高的新产品；也不该允许不赚钱的产品和事业依靠赚钱的产品而苟延残喘。简单地说，管理结构必须让企业有意愿也有能力为未来打拼，而不是安于过去的成就；必须努力追求成长，而不是贪图安逸。

2. 组织结构必须尽可能包含最少的管理层级，设计最便捷的指挥链。每增加一个管理层级，组织成员就更难建立共同的方向感和增进彼此了解。每个新增的层级都可能扭曲目标，误导注意力。指挥链中的每个连接点都会带来压力，成为引发怠惰、冲突和松懈的另一个源头。

更重要的是，管理层级越多，就越难培养出未来的管理者，因为有潜力的管理人才从基层脱颖而出的时间拉长了，而且在指挥链中往上爬的过程中，往往造就的是专才，而非管理人才。对大企业而言，这个问题尤其严重。

> 今天，在好几家大公司中，第一线主管和公司总裁之间有12个管理层级。假定一个人在25岁时当上了一线主管，之后他每5年就晋升一级（这已经是非常乐观的预期了），等到他有资格角逐公司总裁时，早已85岁高龄，垂垂老矣。而企业针对这个问题找到的典型药方（为高层钦定的年轻"天才"或"太子"打造快速升迁的特殊阶梯）往往比病因本身还要糟糕。

对任何企业而言，无论组织是多么井然有序，管理层级增加都是严重的问题。因为管理层级就好像树木的年轮一样，会随着年岁增长，在不知不觉中逐渐增加，我们无法完全遏止这个过程。

就拿史密斯为例吧。他在工厂经理职位上非常胜任，但是还没有达到升迁标准。他的属下布朗是个振翅待飞的一流人才，但是他能飞到哪儿去呢？公司不可能把他升到和史密斯差不多的职位上，即使公司愿意让他越过上司跳级升官，也没有适当的工作给他。为了避免布朗受挫离开，管理层把史密斯升到新职位上，让他担任制造经理的特别助理，专门负责工具的供应，如此一来，就可以名正言顺地让布朗担任工厂经理。史密斯很懂得怎么把新工作弄得忙碌不堪，他的办公室很快就不断涌出大量油印文件。当史密斯终于退休时，公司不得不派一个能干的年轻人（姑且称他布朗二世）去清理史密斯留下的混乱。由于布朗二世十分优秀，他很快就把这个原本为了解决人事问题而虚设的职位变成实质工作。而不久下一个史密斯又出现了（就好像贫穷始终是个挥之不去的问题一样），必须想办法创造新职位，于是他变成一个"协调者"。这样，公司就创造了两个新的层级，这两个层级很快就变得不可或缺，成为公司传统的一部分。

如果没有适当的组织原则，管理层级只会不断增加。

3. 组织结构必须能培育和检验未来的高层管理者。企业必须在员工还很年轻，还能从新经验中学习时，就赋予他们实际的管理责任，让他们在管理职位上当家做主。如果仅仅是担任副手或助理，员工无法有充分的准备来面对日后独立决策时的压力。反之，我们经常看到，能力强、深受信赖的副手一旦独当一面，却变得手足无措。培养主管时，必须将他们放在能看到企业整体运作的位子上，即使他们还不必为经营绩效和成果直接负起责任。尽管刚起步时，多多累积在各部门工作的专业经验十分必要，但是如果在专业职位上做太久，一个人的视野会变得比较狭隘，误以为自己那小小的角落已经代表了整个世界。

单靠训练还不够，还必须检验企业看好的人才是否有能力承担起整个企业的运营重任，而且必须在有潜力的管理者还未爬到高层职位时，就加以检验，同时在他们还很年轻时就加以检验，因此他们即使碰到挫折，也不会就此一蹶不振，公司仍然能善用他们的专业能力，或让他们担任称职的副手。此外，考验他们的任务虽然性质独立，却又不能太重要，即使失败了，也不至于威胁到企业整体的生存发展。大企业应该为有潜力的管理者安排一系列这样的工作，因此能够根据唯一合理的选拔原则来筛选出未来的高层主管，通过唯一充分的检验标准——他们实际的经营绩效，来检验未来的管理者。

这类工作还必须是比较低层次的工作，因此即使有人通不过考验，仍然很容易把他换掉。要撤换总裁或执行副总裁十分困难，尤其在股权完全分散的上市公司中，几乎不可能这么做。有一家企业的董事长曾经语带嘲讽地说："你一旦选了某个人担任总裁，你就再也动不了他了，只能希望他突然心肌梗死而离开。"

两条组织结构的原则

为了满足这些要求，组织结构必须采取以下原则之一：

企业必须依照联邦分权制的原则，尽可能整合所有的活动，将企业活动组织成自主管理的产品事业，拥有自己的市场和产品，同时也自负盈亏；不可能采用这种原则的组织，则必须采取职能分权制的原则，设立整合的单位，为企业流程中最主要的阶段，负起最大的责任。

联邦分权制和职能分权制这两个原则其实是互补而非相互竞争的。几乎所有的企业都必须采用这两种原则。其中，联邦分权制的原则最有效，也最具生产力。但是这个原则在真正的小公司里却派不上用场，因为整个公司就是一个"自主管理的产品事业"。联邦分权制原则也不适用于大企业中的内部管理组织，例如铁路事业的性质和流程就排除了联邦分权制原则的可行性。事实上，每个企业都有一个关键点，低于这一点，联邦分权制原则就不再适用，不可能组织起自主管理的产品事业。因此，联邦分权制原则虽然有其优势，却也有其限制。

职能分权制原则适用于所有的管理组织，却是大中型企业的次要选择。所有的企业几乎迟早都会采用这个原则，但是越晚开始采用，组织就越强韧。

过去几年来，无论联邦分权制或职能分权制的经营模式在美国企业界都十分风行，几乎成为家喻户晓的名词。实施分权制经营的历史其实至少要追溯到20世纪20年代，在1929年以前，杜邦、通用汽车、西尔斯和通用电气公司都已经开始发展分权制组织。

然而组织理论一直忽略了这个趋势。就我所知，我在1946年发表的有关通用汽车公司的研究，[1]是管理界第一次将分权制经营当成独特的组织原则来研究。

组织理论跟不上潮流的原因在于，传统组织理论是从企业内部职能着手，而不是从企业的目标和要求着手；把职能看成理所当然，眼中所看到的企业只是一堆职能的积聚。

传统理论仍然将职能定义为相关技能的组合，而且认为技能的相似性是职能主义的精髓和主要优点。然而当我们检视组织良好的职能性单位时，却找不到这类"技能群组"。举例来说，典型的销售部门包括销售活动、市场研究、定价、市场发展、顾客服务、广告和促销、产品发展，通常甚至还包括负责和政府部门及同业公会维持良好关系等职能。生产部门涵盖的范围也同样广泛。我们简直无法想象还有什么比这类"职能性"组织需要更多样的技巧、能力和特质，即使是整个企业所涵盖的多样性也不过如此。如果真的

---

[1] Under the title *Concept of the Corporation*（New York：John Day, 1946）.

像书上所说，职能主义其实是通过技能之间的关联而形成的组织，那么典型的销售和制造部门就变得荒谬绝顶。但是职能主义之所以行得通（甚至比根据相似技能组织起来的单位成效更佳），是因为这类组织聚合了某个明确工作阶段所需的所有特殊活动。因此他们要求的技能和特质互不相同其实毫无关系，重要的是他们组合了达到绩效所需的各种活动。

事实上，教科书所认定的职能主义只反映了五六十年前的生产管理方式，现在已经完全落伍了。当时工厂的组织方式通常是把所有同类型机器放在一起：螺旋机全都放在工厂的一个角落，钻孔器占据另一个角落，刨床则放在第三个角落。但是后来我们了解到，有效的生产组织第一个原则就是宁可让机器迁就工作，而不要让工作迁就机器。应该根据工作的内在逻辑来安排工作流程，即使需要多买几部机器，都比把材料运来运去经济很多。同样，我们必须配合工作来安排特殊活动，绝不要配合特殊活动来安排工作，因为传递信息和想法的成本远比运送材料还高得多，而且通常更难掌握。

因此，把重心放在由相关技能组成的职能性组织是对合理的职能性组织（也就是通过流程阶段来组织）的一大误解。由同类技能组成的典型部门，例如会计部门、工程部门，通常表现并不理想，就是明证。会计部门老是和组织中的其他部门起冲突，而典型的工程部门也总是难以设定目标和衡量绩效。这两种情况都绝非偶然。

典型的会计部门至少包含三个不同的职能，把它们纳入同一个部门纯粹是因为几种职能都会用到相同的基本数据，同时也都需要加加减减的计算能力。会计的职能包括提供管理者充足的信息，加强其他部门自我控制的能力。会计部门也具备了财务和税务职能，以及记录和保管的职能。通常还要加上第四项职能——为政府簿记的职能，也就是在员工薪资中扣除所得税、保险费及处理数不清的报表等。即使是这几种职能背后的理论和观念也都不太一样，想要把适合某个职能的观念（例如财务会计）移植到别的职能上（例如管理信息），不但在会计部门中争议不断，而且也会造成会计师和其他部门主管之间频繁的冲突。

同样，典型的工程部门要进行长期基础研究、产品设计、应用工程、服务工程、工具设计、工厂工程，以及维修工程、建筑工程等后勤支援工作。有的专业必须靠创新，有的则需要营销技巧，有的需要和制造结合，有的则和维修固定资产有关，换句话说，和财务有关。这些任务唯一的共同点在于所使用的基本工具，甚至连需要的技能都不太一样。纯粹因为其中都包含了"工程"这两个字，把这些职能全都纳入同一个部门，结果就造成了无法管理的大杂烩。没有人能定出合理的绩效标准，也不知道公司对他有什么期望，甚至不知道他应该满足哪些人的期望。

今天有些大公司开始重新思考工程组织，根据需要完成工作的内在逻辑来安排工程工作，而不是根据需要的工具来安排。有的公司也开始根据工作逻辑来区分传统会计职能，而不是根据个人的技能和限制将会计工作分类。改变的脚步越快，企业组织就能运作得越好。

职能性组织的弱点

即使是依照流程阶段而建立的合理职能性组织，都不足以满足企业在结构上的要求。在职能性组织中，企业难以聚焦在经营绩效上。每位部门主管都认为他负责的职能最重要，试图强化这项职能，把自己单位的利益置于其他部门（即使不是整个企业）的利益之上。关于职能性组织的这种倾向，目前还找不到解决问题的药方。每个部门都渴望壮大自己，其实是每位管理者都希望善尽职责的结果，而这原本是值得嘉奖的心愿。

根据需要而形成的职能性组织把重心放在专业技能上，员工必须获得相关的知识和能力。然而职能性专家的愿景、技能和忠诚对象可能因此变得太过狭隘，以至于他们完全不适合担任总经理的职位。

更严重的缺点是企业难以根据职能的形态来设定目标、衡量绩效。由于这类职能通常只涉及一部分企业运营，而非企业整体，因此其目标也就只能根据"专业标准"来设定，而非紧扣着企业的成败。如此一来，管理者注意和努力的焦点很容易偏离了企业成功的目标，企业往往强调和奖励了错误的成果。

因此，职能性组织会造成管理上层级太多。几乎无法通过经营绩效来检验员工的表现，也几乎不可能把员工放在成败自负全责的职位上，借此培养他，并考验他的管理才干。也正因为这类组织需要很多管理层级，每份工作的意义因此大为减弱，每个职位都变得微不足道，只是员工往上爬的踏脚石罢了。

联邦分权制

这正是为什么联邦分权制的原则——由自主管理的产品事业形成组织，很快就为较大型企业普遍采用。在过去10年中，包括福特汽车、克莱斯勒汽车（通用汽车自从1923年左右就已经采用这个制度）、通用电气、西屋，以及主要的化学公司（除了在1920年之前就已经发展出这个做法的杜邦公司）、大多数的大型石油公司、重要的保险公司等，都采用这个组织原则，各种文章、演说、管理杂志和管理会议都更详细地探讨这个做法，因此现在每一位美国企业主管应该都已经很熟悉这个名词了。

以下是联邦分权制的原则为何通行于现代大型企业的重要原因：

1. 联邦式分权制的原则将管理者的愿景和努力直接聚焦在经营绩效和成果上。

2. 因此必定会大大降低管理者自我欺骗、安于现状而怯于创新，或依赖赚钱的产品来养活亏损的生产线等危险。

3. 从管理组织的角度来看，联邦分权制同样有极大的好处。企业可以充分发挥目标管理的功效。单位主管比其他任何人都清楚自己的绩效，因此每位主管所管辖的员工人数或单位数不再受到控制幅度的局限，而只会受到管理职责所限，因此可以管辖的范围扩大许多。

> 西尔斯公司的副总裁可能管辖了100家分店，每一家分店都是一个自主管理的独立单位，对营销和获利负责。分店负责人可能管理30位部门经理，每位经理都独立经营自己的单位，同时也为营销和获利负责。结果，西尔斯公司在最低层的管理职位——分店部门经理和公司总裁之间，只插入了两个管理层级：分店负责人和地区副总裁。

4. 西尔斯的实验戏剧化地证明了联邦分权制的原则对于培养未来管理者的重要影响。

> 第二次世界大战一结束，西尔斯公司就雇用了大批年轻人。他们随意分派这些年轻人工作，把1/3的新人分配到大型分店，1/3分

配到小型分店，剩下的 1/3 分配到邮寄事业部。5 年后，大型分店中表现最优异的年轻人将升为部门经理，小型分店中最杰出的年轻人也已经做好接任分店店长的准备。然而在邮寄事业部中，尽管 5 年来出现的职缺更多，但由于邮寄事业的组织方式一直都是根据职能而实施专业分工，因此最优秀的年轻人早已离开，其余的人 5 年后仍然还是按时打卡上班的小职员。

有一家大型货车及牵引机制造商也有同样的经验。

这家公司最大的部门是制造部所管辖的铸造厂。其他 3 个部门则是由公司第二大、规模较小的铸造厂负责供应，这个小铸造厂自成一个独立经营的产品事业部，产品除了供应自家公司，也对外销售给其他顾客。两家铸造厂的每吨产能所投下的资本几乎完全一样，产品也十分类似，但是 20 年来，几乎所有新流程都是由这家独立经营的产品事业部研发出来的，而且即使要面临更激烈的竞争和更动荡的市场情势，小型铸造厂的获利始终高出大铸造厂 1/5。此外，第二家铸造厂 20 年来培养出 3 位公司副总裁，第一家铸造厂却始终由 1930 年工厂一建好就担任厂长的老员工管理。

5. 最后，联邦分权制能及早在较低的管理层级上考验员工独立指挥的能力。

在一家大型货柜制造公司中，有两个人被认为是"明显的接班人选"，其中一个是非常能干的生产主管，另外一个是总裁的首席助理。当公司的组织改成众多独立经营的产品事业部时，公司任命他们两人担任新成立的两个最大的产品事业部总经理。不到 3 年，大家就可以明显看出，两个人都不适合担任高层经营工作。前生产主管在经营上无法做到收支平衡，他忽视营销和工程，也不懂制订计划或编制预算。前首席助理则没有办法做决定，总是回头去向上司讨答案，而不是自己承担起运营的责任。事实上，两个人都应该调回去担任副手。但是，另外有3个人，过去公司从不认为他们足以担当起高层经营重任，指派他们担任小型事业部总经理以后，他们却很快展现出领导力。这家公司的总裁最近说："我们实施分权制经营方式，其实是为了赶时髦，而不是因为我们真的了解这种做法或相信这种做法。但分权制经营让公司的发展比我们最大胆期望的速度还要快上一倍，而过去总出问题的生产线，如今却出现最高的销售增长和获利增长。更重要的是，分权制经营方式及时阻止我们犯下致命的错误，没有把错误的人选放到最高经营职位上。我以后绝对不会在还没有考验一个人独立经营的绩效时，就单凭个人判断，制定如此重大的决策。我们任命了8位事业部主管，其中只有3位达到预期的经营绩效。有两位主管（就是我们原先相中的两位）一直没有办法再升上去，而我们最不看好的3位主管却脱颖而出。"

西尔斯的分店主管和货柜制造公司的事业部总经理都了解公司对他们的期望，因为公司的期望取决于他们为管理单位设定的目标。只要达到目标，他们就无须担心上司的要求是什么，他们也不会有任何麻烦使上司理解他们所要求的和所需要的是什么。

联邦分权制的要求

如果我们把联邦分权制定义为管理结构的原则，在此原则之下，企业可以组成许许多多自主管理的单位,那么这种原则的具体内涵为何?必要条件是什么?又有什么限制?

在联邦分权制的模式下,自主管理的产品事业单位在规模上有很大的差异。规模较小的单位,包括像西尔斯的分店,员工人数不到50人,年销售额也低于50万美元。而规模较大的,则包括像通用汽车的雪佛兰事业部这类大单位,年销售额在40亿美元左右,员工更超过20万人。

事业单位在管理幅度上,也有很大差异。

> 通用汽车的电器部门——交流电火花塞事业部,是个完全自主管理的事业。它对外销售产品中较大的零件:直接卖给需要替换零件的顾客,同时也卖给其他汽车公司,而这些公司都是通用汽车的竞争对手。交流电火花塞事业部自行购料,自己负责工程和产品的设计、制造等。由于产品的特性,他们甚至不太用得上总公司的研究设施,只会用到如产品测试、消费者研究和法律咨询等服务性的职能,而许多完全独立的企业通常也都把这些职能外包。他们不直接与工会谈合约,但是许多独立经营的企业也都采用产业公会谈成的合约。不过,交流电火花塞事业部仍然自行处理工会的申诉。唯一一项独立企业会自行处理,而交流电火花塞事业部却不具备的职能是筹集资金,他们所需的一切资金都由通用汽车公司供应。

但是联邦分权单位的管理幅度也可能更小。

> 例如,西尔斯的分店(即使是每年做1000万美元生意的大店)自己不负责采购和商品开发,而由总公司统筹所有分店的需求。分店究竟销售哪些商品、每一种商品各占什么比例都是由总公司决定

的，而不是分店店长决定。无论每家分店愿意与否，他们都得拨出店面空间摆放邮寄柜台，替邮寄事业接订单，而邮寄事业在业务上等于直接与分店竞争。即使是分店的柜台和店面陈列方式也大都由位于芝加哥的总公司操控。最后，分店店长无权决定商品售价。他的职责是努力促销已经设计、开发、采购完成而且定好价格的商品。

在这两种极端中间，还有许多种不同的可能性。

在通用电气公司里，某些产品事业部和通用汽车的交流电火花塞事业部同样掌握自主经营权，但也有一些产品事业部虽然最后还是要负责营销，却把实际的销售和服务工作委托另外一个销售部门处理，而这个销售部负责经销通用电气好几个事业部的产品，经营方式就好像独立经销商会代理不同制造商互补的产品一样。通用电气公司有的产品事业部自己做研究，有的和邻近的事业部合作进行研究，有的则高度依赖总公司的研究机构。

化学公司也有多种不同的分权模式。的确，联邦分权制模式的优点之一就是一方面允许极丰富的多样化，另一方面又不会破坏基本的一致性。

不过，联邦分权制如果要见效，还必须满足一个必要条件，事业单位必须直接将利润贡献给公司，而不仅仅是对公司整体获利有所贡献。事业单位的盈亏应该直接反映在公司的盈亏上。事实上，公司的总利润必须是各事业单位利润加起来的总和，而且必须是真正的利润，不是靠操纵会计数字得出的结果，而是由经营目标和市场的最终判断来决定。

为了能够给公司贡献利润，事业单位必须有自己的市场，这里所说的市场可以纯粹是地理上的市场。

有一家宾夕法尼亚州的锅具制造商在西岸的分厂虽然与匹兹堡的母厂生产的产品完全一致，却拥有自己的市场，因为横越美国内陆的运费实在太高了。一家寿险公司在亚特兰大地区的市场和波士顿地区的市场明显不同。而西尔斯在新罕布什尔州的分店也是如此，虽然不到50公里之外的马萨诸塞州就有另外一家西尔斯分店，以相同的价格供应相同的商品。

但有时候，市场也能靠产品来界定。

福特及通用汽车的自主管理部门，以及通用电气公司产品事业部的组织，都是建立在这样的基础之上。有一家大型橡胶公司也采取联邦式组织，把产品分成四条主要的产品线：客车轮胎、商用卡车轮胎、特殊卡车轮胎和非轮胎类橡胶产品。每一条产品线无论在客源、面临的竞争或经销渠道上，都各具特色，独立经营，互不相干。他们又把非轮胎类橡胶产品再分为六个自主管理的单位（例如高筒橡胶鞋就是其中之一），每个单位都各有独特的产品线和管理体系。

在有些产业中，同一个地理区域的相同产品线可能有不止一个市场。

医院、学校、餐厅、旅馆、大型办公室等大批采购椅子的团购客户，和零售顾客是不同的市场，两者的经销渠道、价格、购买方式都不一样。我知道有一家中型家具商就将公司的快速成长归功于他们分别设立了两个自主管理的产品事业部——零售家具事业和团购家具事业，虽然椅子的设计和生产过程没有什么两样，但是两个事业部却都由自己的工厂供货。

实施联邦分权制的规则

无论事业单位的规模是大是小，多么独立自主或很多限制，如果要成功地实施联邦分权制，应该遵守五个规则。

1. 任何联邦式组织都需要强大的分部和强有力的中央。"分权"这个词事实上很容易引起误解，但是因为今天这个名词已经极为普遍，无法舍弃不用。分权似乎暗指中央的弱化，但是这绝对大错特错。联邦分权制需要中央为整体设定清楚、有意义的目标，强力指导地方部门。这些目标必须要求公司上下达到高度的经营绩效和行为标准。

联邦分权制的组织也需要通过评估来控制。的确，每次见到联邦式组织碰到问题时（例如，联邦结构之上的中央管理体系一层又一层），原因往往在于中央采取的评估方式不适当，因此还是必须依赖管理者的自我监督。现有的评估方式必须精准而适当，能够可靠地评断管理者的绩效。

2. 采取联邦分权制的单位规模必须大到足以支撑所需要的管理结构。目标应该尽可能地放在自主单位，单位的规模则越小越好，但是当单位的规模太小，以至于根本负担不起所需管理的质与量时，就变成荒谬的闹剧。

当然，究竟规模多小才算小，还是要视业务性质而定。西尔斯的分店规模很小，但仍然足以支撑起完善的管理。小店所需要的管理其实只是店长加上几个负责第一线业务督导的部门主管，并获得相应的报酬。

在大规模生产的金属制造业中，真正自主管理的产品事业部虽然拥有自己的工程、制造和营销组织，但我相信除非他们的年销售额达到1 000万～1 200万美元，否则撑不起完善的管理体系。产品事业部的销售额如果太低，就会有人手不足或实际上依赖中央控制的危险。

在联邦分权制组织中,既要享受到小规模的好处,又要有完善的管理,新泽西州的强生公司提供了一个解决办法。在强生公司里,独立经营的事业仍然尽可能保持小规模,有的单位甚至只有200名员工左右,相当于西尔斯只有50名员工的分店规模。这些小单位要自行承担企业运营的所有职能,包括财务在内。但不同于西尔斯分店的是,强生的事业单位是完全独立经营的事业,有自己的总裁。但是由好几个单位一起分摊几位"董事"的开支,董事都是母公司的高层主管,过去也曾经营过事业单位,因此可以扮演顾问和专家的角色。如此一来,这些事业单位尽管规模和营业额都不大,却负担得起一流的管理。

3. 每个联邦分权制的单位应该都富有成长的潜力。如果把所有停滞不前的生产线都组成一个自主管理的事业单位,而把所有前景看好、快速成长的产品线组成另外一个事业单位,是很不好的组织方式。

4. 管理者在工作上应该有充分的发挥空间和挑战。我可以用下面的例子更清楚地说明我的看法。

一家大型橡胶公司刻意让流程设计变成总公司的职责,而非由生产事业部自行负责,尽管每个生产事业部的财力都足以负担流程设计的人力成本。公司之所以把流程设计收归中央,并不是因为不同的事业领域都面临类似的问题。相反,公司应该把流程设计和其他职能一起下放给各事业部,如此一来,才能达到彼此竞争的效益。但是这家公司认为,"流程设计"需要大胆的想象、创新的思维和实验的空间，因此需要的施展舞台和挑战更大，绝非产品事业部有能力提供。

然而分权管理的单位和其主管也需要施展空间和挑战。例如，他们应该担负起相当大的创新责任，否则可能变得墨守成规。因此一方面需要有一些活动为联邦分权制单位提供更大的发挥空间，另一方面又需要为各单位主管提供充分的挑战，两者之间必须找到适当的平衡点。

5.联邦单位应该并行，每个单位有自己的任务、市场和产品，同时彼此竞争，和通用汽车或福特汽车的汽车事业部一样。但是总公司通常不应该要求他们联合进行某项计划。他们的关系尽管紧密而友善，但是应该严格限制在商业关系上，而不是因为某个单位无法独立生存。

当联邦单位彼此之间不能够形成"常规交易"的关系，以至于一个单位必须靠另一个单位来养活，前者的运营完全要依赖后者时，就必须让这类单位享有"否决权"。通用汽车用来规范汽车事业部和零件事业部关系的规定正好说明了我的意思。

> 只要外部供应商的零件价钱更低或品质更好，汽车事业部有权向外采购，而不一定向自家公司的零件事业部采购。反之，只要能谈成好生意，零件事业部也有权把产品销到外面，甚至可以卖给汽车事业部的竞争对手。虽然他们很少行使这项权力，这个规定却绝非形同虚设，反而让两个事业部都更加壮大，更能够自主经营，也更有效率、更负责，并且达成更出色的经营绩效。

反对者往往辩称，如此一来等于否定了整合的价值，而且公司里究竟哪个单位赚钱其实没那么重要，反正利润全都落入同一个口袋里。但是这种说法假定表面的和谐比效率和低成本更重要，还假定无论公司各部分绩效如何，公司仍然可以从整合中获益。这两种假设都站不住脚。更重要的是，这种论点忽略了行使否决权对两个单位的绩效和责任带来的影响。

> 有两家大型石油公司都自己经营油轮。其中一家公司的运输部门只要能够拿到更高的价钱，就有权替其他炼油厂运油；炼油厂也有权雇用其他公司的油轮来运油，只要其他公司的价钱比较便宜。另外一家公司的油轮交由独立公司经营，尽管石油公司仍然握有百分之百的股权。但是，其油轮只能载运自己公司炼油厂的石油，而其炼油厂也不能委托其他油轮运油。双方频频因为运油费率而起争执，常常惊动最高主管来仲裁。
>
> 两家公司都认为它们的油轮服务是自主经营、自负盈亏的事业。第一家公司多年来未曾动用"否决权"，但是由于拥有这个权利，油轮事业的管理者感觉他们真的是在经营自己的事业。而第二家公司的油轮经营团队觉得自己在管理工厂设施，而不是在经营一个事业。的确，当最高主管虚伪地高谈他们的自主权时，运输部门的员工都愤愤不平。毋庸置疑，结果拥有真正"联邦制"油轮单位的公司能获得更便宜且更好的运输服务。

联邦分权制有其限制，就是必须有区隔的市场才能实施，因此，例如铁路公司就无法实施这种制度。铁路线上每个部门的业务量有3/4来自其他部门，或将归到其他部门。换句话说，铁路公司的任何运营单位并没有区隔的市场或独特的产品。

但是，由于联邦分权制需要有真正的市场，因此无法应用在企业的所有阶层和所有经营单位上。

西尔斯的分店全都施行联邦分权制。负责五金部门的经理等于自己经营一个小店铺，是最低的管理层级，而在他上面，只有分店负责人一个主管。他们之所以能这么做，当然是因为比起真正自主管理的事业单位，分店主管只需承担最低限度的经营责任。然而在其他企业中，低于某个标准之下，管理单位就只对整体利润有所贡献，而不是自己创造利润。举例来说，如果公司要销售产品，就必须有人负责制造产品。生产部门只对整体利润有所贡献，在会计师和经济学家的眼中，是利润创造过程中的支出。我们会说"生产成本"，却从来不说"生产利润"。换句话说，在每个企业中，低于某个标准之下，组织就必须实施职能分权制。

强调联邦分权制的限制和必须遵守的准则，以避免企业滥用这个观念，固然很重要，但是我们也不能不说，联邦分权制目前的应用状况并不如预期中普遍。联邦分权制适用于许多不同的产业，但是这些产业却未必都采用这种组织模式。大多数采用联邦分权制的公司也没有把权力尽可能下放到最低层。但是企业越能贯彻实施联邦分权制，就越能满足企业绩效对结构的要求。

职能分权制

职能性组织越接近联邦分权制，则效益越高，问题越少。

最好的例子莫过于通用电气公司的灯具事业部。40年前，通用电气公司将几个独立经营的事业部合并后，成立了这个事业部。40年来，灯具事业部成长了20倍，推出了许多新产品。

灯具事业部的组织图乍看之下好像典型的制造业，制造、营销等职能都由中央掌控。事实上，灯具事业部的经营重任掌握在一百多位主管手中，每位主管负责管理一个综合单位。有些单位制造玻璃和零件，例如灯泡的金属基座。他们的产品一方面供应灯具事业部，同时也有很多销售到市场上，而且主要卖给灯具事业部的竞争对手。因此，他们拥有自己的市场，是真正的产品事业部。有些单位销售灯泡。他们以固定价格向灯具事业部的工厂买进灯泡，就好像西尔斯的分店向芝加哥采购办公室进货一样，然后在自己的市场（不管是纽约、得州或加州）上销售。他们自己掌握营销的职能，也能控制部分的利润——他们能掌控销售量、产品组合和销售支出，但采购价格和售价则已预先决定。分权程度最低的是制造工厂。他们以市场价格，从零件工厂买进玻璃和零件，但是灯泡成品出货时，却是依规定价格卖给销售单位。即使如此，制造单位仍然有自己的创新和生产力目标。他们可以直接根据市场定位发展出目标，例如根据产出的品质与数量，也可以制定获利目标，尽管获利目标还无法完全有效检验他们在市场上的绩效，但至少是个客观的标准，可以据以评估不同制造工厂的绩效。

灯具事业部有制造和营销主管，他们的职责并不是督导各事业单位主管的工作，而是为他们服务。各事业单位主管由总经理亲自任命，因此直接向总经理报告，也只有总经理有权撤换。

所以，组织职能性工作的时候，应该赋予管理者最大的权责，来产出已完成或接近完成的产品或服务。否则各部门主管就无法制定从企业目标所发展出来的绩效目标和成果衡量标准，也不会真的把注意力放在运营成果上。结果，他们只好根据"专业人力资源管理"或"优秀的专业工程技术"等标准来设定目标，通过技术能力，而不是通过对企业整体的贡献来评估工作成果。他们不是宣称："去年，我们成功地将公司所有员工的生产力提升了

5%。"而是说:"我们成功地把 18 个新的人事计划推销给第一线的主管。"

分权制一直都是组织职能性活动最好的方法。但是如果生产系统中包含了自动化的流程,采取分权制就更加必要。因为任何公司的生产组织如果采取了自动化的物料处理或回馈控制系统(这是自动化的两个主要元素),就必须在非常低的层级建立一系列的信息和决策中心,并且达到高度的整合。

> 福特汽车公司位于克利夫兰的引擎工厂就是很好的例子。这是个旧式的大规模生产工厂,生产同一种产品,而非同一种零件,但最近规划了全自动化的材料处理和输送流程。为了这个小小的技术改变,却必须彻底改造工厂的组织方式,从传统的职能性"指挥链"改成所谓的"任务小组形态",许多小小的信息中心和决策中心尽管位于"指挥链"中的最底层,却横跨各不同职能的部门。

任何企业假如采用新科技来大规模生产零件,再组合成各种不同的产品,或是采取流程生产方式,那么就必须在生产组织之外,建立类似的信息和决策中心。因为设计产品已经不再是工程部门设计,然后工厂制造、销售部门推销,而是团队共同的努力,营销人员、生产人员和工程师从一开始就通力合作,这又是"任务小组"的概念。因此,必须以分权制的组织来取代中央集权的职能性运作方式,自主管理的单位掌握了最多的信息和最大的决策权,同时也有最宽广的施展空间。

采取分权制经营的职能性单位如何兼顾广阔的运营空间与小规模的问题,实际上主要都要靠所需管理层级的多寡来决定。在理想情况下,每一位部门主管都应该亲自向联邦单位或产品事业部的总经理报告,两者之间,最多只能插入一个管理层级。

原因在于,在管理完善的企业中,每位管理者都会负责任地参与由顶头上司所召集的目标设定讨论，根据上级单位的目标发展出自己所管辖单位的目标。如此一来，隶属于联邦单位之下的职能性部门的主管将积极参与事业单位的目标发展过程，并因此根据经营目标来设定自己部门的目标，下一级的主管也会积极参与目标发展的过程，所设定的目标将反映整体经营目标。但更低一级的主管（也就是说，如今在职能性部门主管和联邦单位或产品事业部之间，已经插入了两个层级）所面对的目标都是职能性的目标，而这些目标和他们必须协助达成的整体经营目标之间的关系，就好比逐字直译的诗文和原文之间的关系一样。根据我的亲身经验，当组织的职能性单位从两个层级发展为三个层级时，职能性主管对于企业的贡献以及他们对于企业需求的认知下滑得最厉害。

我知道在工厂中，要限制职能性管理层级不超过两级，几乎是不可能的事情，因为要管理的员工实在太多了。不过，其他的职能性活动应该都可以遵循这个原则。自动化的其中一个重要吸引力，或许正在于工厂因此可能采用"扁平式"组织结构，换句话说，自动化将会促进分权制的管理，而非阻挠分权制的管理。

当组织需要两个以上的职能性管理层级时，就表示企业的规模已经太大或太复杂，而不适合采取职能性的组织方式。这时候，如果可行的话，就应该引进联邦分权制，因为职能性组织已经无法满足企业在组织结构上的需求。

联邦单位之间的关系应该是"平行"联结，而职能性单位则是"序列"联结。由于职能性单位必须和其他单位通力合作，无法独立生产任何东西，因此最好的安排方式就好像在屋顶上排列瓦片一样：每个单位彼此都稍微重叠，因此可以确保所有必要活动都会涵盖在内，同时也明确制定需要合作的领域。因为联邦分权单位需要达成的目标大都能以金额数目具体而清楚地说明，职能性单位的目标不是那么"明确"，也可以说这些活动对于最后经营绩效所造成的影响不是那么直接，从而很难准确地表示。因此必须因为管理者不同的个性和能力，而保留调整的空间。必须允许强势领导的单位有些微扩权，或领导人较弱时，他所管辖的单位职权也随之削弱。换句话说，在职能性单位的屋瓦式联结中，必须保持一定的弹性。

建立共同的公民意识

无论实施联邦或职能分权制，都必须在企业上上下下建立共同的公民意识，在多元中保存一致性。即使最自主管理的产品事业部都不算真正独立的单位，反之，自治只是整个企业提高绩效的手段而已。因此，由于拥有更大的自主权，各单位管理者更应该把自己当成整个企业和广大团体的一分子。

事实上，分权制并不会影响建立共同的公民意识。在中央集权的职能性组织中，这个问题可能更严重，例如，分别效忠于生产部门或工程部门的单位可能彼此斗争，甚至因此与企业需求发生正面冲突。而在联邦分权制中，地方忠诚仍然会符合企业对经营绩效的要求。别克汽车事业部忠心耿耿的员工很可能也会是更好的"通用汽车人"。无论是因为职能性组织的派系斗争还是产品事业部狭隘的本位主义，要建立共同的公民意识，保持向心力，管理层可以采取如下方法。

第一种方法关系到高层保留给自己的决策权。例如在通用电气公司，放弃既有事业和开创新事业的决定权掌握在总裁一人手中。在通用汽车公司，只有企业总部的高层有权决定每个事业部的产品价格范围，他们借此控制了公司主要单位的竞争。在西尔斯公司，芝加哥总部决定了每家分店销售的商品类型，例如是家电还是时装等。

换句话说，必须有某种"共同福祉条款"，将影响企业整体及未来长期利益的重要决策权保留给中央主管机关，因此中央有权基于整体利益而驳回地方单位野心勃勃的计划。

第二种方法公司应该跨越部门和单位的界限，有系统地提拔管理人才。据说，除非美国能为所有军种建立统一的升迁渠道和生涯发展方向，否则就不可能产生协调一致的国防军力，因为在尚未达成这个目标之前，各军种只关心自己的需求和利益，视其他军种为竞争对手，而非合作伙伴。企业界也面临同样的问题。如果员工认定他的事业发展渠道只限制在一个单位之中，假定是通用汽车的交流电火花塞事业部，那么他会努力成为"交流电火花塞事业部人"，而非"通用汽车人"。如果员工认为会计部门的主管掌握了他能否升迁的大权，那么他就会重视自己在"专业会计工作"上的表现甚于对公司的贡献，把更多的精力投注于会计部门的扩展上，而非努力促进公司成长。以上两个人都只看到了企业的一小部分，视野都十分狭隘。

把非常一般的员工调来调去，其实没有多大意义，但是一旦员工已经从基层管理职位上脱颖而出，表现出特别优异的绩效时，就应该考虑把他提拔到其他单位去工作。通用汽车公司有一套统一的轮调制度，事业部高层主管——生产经理、销售经理、总工程师等，大都曾经在其他事业部担任过主管，虽然他们多半仍然领导同样的部门，不曾在其他事业部担任过高层主管的总经理是极少数的例外。

要建立共同的公民意识，必须遵守共同的原则，也就是具有相同的目标和信念，但是在实务上所要求的一致性不应超越具体任务对一致性的需求。

举例来说，在好几个采取联邦分权制的大公司里，从管理才干中获益最大的应该是整个公司，而且应该根据每位主管的绩效，给予他最大的升迁机会，这都是大家认同的基本原则。但在实现这些原则时，需要有一致的做法。必须有一套方法来搜集管理人员的名字和工作记录，也必须要求掌握升迁大权的管理者对所有合格的候选人一视同仁，不能特别青睐自己人。除此之外，至于如何评估候选人，采用什么选拔程序，推荐哪个人升迁，管理者完全有权自行决定。

另外一个例子是，一家成功的大型工具制造商15年前采用了一个原则：只做工程标准要求最高的生意。但是他们交由事业部主管来决定如何应用这条规定，结果每个事业部的做法都不同。有个事业部故意以高价供应高度专业的设备，因此把高品质工程技术的规定转换为促销时的一大资产。另外一个事业部仍然继续待在竞争激烈的市场上，但他们有系统地教育顾客提高对工程品质的要求，他们的口号是"同样的成本，更高的品质"。第三个事业部认为这个规定会对他们的廉价小工具销售业务形成阻碍，但是只要改善生产和销售方法，就能克服这个问题。他们的主管表示："一开始，我们的工程成本比竞争对手高，对我们十分不利。因为顾客不愿意为了比较高的工程品质而多花钱，他们完全看价钱来决定要买谁的产品。因此我们必须想办法把产品卖得比竞争对手还便宜，以扩大销售量来弥补增加的工程成本。"

换句话说，多样化的做法反而强化了一致的目标和信念，而这正是建立共同的公民意识所不可或缺的。只有当其他单位会直接受到影响时，才需要一致的做法。但是，却必须建立一致的原则，并且明确说明，严格遵守。

组织不健全的症状

任何具备管理经验的人只要看到健全的组织结构，就会知道这个组织很健全（虽然碰到的机会并不多）。就好像医生看到病人，就能判断他是不是健康的人一样，他只能从反面来定义"健康"，换句话说，只要来看病的人没有病痛、残疾或病理学上的退化现象，他就认为他很健康。

同理，我们很难描述健全的组织是什么样子，但却能指出不健全组织的症状。每当这些症状出现时，企业就必须对组织结构进行彻底的检查。出现这些症状，表示组织没有遵循正确的结构原则。

组织不健全的一个明显症状是管理层级不断增加——显示缺乏目标或目标混乱，不能撤换表现不佳的员工，过度中央集权，或缺乏适当的活动分析。当企业面临"间接费用"的压力时，例如必须增加协调者或助理的人力，这些员工本身没有明确的工作责任，只负责协助上司完成工作——也显现出组织不良的问题。同样，这种情况显示组织必须采取特殊措施来协调各种活动，并且建立管理者之间的沟通渠道：设立协调委员会、全职的联络人员、经常召开会议等。

同样明显的迹象是，员工喜欢"通过渠道沟通"，而不直接去找掌握了信息、有想法或应该被告知目前状况的人沟通。在职能主义下，这个问题会变得特别严重，因为会更强化职能性组织的成员重视自己部门甚于整个企业的风气。结果员工彼此隔绝，即使在充分实施分权管理的情况下，职能性组织仍然会导致孤立和隔绝。"通过渠道沟通"不只是组织不健全的症状，而且也是起因。

无论组织的形态和结构为何，管理者必须密切注意一个严重的体质失调的问题：管理层年龄结构失衡。

最近我们经常听到管理层年纪太大的讨论，但是如果主管多半是年轻人，也同样危险。因为管理层过于老化的问题很快就会自动消失，只要企业存活的时间够久，就可以避免问题再度出现。然而如果管理层大半都很年轻，就意味着未来很多年里，公司里其他年轻人的升迁机会变得很少，坐在重要位子上的人都还有二十几年的工作生涯才会退休。优秀人才要么根本不进入这样的公司，另谋他就；要么留下来，在沮丧中学会趋炎附势，并变得不再那么优秀。而10年后，今天的年轻主管会变成老化的管理层，而且看不出有人可以接替他们的位子。事实上，今天所有面临主管老化问题的公司，都是因为20年前在经济大萧条的影响下，他们引进了一批年轻的管理者，而今天，年轻人都不再年轻。

企业主管在进行人力规划时，应该把管理层年龄结构平衡当成重要课题。主管位子上必须有足够的老人，因此年轻人才有接班的机会；同时又有一定数量的年轻人，因此才能确保管理经验得以延续，不至于断层；必须有足够的老人来提供经验，同时又有年轻人可以带来冲劲。管理层的年龄结构就好像人体的新陈代谢作用一样；如果新陈代谢失衡，那么人就会生病。

好的组织结构不会自动产生良好的绩效，就好像有一部好宪法，并不能保证一定会出现好总统或好法律、有道德的社会一样。但是在不健全的组织结构下，无论管理者是多么优秀，企业一定不可能展现出色的绩效。

因此，通过尽可能强化联邦分权制，以及把分权制的原则应用在职能性的组织活动上，以改善组织结构，总是能提升企业的经营绩效。如此一来，优秀人才才不会受到压制，才能有效地在工作上有所表现。同时，公司也能借着提升他们的愿景和提高对他们的要求，让优秀人才脱颖而出。表现不佳的员工也无所遁形，遭到撤换。

健全的组织结构不是灵丹妙药，也不像某些组织理论专家所说的，是管理"管理者"最重要的工作。毕竟解剖学并不能代表生物学的全部。但是，正确的组织结构是必要的基础。如果没有健全的组织结构，其他管理领域也无法有效达成良好的绩效。

CHAPTER 18 | 第18章

大企业、小企业和成长中的企业

　　世外桃源般的小企业的神话——多大才算大——雇员的人数不是衡量的标准——赫德森公司和克莱斯勒公司——其他的因素：产业地位、资本总额的要求、决策的时间周期、技术、地理——一家与管理结构的需要相等的大公司——企业规模的四个阶段——多大才算太大——无法管理的企业——规模小造成的问题——缺乏管理的规模和远见——家族企业——小企业能干什么——规模大造成的问题——首席执行官和首席执行官的工作——在内部发展的危险……幕僚形成的王国——如何组织服务工作——改变基本的态度——成长是最大的问题

　　小企业没有精神和士气的问题，也没有组织结构或沟通的问题，这几乎已经成为美国人的信条。不幸的是，这完全是神话。不能容忍异议、坚持独裁的一人领导的小企业，通常都是企业精神不佳的例证。就我所知，沟通最差的企业莫过于老板总是"讳莫如深"的典型小企业，而最没有组织的企业则是每人身兼数职、没有人清楚究竟该做哪些工作的小公司。事实上，如果20世纪30年代的福特汽车公司代表了士气不振、组织散漫、沟通不良的典

型例子，这完全是因为老福特试图采取典型的小企业管理方式来经营福特公司。只不过因为福特的经营规模实在太大了，因此小企业习以为常的经营方式才会显得如此特殊。

小企业为管理者提供了更大的发展机会，这种说法简直是谬论，更遑论小企业会自动培养管理者的说法了。在这方面，大型企业绝对较具优势。大企业要系统化地培养管理人才，当然比小企业容易多了。大企业即使无法立即启用有潜力的人才，但仍然有能力把人才留在企业中。更重要的是，大企业能提供更多的管理机会，尤其是给新人提供更多的历练。因为在大公司里调职的机会较多，新人比较容易找到最适合自己的工作。对初入职场的新人而言，能够在自己最适合的工作或职位上起步，实在是难得的幸运。正如大家所说，许多大学毕业生都希望进入大企业工作或许是为了追求工作保障，但这种现象当然也反映了大学生衡量了现实状况和自身最佳利益的结果。

所以，企业规模不会改变企业的本质和管理的原则，而且既不会影响管理"管理者"的基本问题，更不会影响工作和员工的管理。

但是，规模却对管理结构有重大影响。管理机制必须以不同的行为和态度来管理不同规模的企业，而规模的变化（也就是成长）则比规模大小本身的影响更大。

多大才算大

多大才算大？在经济和商业文献中，这是一再出现的问题。最常用的衡量指标是员工人数。当企业从只有 30 名员工成长到 300 名员工的规模时，的确在结构和行为上都有很大的改变；通常当企业规模从 3000 名员工成长为 3 万名员工时，又会经历另外一次质变。但是尽管员工人数和企业大小有关，却不是决定性的因素。有的企业只有几个员工，却具备了大企业所有的特色。

有一家大型管理顾问公司就是个好例子。这家公司只有200名左右的员工（这样的规模在保险公司就算很小了，而和汽车业比起来，更是小得多），然而大公司的所有"氛围"，这家公司却应有尽有，因此必须具备大公司的管理结构、态度和行为。原因当然是管理顾问公司里每个人（除了秘书、收发员和管理档案的职员之外）都是高层主管，或至少是中高层主管。管理顾问公司就像罗马军队一样，只有将官和校官。因此200人的高层管理团队其实已经相当于大公司的规模。

相反，员工人数众多的公司也可能从任何角度来看，都只是一家小公司，从管理结构和管理行为角度来看，更是如此。

据我所知，最好的例子莫过于一家供应地区用水的自来水公司。这家公司有7500名员工，但是正如同公司总裁所说："我们不需要有比玩具店更多的管理者。"由于自来水是垄断事业，根本没有竞争对手，水资源枯竭的危险也微乎其微。建造蓄水坝、滤水厂和泵站都需要很多技术，但合同商会负责解决所有的技术问题，因此总裁加上两名工程师就可以包办公司需要进行的所有工程。控制登录水表和寄发账单的成本是非常重要的事情，但却不牵涉任何经营决策，只需要按照操作程序做即可。唯一需要某种程度管理的地方是与公用事业管理委员会、市议会和社会大众之间的关系。但是，正如自来水公司总裁所说，无论自来水公司有75名员工，还是7500名员工，其实都没有什么差别。

另外一个例子是赫德森汽车公司（Hudson Motor Car Company）。与纳什凯尔文纳特公司（Nash-Kelvinator）合并之前，赫德森汽车公司一直是成功的中型企业。赫德森汽车公司雇用的员工超过两万名，但在汽车市场上却毫不起眼，市场上售出的汽车，只有3%是由赫德森汽车公司制造的。事实上对汽车公司而言，全国性的经销和服务网是不可或缺的，所以赫德森汽车公司的规模实在是太小了，难以生存，最后不得不与另外一家公司合并。

但是在20世纪30年代，由于赫德森汽车公司深知身为小公司的意义所在，因此蓬勃发展。例如赫德森汽车公司很清楚，小公司如果也和别人杀价竞争，必然会走向破产，于是他们采取了一种竞争策略，就是为自家汽车贴上高价标签，因此在顾客换车时，他们可以用比较好的价钱收购二手车。如此一来，顾客只要花费新旧车之间的差价，就买得起一辆"中价位"新车，结果花的钱和买一辆低价位汽车差不多（这是不重要的小公司采取正确价格政策的典型范例）。赫德森汽车公司的整个组织除了销售部门之外，都是小公司的经营形态。最高主管一人制定所有的经营决策，部门主管只有几位。

最有趣的例子是另外一家汽车公司——克莱斯勒。在第二次世界大战之前，克莱斯勒已经是全球第二大汽车制造公司，雇用了10万多名员工，年销售额超过10亿美元。然而克莱斯勒在20世纪30年代却刻意采取中型公司的组织结构和经营形态。克莱斯勒尽量化繁为简，自己只生产引擎，汽车中其他所有零组件，包括框架和车身、配件和仪器等，全都对外采购。因此生产变成单纯的组装工作，需要很高的技术能力，却不需要什么经营决策。组装厂的资本投资金额不大，也不用盖大厂或购买复杂的机器设备（很少有人知道汽车组装是靠手工完成的，通常螺丝刀和钳子已经是用得最多的工具了）。组装厂管理的优劣其实很好判断：只要看生产线每天究竟是产出15辆车还是17辆车就好了。其他一切需求，克莱斯勒全都用外包方式处理，例如他们聘请纽约一家法律公司负责和工会谈判。只有营销和设计还需要高层主管制定经营政策和管理决策，否则大体来说，克莱斯勒只需要一流的组装线技术人员就够了。结果，一个人就能承担所有的管理实务工作：克莱斯勒（Walter P. Chrysler）本人担负重任，另外还有一两个亲信协助他。经营团队人数少，关系紧密，组织简单，而且相处和谐。

当然，这样做究竟对不对，仍然有争辩的余地。战后的发展迫使克莱斯勒180度大转弯，改变政策，大幅整合。究竟克莱斯勒能不能建立公司所需要的管理结构，解决新结构所需要的管理组织、行为和绩效，要再过几年才看得出来。早期克莱斯勒试图表现得像一家中型公司，或许正是过去几年克莱斯勒节节败退的原因。但至少只要克莱斯勒还在世一天，这家庞大的企业都还是会成功地以中型公司的形态经营。克莱斯勒稳定成长，并且投资报酬率经常都是所有汽车公司中最高的。

有时候，甚至地理环境都有决定性的影响。有一家公司在世界5个不同的地区拥有5家小工厂——员工总数大约1000出头。然而由于5家工厂的生产和销售都紧密结合，结果管理层所面对的问题大都和雇用一两万名员工的企业才会碰到的问题没有两样。

但是所有这些因素都要归结到管理结构、管理的不同机制所要求的行为，以及管理层必须通过规划和思考来管理，而不是借着"实际作业"来管理。因此，衡量企业规模唯一可靠的标准是管理结构，尤其是高层管理结构。公司需要的管理结构有多大，公司就有多大。

企业规模的四个阶段

如果我们采用管理结构作为标准，那么我们会发现，企业不只有"大企业"和"小企业"之分，而是至少有4种，甚至有5种不同的企业规模，每一种规模都有其独特的特性和问题。

首先谈谈小企业。小企业和一人独资企业的不同之处是，小企业的最高主管和员工之间隔着一个管理层级。如果公司由两人合伙经营，一人主管销售，另外一人主管生产，那么仍然算独资创业的形态。如果工厂里有几个工头，扮演组长或技师的角色，那么也还是独资经营的形态。但是，如果公司还需要其他主管、财务主管、销售经理等，那么就是小企业了。

在小企业中，无论是最高主管职务中的具体行动或目标设定，都不是全职工作。小企业老板可能一方面要经营公司，另一方面还要负责某个部门，例如销售或制造部门。不过，这类小企业已经需要某种管理组织了。

企业规模的下一阶段可能是最普遍的阶段，也是最困难的阶段。由于在这个阶段无法解决管理组织的问题而带来严重的麻烦，是常见的情况。这个阶段没有自己的名称，甚至通常也不被认为自成一个阶段。由于没有更好的名称，我姑且称之为"中型企业"。

中型企业和小企业有两个不同的地方。第一，负责企业运营的工作已经变成全职工作，而且企业整体目标也不再由最高主管一人决定。设定目标有可能成为兼职工作，例如财务主管除了负责财务之外，还兼而为之。但是在中型企业中，比较好的做法通常是把目标设定当作独立的职能，例如由定期举行的部门主管会议扮演企划委员会的职能，负责设定目标。

因此中型企业需要成立高层经营团队，部门主管和高层主管之间的关系总是会发生问题，尽管问题还不大。

在这个阶段，企业必须决定采取哪一种组织结构原则。小企业通常根据职能来组织，部门主管直接向经营者报告，通常也毫无困难。在中型企业中，联邦式的组织原则不但可行，而且好处颇多。

第二，在中型企业中，我们头一次碰到组织技术专家的问题。大体而言，"幕僚职能"还不为人所知（或许除了人力资源部门比较熟悉这部分职能），但是许多领域都用得上技术专家。必须好好思考他们和各个部门及高层主管之间的关系，以及他们和企业目标的关系。

再下一个阶段是"大企业"。大企业的特色是最高主管的一项主要职能必须以团队方式运作，不管是高层的运营职能或设定整体目标，工作内容都太庞大，无法由一人独立承担，必须由不同的人分担。有时候，某项工作会变成一个人的全职工作，以及其他几个人的兼职工作。

举例来说，公司总裁的全职工作是企业经营管理，但生产副总裁和销售副总裁在部门职责之外，也花很多时间来分担高层运营责任。同样，企业可能由一位执行副总裁全职负责统筹整体目标，或常见的情况是，由总部处于半退休状态的董事长全职负责目标设定。同时，公司的财务主管、总工程师和人力资源副总裁可能也都花很多时间设定目标。

大企业通常比较适合采用联邦式的管理组织原则。在大多数的大企业中，这也是唯一令人满意的组织原则，但高层经营团队与联邦自治单位管理者之间的关系将形成问题。

最后一个企业规模的阶段是超大型企业。超大型企业的第一个特色是高层主管的企业运营和目标设定工作都必须以团队方式进行。每一项工作都必须由好几位高层主管全职负责。另外，超大型企业只能采用联邦式的管理结构。由于企业规模太庞大也太复杂，根本不可能采取其他组织方式。最后，高层经营团队必须优先把全副精力放在处理最高经营阶层和运营主管之间的关系上。在这种超大型企业中，有系统地组织最高主管的工作非常困难，但也非常必要。

多大才算太大

或许还有另外一个阶段：规模大到无法管理的企业。超大型企业究竟能成长到多大的规模？可以管理的企业组织究竟上限何在？有没有这样一个上限？

我们没有理由相信，仅仅规模本身就足以违反公众利益。企业规模不一定会造成垄断，阻碍经济或社会流动性（的确，美国经济体系中汰旧换新最快的是小公司和前100名规模最大的企业）。出乎一般人意料之外，超大型企业并不会抑制新公司或小企业的成长。除非法律允许垄断，否则能不能顺利进入一个产业，取决于技术和市场因素以及需要的资本大小而定，而不是由产业内部的形势来决定。超大型企业往往会支持一群独立的小企业，以其为供应商或经销商。同样，仅仅企业规模本身不一定会影响劳资关系或社会稳定。

不过，单就企业规模本身而言，却有可能令企业变得无法管理。当产品事业部最高主管无法直接和总公司的高层经营团队沟通，而必须通过渠道才能接触到最高层时，企业就变得无法管理了。如果除了多位代理总裁外，还需要多加一层副总裁，那么这家企业也已经接近无法管理的规模了。同样，当负责目标设定的高层主管无法直接参与经营团队，还需要执行副总裁或事业集团副总裁来居间协调，将他们的想法传达给高层时，那么企业也已经成长到无法管理的规模了。

当超大型企业需要的管理层级变得这么多，即使是具有真才实学的人才通常都无法从基层晋升到高层，而必须按部就班慢慢通过每个层级的绩效考验时，这家公司的规模也变得太庞大了。这样的企业不但必须倒退回温室般的主管培养方式，而且必然会面临管理人才不足的窘境，因为他们未能充分利用最宝贵的资源，违背了我们社会的基本前提。

在管理实践上，这表示任何企业如果在基层员工和高层主管之间，需要插入六七个层级的话，就表示企业已经变得太大了。顺便提一下，"七"是军队中的层级数目，而军队的例子告诉我们，七层似乎太多了，因为只有在战时军力扩充的情况下，最有才干的军官才能晋升到最高军阶。

最后，当企业扩大发展，跨入许多不同的行业，以至于管理人员不再具有共同的公民意识，无法把企业当作一个整体来管理，也不再有共同的目标时，企业就变得无法管理了。

通过化学或电机工程等一般技术起家的企业中，更加容易面临这种无法管理的危险。随着技术的发展，企业推出越来越多样的产品，打入不同的市场，设定不同的创新目标，甚至采用不同的科技。发展到最后，终于连最高主管都无法了解多元化事业的需求，看不清企业的整体面貌，甚至适用于一种事业（或事业集团）的目标和原则会危害到另外一种事业。

大型石油公司似乎很了解这个问题。石油业是高度复杂、紧密整合的事业，但是只有几样主要产品，而这些少数产品在生产和营销上都息息相关。因此即使是全球运营的石油巨人，仍然是可以管理的。但随着石化业的发展，大型石油公司把新的化学事业独立成不同的公司，只保留财务上的所有权，但把化学事业部的经营管理权交付给新公司。它们刻意打破石油业紧密整合的传统，就是为了解决无法管理的问题。

新科技或许令过度多元化经营的危险成为企业管理上最严重的问题。因为推动自动化并不是大企业的特权，在许多产业中，小企业反而因自动化而得以生存。但是自动化要求企业在设计和管理每个流程时，都视之为独立而整合的整体。针对某个流程所做的管理政策和决定或许不适用于其他流程，针对一个职能及一个领域所做的管理政策和决定可能无法适用于整个流程。因此，不仅联邦式组织变得十分必要，而且也为产品多元化设下严格限制，超过上限，经营团队可能就无法管理。难怪石油公司选择不要把化学事业整合到原本的事业体系中，反而决定把它们独立出来，成立新公司。毕竟在自动化这个名词还未出现之前，石油公司已经开始实施自动化了。即将跨入新科技领域的较大型公司或许应该认真思考石油业的例子。

要对抗导致企业无法管理的种种力量，企业可以着力的地方很多。合理安排管理工作和企业结构，经过很长一段时间后，将能预防企业规模变得无法管理。例如，采取联邦分权制经营，以及组成适当的高层经营团队，应该能够克服高层组织过于臃肿的问题。我从来没有看过任何组织真的需要过多的管理层级。

但是大多数的超大型企业并没有面临公共政策或公共便利上的要求，迫使整个组织必须存在于一家公司中。因此超大型企业的高层主管总是自问：我们离无法管理的地步有多近？如果答案是已经很接近了，他们就必须善尽对股东、管理人员和社会大众的义务，设法把事业分割成几个部分。

规模小造成的问题

企业规模的每个阶段不但需要明确的管理结构，同时也有自己的问题和典型的缺点。

小型和中型企业的主要问题在于规模太小了，无法支撑起所需要的管理结构。在小型和中型的企业中担任高层主管的人必须比大型或超大型企业的高层主管更能干，更具备多方面的才华。他们不像大型企业的高层主管，有一群训练有素的技术人员和各方面的专业人才作为后盾。尤其中型企业通常都太小了，无法给管理者提供足够的诱因。在薪资方面，中型企业提供给一流人才的酬劳，可能还不如大型企业中低职位的薪水。因此中型企业培养的未来管理人才无论在质还是量上都有所不足。更严重的是，中型企业通常无法像大企业那样，提供管理职位所需的挑战和发挥的空间。管理能力无法满足管理上的需求始终是中型企业的一大问题，而且只要企业一直维持中等规模，往往就很难缩短这方面的落差。

中小型企业面临的另外一个典型问题源于这些企业往往是家族企业，因此高层职位往往都留给家族成员。只要不把能力不足的家族成员硬抬上管理职位，这种做法倒也不成问题，家族企业中常常听到的说法是："我们必须帮保罗表哥的忙，最好替他找份差事。"这种说法十分荒谬，因为保罗表哥没有能力完成分派给他的工作，更糟的是，真正有才干、有企图心的员工，只因为不是老板的亲戚，就备受打击。他们要么辞职，另谋高就，要么就是开始"怠工"，不再积极发挥自己的才干，只求过关就好。

最后，中小型企业的高层主管很容易变得视野狭隘，和外界接触不够，结果很可能知识和能力都越来越退步，对于决定企业存亡兴衰的社会趋势一无所知。他们甚至不明白企业碰到了管理组织的问题。更严重的是，他们可能完全不明白思考和规划的重要性，当公司的存亡问题需要更严密的分析时，他们仍然凭直觉来管理。

在许多中型企业中，由于这个问题太过严重，只有一个办法可以解决：借着和其他中小型企业合并或收购其他公司，而扩大企业规模。即使因此危害到家族对公司的控制权，仍然宁可走出这一步，以确保还能继续生存下去。

那么，中小型企业可以怎么做呢？首先，他们必须尽最大的努力，将外部观点引进主管会议中，以扩展管理层的愿景（这就是为什么我再三强调小公司必须聘请外部董事的原因）。

其次，如果这家公司属于家族企业，就应该采用一项铁律：任何家族成员都必须靠自己的能力争取职位。想帮保罗表哥的忙是一回事，但指派他担任销售经理或财务主管，又是另外一回事。如果只是帮忙，捐些钱给他，或给他一笔养老金，公司花费的成本只是每年给保罗表哥津贴而已。但是如果让他担任销售经理，公司付出的代价就是市场和公司迫切需要的管理人才。当家族成员和非家族成员同样都符合资格时，或许公司能优先录用家族成员，但是绝对不应该为了家族成员，而剥夺了更优秀的管理人才升迁的机会。

不过最重要的是，必须确定不会在行动决策的压力下忽略了规划、思考、分析的重要性。中小型企业的最高管理层每年至少应该拨出一个星期的时间来参加规划和检讨会议，而且会议应该在办公室之外的地方举行，每一位高层主管都应该参加。会议应该把讨论的焦点放在公司 5 年后的需要上，并且由此导出各个关键领域的目标。会议中应该评估过去一年各个领域所达到的成果，指派经营团队的个别成员为每个领域的绩效负起责任。

规模大造成的问题

大型和超大型企业所面临的第一个问题是：首席执行官工作的组织与范围。首席执行官应该做什么工作？如何组织这些工作？哪些决策应该由首席执行官制定？

我们已经谈过很多处理这个问题的方式，包括适当的结构原则，也包括必须将首席执行官的工作组织为团队的工作，同时需要分析首席执行官工作中涉及的活动、决策和关系。

不过首席执行官在企业中还是个新的职位。首席执行官是什么，做什么工作，以及应该做什么，都还是尚待探讨的新问题。

第二个问题是大企业和超大型企业的经营团队总是喜欢"近亲繁殖"，因此很容易变得自命不凡，流于自满。

根据生物学定律，有机体长得越大，质量与表面积之比就越大，内部细胞与外界接触的机会也就越小。因此随着生物逐渐成长，生物必须发展出特殊器官，来进行呼吸、排汗和排泄等职能。这个定律为生物的成长设下限制，因此树木才不会长到深入云际，而企业也和其他有机体一样，遵循着相同的定律。

一般而言，在大企业和超大型企业中，管理者一起成长，他们彼此熟识，每天通电话，在公司会议、训练课程、餐厅和乡村俱乐部中不时碰面，有共同的话题。

管理者自成一个小圈子的情形，就好像陆军军官只认识陆军军官，而海军军官只认识海军军官一样理所当然，也就好像海军军官的眷属只认识其他海军军官的眷属，而通用汽车、西尔斯或电话公司主管的太太也只认识同公司其他主管的太太一样天经地义。

大企业或超大型企业就像军队一样，需要在管理者之间建立起团队精神和亲密的同志情谊，同时对于公司和公司所代表的理念感到自豪。但是，千万不要让这种团队精神变质为只是盲目接受公司传统，只因为"我们过去一直都这么做"，就视之为神圣而不可改变的金科玉律，也不能对绩效不彰的情况视若无睹，轻视"外界"的意见。换句话说，绝不能因此导致内部腐化堕落。

这是一个十分严重的问题。它需要不止一种而是好几种的补救方法。其中一个解决办法是建立起真正独立的董事会，聘请工作勤奋、才干过人的圈外人担任董事。此外，可以有系统地安排管理者走出企业，和其他企业及社会各阶层多多接触。许多企业高层主管都认为，参加大学高级管理课程的一大好处是，有机会接触到其他公司的主管，彼此交流想法和信息，而且了解到自家公司的做法并不是唯一可行的做法，更遑论最好的做法了。尽管大多数企业主管都不怀念战时的服役经验，但是许多人也认为，正因为他们必须和非工商界人士共事一段时间，因此日后才能成为更优秀的主管。

要增加对外接触，以及外界的挑战和刺激，还有一个最简单有效的方法，就是有系统地从外界引进人才，甚至让他们担当重要管理职位。大企业和超大型企业就好像体积庞大的动物一样，必须有系统地发展出专司呼吸和排泄的特殊器官，而像大企业这样的庞大有机体如果要吸入新鲜空气，最好、最快的方法莫过于延揽成长于不同环境的企业主管来担任高层主管。起初圈外人可能不受欢迎，因为他老是挑剔新同事早已习以为常的做法和奉之为圭臬的金科玉律，但是他不受欢迎的原因，也正是他最宝贵的价值所在。

更重要的是基本态度。今天，大企业和超大型企业总是期望管理者把公司当成整个宇宙的中心。但是，一个人如果"只为公司而活"，那么他的人生实在太狭隘了。由于公司几乎等于他的整个生命，他会死命抓住公司不放，因此压抑年轻人的发展空间，希望借此让自己变得不可或缺，拼命想办法延后退休的时间，希望能晚一点面对空虚度日的恐怖生活。管理层为了自身利益，应该鼓励公司主管发展对外界活动的兴趣，同时也不应该限制管理人员参与社区事务或同业公会，因为参与社区事务有助于公司的公共关系，参与同业公会也能提升公司在产业界的地位。在英国军队组织中，诗人是资产，而非负债，而对天主教神父而言，热衷研究昆虫（或罗马钱币）的学者则肯定受到赞赏。大企业应该了解，"只为公司而活"的员工对自己或对公司而言，都是一大危险，他很可能变成一个"长生不老的童子军"。

幕僚形成的王国

大企业和超大型企业面临的另外一个严重问题是：企业总部的幕僚有形成"幕僚王国"的危险。

现在流行以"第一线"和"幕僚"来描绘企业的不同活动，对此我不以为然。这两个名词源自军方用语，在军方组织中或许有其意义，把它应用到企业活动中，却会混淆视听。

任何企业都包含两种活动：企业的生产职能，包括营销、创新之类的活动，以及供应的职能。有的供应职能提供物质产品，例如采购和生产职能，有的则提供构想、观念，例如工程职能，还有的提供信息，例如会计职能。但其中没有一项属于幕僚的职能，没有一项为其他职能提供咨询或服务。

其实我觉得宁可没有幕僚职能还好些。就我所知，身为"幕僚"意味着你有职权，却不必负责任，这会带来极大的害处。管理者的确需要专家协助，但是专家的职责主要还是完成自己的任务，而不是建议管理者该怎么做。他们必须为自己的工作负起完全的责任，而且他们应该隶属于某个单位，他们为单位主管提供职能性的服务，而不是成为专职幕僚。

在中小型企业中，幕僚的职能通常只限于对工作和员工的管理上。即使如此（我们将在第21章中讨论到），幕僚的观念所引起的混乱仍然会造成极大伤害。而在大型和超大型企业中，幕僚的观念造成的后果更严重——制造出一批企业总部的专职幕僚，他们的职责是为实际负责运营的管理者提供服务和建议。

我们通常都会在大企业总部中看到负责营销职能的幕僚、制造职能的幕僚、工程职能的幕僚、人事职能的幕僚以及会计职能的幕僚等。

这些中央幕僚严重阻碍了高层的绩效。思考这些关键领域的经营绩效应该是高层经营团队中某位成员的职责。小企业会由一人全权负责这八大关键领域，他是公司里的"强人"。此外，超大型企业可能会就每个关键领域，指派一位高层主管全职负责，包括营销、创新、生产力、资源供应、获利率、管理组织、人事、员工绩效及态度、公共责任。但是如果这些人都必须管理一批幕僚，就没有时间，也不会思考自己真正的职责所在：把企业视为整体来考虑，彻底思考每个经营决策对于自己负责的领域有何影响。他们忙着管理庞大的行政机器，把太多的心思花在如何把管理工具和技巧琢磨得更臻完美，太热衷于推动他们的特殊"计划"。通用电气公司曾经试图扭转这种情况，他们希望副总裁只花八成时间来管理幕僚，保留20%的时间在经营团队上，多思考关系到公司整体的问题。但是，两者的比例其实应该扭转过来，才能确保高层主管能以前瞻的眼光来思考公司的问题。就我所知，其他公司甚至连通用电气的程度都还达不到，几乎每家公司的高层主管都把所有时间花在自己管辖的王国上，没有留下什么时间从事高层经营管理工作。据我所知，有一家超大型企业副总裁几乎什么事也做不了，成天就忙着亲自面谈辖下56家工厂厂长推荐的总领班候选人。

为运营主管服务的专职幕僚不太可能够格担当高层经营管理的重任。他是个"专家"，而不是"总经理"，能坐上目前的位子是因为他具备人力资源管理或市场研究方面的专业知识。但是幕僚的工作也需要具有成功企业主管的愿景和经验，而无论专家多么成功地建立起幕僚王国，他们很少能拥有总经理的愿景或在企业管理上展现经过验证的绩效。

更重要的是，企业总部的专职幕僚严重阻碍了运营主管的绩效表现。
在我所知的每一家大企业中，最严重的组织问题，几乎都是幕僚和运营主管之间的冲突。理论上，幕僚的观念很有道理，但实际上却窒碍难行。幕僚非但不能为实际在第一线的运营主管服务，反而试图变成他的主人。他们非但没有从企业的目标和需求中找出自己的目标，反而极力推销自己的专业知识，仿佛把专业的追求变成终极目标。于是，实际负责运营的管理者越来越觉得自己能否升迁的命运掌握在中央幕僚手中，完全要看幕僚呈上去的报告中给他的评语是什么。这些专家幕僚不是通过运营主管的经营绩效来衡量自己的工作成果，而是计算管理者允许他们推动的特殊"套装"计划有多少，并借此评估主管绩效。许多大企业的专职幕僚尽管高声宣扬自己是多么认同分权的理想，实际上却大力支持中央集权。他们拼命在整个公司中推行统一的工作方式、工具和技巧。他们不会说："正确的目标只有一个，但是达成目标的途径却有很多。"由于他们的心思都放在工具和方法上，因此往往主张："无论目标是什么，都只有一种正确的工具，一个正确的方法。"他们非但不能协助管理者把工作做得更好，反而逐渐侵蚀了主管的权责。

提倡幕僚与一线主管观念的人也承认这个问题，但是他们把原因全归咎于好幕僚难求，认为具备幕僚性格的优秀人才太稀少了。他们说，只要我们培养出足够的谦逊的幕僚人员，所有问题就会迎刃而解。我总是很怀疑健全的企业职能是不是以素质为基础，我更不相信企业优生学那一套。更重要的是，理想幕僚的条件听起来还真像所有最危险而不负责的腐败贪污者、幕后操纵者和阴谋家，那些只想享受权利的特质，却不愿意负责任的人。

如何组织服务工作

问题的根源其实在于区分幕僚与一线主管的观念，在于相信天底下真有幕僚职能这回事。企业只有管理的职能，无论是经营企业、管理企业的生产职能或供应职能，都属于管理职能。

更重要的是，高层管理不应包含服务性工作，由于服务性工作只关乎工具和方法，并不会影响到企业整体，因此不属于公司总部的职责。由于服务性工作是为了协助运营主管，应该将它组织成运营主管的工具。

这表示服务性工作不应该交到专业人才的手中。但是也会有例外，例如和工会谈判已经变成高度中央集权的工作；由于工作契约变得复杂万分，必须高薪聘请训练有素的专家来谈判。管理层应该想办法扭转这种趋势，让劳资关系回到原本归属的地方——由当地主管全权负责。但即使如此，仍然需要专家来统筹全公司的劳资关系事务。不过，应该把这类事务当成合作性的计划，目的是服务于运营主管，而非中央幕僚。此外，企业中也会有跨组织的服务性活动。例如，负责聘雇的人力资源部门可能会为工厂及行政、工程、会计、销售等部门筛选和聘雇人员，公司内部可能有20个部门都必须以现代化的方式来管理办公室，然而每个部门的规模都不够大，负担不起全职的办公室管理人员。要解决这种状况，可以在员工人数最多的部门（例如生产部门）设立聘雇办公室，其他部门可用付费方式享受到他们的服务；

也可以由相关部门共同出资，合作管理办公室，并且由相关部门指定人员轮流负责管理工作。

但是，大企业仍然需要总部的组织。负责达成关键领域目标的经营团队成员身边都需要几个高层次的幕僚，但是他们不应该变为公司总部的服务性幕僚，而且人数应该越少越好，只需要几个人就够了。负责关键领域的高层主管身边的幕僚越少，就可以拿更多的薪水，尽管这个方法在实际上未必可行，却不见得是个坏主意，而且绝对优于现行制度——以服务性幕僚的薪资总额来衡量他们的重要性和贡献。

企业宁可任用担任过运营主管的人来当中央幕僚，而不要任用专家。幕僚的权力不应凌驾于运营主管之上，而且也不应该掌握运营主管的升迁大权，因为掌握升迁大权，就等于掌握了控制权。

企业还应该严格限制中央幕僚的工作范围。他们不应该为运营主管制定政策、程序或计划，这项任务应该交付给实际负责运营的管理者。中央幕僚的任务就是负责组织任务小组，规划这类特殊政策，但绝对不该自己一手承担起这项工作。这类任务是企业培养管理者的大好机会，让服务性幕僚抢占了这个机会，企业等于白白损失了迫切需要的培养主管的机会。由于运营主管日后必须推行新政策、采用新工具、执行新计划，只有他们自己才能决定应该采取哪些新政策、新工具和新计划。

中央幕僚应该只有三个明确的职责。他们有责任（或许这也是他们最重要的贡献）说明管理者可以期待担任幕僚的各领域专家有何贡献，也有责任在任命幕僚后，好好训练他们，同时他们必须负责做研究，但却不应该承担行政管理职责，也不应该推销一揽子计划，或以他们硬塞到运营主管手中的计划数量来衡量成败。换句话说，他们不应该是运营主管的服务性幕僚，而应扮演首席执行官的助手。

成长是最大的问题

无论是小型、中型、大型或超大型企业，有关企业规模最大的问题在于，这四种成长规模并不是循序渐进地出现的。企业并非在不知不觉中从中型企业成长为大型企业。每一个阶段都很独特。就企业规模而言，我们面对的并非古典物理学的渐进过程，而是量子现象。正因为如此，企业规模不但是质的问题，也是量的问题。

而企业规模最大的问题就在于成长问题，从一种规模转变到另外一种规模的问题。而成长问题其实主要是管理态度的问题。企业如果要成功地成长，先决条件是管理层必须能够大幅改变基本态度和行为。

几年前，有一家大工厂在开工4个月后就发生火灾，化为灰烬。安全专家一直在争辩火灾的教训。但是发生火灾的主因并非建筑物不安全，而是因为管理层无法调整态度，以适应大企业的实际状况。

这家企业的创办人在火灾发生时，仍然是企业的经营者。他在父亲的小店中担任机械工起家。起初，他只雇用两三个人。25年后，在火灾发生时，他的员工已经多达9000人。尽管当时美国机械业大部分的关键零件都由他供应，他仍然抱持着管理小店铺的心态在经营公司。

当公司首度规划盖新厂时，好几位董事都极力主张应该同时盖四五个新厂，而不要只盖一个厂。他们指出，把所有的生产作业都安排在一家工厂中进行，万一碰到意外、轰炸或火灾时，会造成问题。他们也指出，由于客户分布在全国各地，单单为了货运的考虑，就应该多盖几个工厂。结果最高主管对这些建议充耳不闻。他辩称，由于他必须向客户保证产品品质，因此也必须亲自负责督导生产作业。其实真正的原因只不过是，他在情感上无法卸下任何一部分的职责。

而火灾一发生，火势就迅速蔓延，主要是因为工厂中缺乏隔火墙的设计。总裁为了能从办公室后面的长廊俯瞰整座工厂，而否决了建筑蓝图上所有隔火墙的设计。刚起火时，工厂领班试图报告总裁，但是总裁外出用餐了。工厂中没有其他主管可以负责，总裁仍然身兼厂长和部门主管。结果，没有人统筹救火行动，当工厂显然将付之一炬时，甚至没有人想办法把最重要的机器、档案或蓝图搬走。

结果，不但整座工厂化为灰烬，整个企业也毁于一旦。因为在重建工厂时，除了公司总裁之外，没有人能和客户、供应商及机器制造商谈判，或把生产作业外包。这家公司只有停业清算。

然而正如一位董事所说，对公司和股东而言，这样的命运都比苦等老总裁过世要好多了。"因为我们至少还可以分到保险金。如果苦等老人过世，我们甚至连保险金都拿不到，但这家公司仍然同样无以为继。"

当然，这是个极端的例子，但却是非常普遍的情况。或许那家被烧光的工厂和一般情况唯一的不同之处是，一般公司不会精心设计有名无实的管理组织，来掩饰实际状况。但是创业者通常和这个工厂老板一样满心不情愿，也完全无法接受他不再能从小店后面的办公室中掌控全局的事实。

成长的真正问题不在于无知。首先是缺乏明确的工具来确定公司目前究竟到达什么状况。其次是态度的问题：管理者，尤其是高层主管，或许理智上知道公司需要什么，但是情感上却无法采取必要的措施，反而紧抓着熟悉的传统做法不放。的确，他们往往建立起好听的机制，把组织结构"分权制"，宣扬"新哲学"，但是却说一套，做一套，做法和过去没有两样。

以下两个例子证明企业必须具备检验成长阶段的诊断工具。

> 强生公司彻底实施联邦分权制的情况，足以成为大型企业组织的典范。但是当初它们完全是偶然领悟到，强生公司原本高度中央集权、一人领导的组织形态不再行得通。根据公司内部员工的回忆，当时他们有个产品出了问题。总裁请秘书召集所有需要直接为产品负责的人到他的办公室开会，结果来了27个人。总裁当下就决定，公司的组织方式上出了问题，开始寻找正确的组织结构。
>
> 在另外一个例子中，当公司总裁发现他自己无法回答董事会提出的有关4000万美元资本支出计划的问题时，他才深深领悟到公司必须开始实施分权制。这位总裁告诉我："我突然领悟到我一直忙着在领班的层次救火，反而忽略了公司的基本问题。我知道我必须放弃日常运营事务，多花一些时间思考。"

但是也有例外——有的公司有系统地思考这个问题。例如，当亨利·福特二世在1945年接管福特汽车公司时，他知道必须彻底改造福特的管理组织。大多数企业都是在偶然机会中了解到，管理组织已经不再适用公司成长了。

要改变基本态度究竟有多困难（即使知道非改变不可）下面这个例子是最好的说明。

> 有一家超大型公司的总裁经常到处宣扬好的管理方式，强调应

该放手让运营主管自己经营事业,并且因此在业界享有盛名。这家公司今天有14个大型事业部,每个事业部都自成联邦式的自主运营单位,有自己的总经理。即使最小的一个事业部,和第一次世界大战后这位总裁上任时的公司规模比起来,都足足大了3倍。然而所谓分权制在这家公司里实行的方式,却是总裁一天到晚都待在事业部总经理的办公室里。总裁自认他把所有时间都拿来协助事业部总经理。他的名言是:"我只是事业部总经理的仆人。"

事业部总经理却有不同的看法。他们认为总裁试图掌控他们的事业部,至少当他待在事业部的那段期间是如此。总裁心目中的协助在运营主管眼中却是干预,不但否定运营主管的权威,也削弱他们的职责。毋庸置疑,总裁不是单纯靠经营绩效来评估事业部总经理,而是看他们有多大意愿让他插手,以他认为适合的方式来经营事业部。

同时,总裁将高层管理的工作置之不顾,或是在权责、目标都不清楚的情况下,由副总裁代行高层管理工作,而每一位副总裁对于推动自己的专业领域都远比对公司整体经营更感兴趣。

但问题不只出在高层主管身上。在成长中的企业里,高层主管和中层主管同样也必须改变,而且也同样难以改变。

因此我相信,几乎大多数曾经大幅成长的公司都有过类似经验:曾担负企业经营重任的主管不再适合承担企业的经营重任。这些主管是在公司规模还很小的时候,升到目前的职位上的,当时他们的能力和愿景都还足以胜任。当公司逐渐成长时,工作的要求也随之升高,但是这些人却未能跟随着工作成长。

在一家大公司中,由于会计部门日渐壮大,簿记员也步步高升,当上了会计主管。工厂主管发现自己要负责管理20家工厂，只不过因为他是公司初创时就担任资深领班的老干部。这些人通常都不懂管理，甚至没有领悟到自己现在面对的要求不同了，做事方式仍然像以前只需要整理现金账目和督导四个生产线领班时一样。结果，他们压抑了下属的成长，下属因此停滞不前，深感挫折。由于管理层顾念旧情，不愿意因提拔其他人，而伤了老干部的感情，结果老员工反而变成公司一大瓶颈，阻碍了真正的管理人才出头的机会。

随着企业成长，公司高层必须发展新的能力，了解到他们的职能不再只是了解工厂或地区营业处的状况而已，很重要的是，他们必须了解，不是单靠与基层主管、员工保持沟通渠道畅通，就能解决规模的问题，这种沟通既非必需，也不受欢迎。

当企业越来越大时，高层主管的工作就具备了不同的时间特性；企业越大，高层管理团队就必须越往前看。他们在目标设定和实际执行的比例分配上也会有所不同：企业规模越大，高层管理团队就越把重心放在目标设定上，而花更少的时间关注应该如何一步步达成目标。管理层内部的关系改变了，沟通的重心也转移：企业越大，高层越不需要考虑向下沟通的问题，反而必须花费精力建立从最低层的主管到最高主管的向上沟通渠道。

为了顺应成长，管理层必须了解和应用组织原则，严谨设计组织结构，清楚设定目标，并且赋予各阶层主管明确的职责。善意、直觉和热情无法取代态度、愿景和能力上的改变。大企业的最高主管叫得出所有工厂领班的名字，这没有什么值得炫耀的，反而应该为此感到惭愧。因为当他拼命背这些名字的时候，到底是谁在履行最高主管的职责？对下属的关心无法取代经营绩效。

的确，善意无法解决企业成长的问题，管理者反而因此难以看清眼前的问题。每一家成长快速的企业，高层主管都认为下属没有改变行为模式，仍像最初在管理一家修理店一样，他看到其他公司也面临同样的问题。的确，他看到其他人误以为能够靠善意来解决这个问题（就好像每个少女在成长阶段中，都曾深信单靠自己的力量，就可以改造酒鬼），这些人都以为单靠自己的力量，就可以照着老方法继续管理公司，因为（他们知道怎么和底下人打交道），他们关心部属，有一套自己的"沟通方式"。尽管说起来铿锵有力，他们却因此看不清自己无法面对现实状况，改变态度和行为。

就我所知，管理者要诊断出企业的成长状况，只有一个办法，就是分析达到目标所需的活动、分析需要制定的决策，也分析不同的管理工作之间的关系。在强生公司，这样的分析会显示在制定任何产品的相关决策时，必须咨询 27 个人的意见。同时，针对前面提到的另外一家公司的例子，这类分析也显示总裁必须花时间思考基本的资本支出决策，而不是忙着救火。

只有通过这三种分析，才能带来态度和行为的改变。首先，通过分析，能确定工作的优先顺序。决策分析将能迫使一家表面实施分权制管理的公司总裁了解到他必须思考的长期基本问题还有很多，不能整天都待在事业部总经理的办公室里管东管西，至少会迫使他在两者之间有所取舍。关系分析会让他领悟到"和员工打交道"不再是他的重要工作。或许事业部总经理也能通过决策分析和关系分析向总裁表示，总裁事实上已经越俎代庖了（至少他们或许能找到几位董事愿意也能够向总裁表达这个意见）。

分析企业需要哪一种结构也能告诉运营主管他们应该做哪些工作、制定哪些决策，阻止他们"把责任往上推"。当他们真的做了该做的决定时，也可以保护他们不受上司怪罪。最后，这些分析有助于建立明确的绩效标准，否则将很难解决老干部能力不足的问题。

如果成长不是不当增肥的话，成长应该是企业成功发展的结果。公司是因为表现优异，产品能够满足市场增长的需求，才得以成长。企业也只有不断成长壮大，才能服务顾客。例如一家制造锡罐的公司别无选择，只有努力建立全国经销网，因为顾客要求他们分别给在俄勒冈州种植的农作物和在纽约州种植的农作物供应锡罐。一家公司也有可能因为掌握了某种特殊技术而成长。例如大多数的化学公司都是因为从研究成果中开发出新产品，为了替新产品找到市场而成长。的确，有些大公司是金融操纵和企业并购下的产物，而不是因为经营成功而壮大。但是，在禁止垄断的经济体系中，企业通常都是因为成功而成长，因为杰出的管理能力而成长。

成长的问题之所以难以解决，也正因为成长的问题就是成功的问题。成功的问题是最难面对的问题，因为我们总是认为一旦成功了，所有的问题都会迎刃而解。因此，大多数管理者都不明白，他们的态度必须随着企业的成长而改变。他们老是喜欢争辩：同样的态度和行为在过去可以成功，应该在未来也能成功。

所以，在讨论如何管理管理者时，最重要的事情莫过于强调成长所带来的问题，尤其是强调要成功地成长，首要任务就是有意愿也有能力改变管理结构，同时也改变高层主管的态度和行为。

4

第四部分

管理员工和工作

THE PRACTICE
OF MANAGEMENT

第 19 章

IBM 的故事

第 20 章

雇用整个人

第 21 章

人事管理是否已告彻底失败

第 22 章

创造巅峰绩效的组织

第 23 章

激励员工创造最佳绩效

第 24 章

经济层面

第 25 章

主管

第 26 章

专业人员

第 19 章 | CHAPTER 19

IBM 的故事

人力资源是所有经济资源中,使用效率最低的资源——最有希望提高经济效益的资源——在自动化条件下其日趋增加的重要性——IBM 的创新——使工作成为一种挑战——员工参与制订计划——员工的工资——保持员工就业是管理层的工作

人力资源是所有经济资源中,使用效率最低的资源。提升经济绩效的最大契机完全在于企业能否提升员工的工作效能,这种说法在美国管理界几乎已经变成老生常谈了。企业能否提高经营绩效,完全要看能否促使员工提高工作绩效。因此,管理员工和工作,是管理的基本功能之一。

员工的工作方式可能会改变。过去贡献体力的非技术员工今天变成半技术性的机器操作员,他们现在每天照管机器、供给原料、检验产品时,尽管都是例行公事,仍然需要判断力。技术员工从小工厂进入大工厂工作,仍然担任技术员工,但也有可能成为领班或技师。这种新的工作群体——职员、专业人员和管理者则应运而生。

今天我们还面临另外一个重大变革。新科技再度为整个工作群体创造了向上提升的契机。今天,半技术性的机器操作员将努力成为训练有素、身怀

技术的维修人员、工具安装人员或机器装置人员。许多半技术性职员也将成为受过基本训练的技师,他们所受的训练尽管还赶不上未来的工厂人员,但已经相当于实验室技师的基本训练。而受过高度训练的技术、专业和管理人才将充斥于企业界,这些都是我们前所未见,也难以预料的。

但是,工作始终要靠人来完成。或许自动化工厂中看不到人的踪影,但是仍然有许多人隐身幕后,负责设计设备、产品和流程、拟订计划、指挥运作、进行维修或检测。的确,我们可以确定,自动化真正重要的发展,绝不仅仅是完成定量工作所需的人力大幅减少。拜新技术之赐,我们的确能以同样的人力产出更多的商品,但是推动自动化之后,生产效率和生产力之所以能大幅提升,主要是因为自动化作业以受过高度训练的高级人力取代了训练不足的半技术性员工。这是一种"质变",要求员工从劳力密集的工作转换到脑力密集的工作方式,而不只是减少人力使用的"量变"。而且当企业运用新技术来达到一定产出时,他们所需要的人力将是更昂贵、更重要的高级人力。

无论是技术性或半技术性员工、生产线工人或领薪水的职员、专业人才或基层员工,也无论他们做的是什么形态的工作,基本上都没什么两样。没错,他们的职务、年龄、性别、教育程度不同,但是他们都是人,都有人类的需求和动机。

IBM 的创新

我们要再度以一家公司的经验来说明管理员工和工作的基本问题,以及解决问题的原则。我所知道的最佳范例是美国制造计算机和办公室设备的大企业——IBM 的例子。㊀

㊀ 部分 IBM 的故事取自 Charles R. Walker 和 F. L. W. Richardson 的 *Human Relations in an Expanding Company*(New Haven:Yale University Press, 1948)。IBM 的管理者会在管理会议上自由地讨论各自领域的工作。当然,对于数据的解释,我文责自负。

IBM 所制造的大部分设备都非常复杂。有些"电脑"中包含了数十万个零件。即使是最简单的 IBM 产品，例如电动打字机，都是非常复杂的机器。他们制造的所有产品都必然是极端耐用的精密仪器，必须禁得起像打字员或记账机操作员这类不懂机械的非技术性人员粗糙的操作，而只需要最低限度的维修就能保持运作。

然而这类机器并不是由身怀绝技的工匠制造出来的。没错，如果这些设备要依赖个人技艺来打造的话，就不可能大规模生产，也不可能以顾客负担得起的价格出售。IBM 雇用非技术性的机器操作人员。IBM 的经验证明了企业能应用科学管理与大规模生产的原则，来生产小量而多样的复杂精密仪器。例如，IBM 有一部电子计算机的特殊机型，可能从头到尾只制造了一个样本。然而 IBM 将这个独特产品的生产过程分割成几个同类型的工作阶段，因此能运用半技术性员工来进行大部分的生产作业。

但是每一项工作都需要一点判断力，并且让员工有机会调整工作的速度和节奏。

IBM 的故事是这样的：有一天，IBM 总裁托马斯 J. 沃森（Thomas J. Watson）先生看到一个女作业员坐在机器旁边无所事事。沃森问女作业员为什么不工作，女作业员回答："我必须等安装人员来更改机器设定，才有办法展开新的工作。"沃森问："你不能自己动手吗？"女作业员回答："当然可以啊，但是我不应该自己动手做这项工作。"沃森因此发现每个工人每星期都花好几个小时等候安装人员。但是，他们只要花几天的时间，就可以训练工人学会如何自己设定机器。于是，他们把机器设定增列为作业员的工作项目。没多久，作业员又增加了一项工作——检查零件成品，因为他们发现工人只要稍经训练，就懂得如何检验成品。

出乎意料，像这样扩大员工的工作内容之后，IBM 的生产数量和品质都大幅改善。于是 IBM 决定有系统地扩大职务内容，把作业方式尽可能设计得简单。训练每位员工都能够兼顾多项作业，而且在他们需要完成的工作中，至少有一项工作需要用到某些技能或具备一定程度的判断力，而由于他们必须兼顾不同的工作项目，因此工作的节奏也会有所不同。如此一来，员工就有机会改变工作进度。

这种做法不但令 IBM 的生产力持续提升，而且也大大改变了员工的态度。事实上，无论是 IBM 自己人或外界观察家都认为，最大的收获其实是提高了员工对工作的自豪感。

IBM 通过实施"工作丰富化"的政策，为半技术性员工开创了新契机。在每个领班的单位中，都设有一名或多名工作指导员，由资深员工担任，他们一方面做好自己的工作，另一方面则协助经验不足的新手学习更高深的技能，解决需要靠经验和判断来处理的问题。这是个备受尊崇的职位，许多人都渴望担任这一职位，而且事实也证明这个职位可以为未来管理者提供绝佳的历练，既训练了人才，又能考验人才，因此 IBM 不需费太多精力，就可以找到值得提拔的人才，不必再担心新任领班表现不好或无法赢得部属尊敬等问题。然而在其他大多数工厂中，这些都是令管理层头痛的实际问题。而在有的公司里，上任后表现符合理想的领班，甚至还不到一半。

IBM 的第二个创新似乎一半也是因偶然事件而引发的。几年前，IBM 正在开发第一部复杂的新型电子计算机，当时的需求量实在太大了（也有可能是因为花在工程设计的时间比预期中还长），结果在工程设计还没有完全结束前，就必须先展开生产作业，最后的详图设计是由工程师、领班和工人在生产线上共同完成的。但最后的成果显示这个产品的设计非常出色，生产作业不但大幅改善，而且省钱、省时，工人因为参与了产品和生产工作的设计，工作品质和生产力都大幅提升。今天每当 IBM 要推出新产品或改良既有产品时，都会充分应用从这次研发中学到的经验。他们在设计工程结束前，会指派一位工厂领班担任项目主持人，与工程师及负责生产这个产品的工人一起完成详细设计。该主持人将会在技术专家的协助下，和工人一起规划实际的生产作业，并且安排每个工人的工作。换句话说，工人也参与了产品和生产流程的规划，以及有关自己工作的安排。无论他们把这个方法用在什么地方，结果都会对产品设计、生产成本、生产速度和员工满意度等方面，产生同样的效益。

IBM 对于员工报酬和奖励措施，也同样采取非正统的方式。IBM 一直采取标准做法：由工业工程师为每项作业设定标准产量，再根据这个标准来制定工人基本工资，超出标准产量的工人则可以获得额外的奖金。后来，IBM 在 1936 年取消了传统的薪酬标准和奖金制度，不再按照单位产量来计算工资，反而直接付工人"薪水"（当然另外还加上加班费、休假津贴等）。工厂中不再由上级制定产出标准，反而由工人和领班一起规划自己的生产速度。当然，工人和领班都很清楚正常的产量应该是多少，即使是新的生产作业或流程或工作的重大改变，都交由工人自行决定标准产量。IBM 再三强调没有标准产量这回事，每个人都在上司协助下，决定对自己最有效、能创造最大产出的工作速度和流程。这种做法带来的一个重要结果是，领班和工人都越来越重视训练，尤其格外重视工作分配的问题。所有 IBM 人都很清楚，每个人从事任何工作的能力都有极大的差异，即使是非技术性工作也一样。结果，每位领班都努力把每个工人放在最适合的职位上，而工人自己也会努力找到自己能表现最好的工作。

当新措施实施不久，工人的产出立刻上升时，许多质疑这个做法的人（包括许多 IBM 的员工）认为这完全是工人害怕丢掉饭碗的缘故：毕竟 1936

年还是经济萧条时期。但是第二次世界大战期间，在大多数产业中，即使以高薪作为奖励，都无法防止生产量滑落，而 IBM 的员工产出仍然向上攀升，而且一直持续上升。

然而如果不是公司稳定的雇用政策，员工不会始终维持高产出，更不用说生产效率的持续上升了。而这项 IBM 最根本的创新措施，早在经济大萧条刚发生时，就已经开始实施。

IBM 是一家资本货物生产商，IBM 产品的使用者几乎全来自企业界。这样一家公司的雇用政策照理应该会高度受经济波动的影响，IBM 的主要竞争对手在经济萧条时期就大幅缩减雇用人数。不过，IBM 的管理层却决定维持人事稳定，而且显然只有一个方法可以达成目的：开发新市场。由于 IBM 成功地找到并开发出新市场，事实上整个 20 世纪 30 年代，IBM 所雇用的员工人数一直维持不变，毫无缩减。

结果，IBM 的员工完全不担心"太努力反而会丢掉饭碗"，他们不会在产量上自我设限，也不会因为同事的生产量比较高而不满，毕竟公司不会因此就提高标准产量，他们的饭碗也不会因此饱受威胁，因此他们不会抗拒改变。

或许有人会说，IBM 借着开发新市场来保障员工稳定的工作，并不能证明什么。因为在 20 世纪 30 年代，办公室设备的市场非但没有陷入萧条，反而蓬勃发展。美国政府当时推行的新政需要大量办公室机器，一位华盛顿名嘴还曾经称之为"IBM 革命"。除了社会保障、工资和住房管理等新设立的政府机构需要大量办公室机器设备之外，企业也需要机器设备来完成政府要求的建档作业。除此之外，办公室机器的市场趋势长期以来一直强劲上扬，因此即使没有新政，都足以缓和经济萧条带给 IBM 的冲击。

不过尽管美国政府推出新政，长期市场趋势也十分有利，许多 IBM 的竞争对手在经济萧条中仍然饱受重创。一位 IBM 主管的论点颇有几分道理："说我们在经济萧条时期之所以能够维持雇用人数是因为公司成长,其实是不正确的。公司成长是因为我们承诺要努力保住员工的工作,因此必须想办法为既有产品寻找新的使用者和新的用途,也必须找到市场上未满足的需求,并且发展新产品来满足这些需求;同时,我们也不得不开发国外市场,努力提高出口销售量。我相信,如果不是因为我们在经济萧条时期,致力于维持稳定的雇用政策,我们今天不会成为全世界首屈一指的办公室设备制造公司和外销厂商。"他接着又说:"的确,我有时候不禁好奇,那时候如果有人劝我们致力于持续提升雇用人数,IBM 的发展是不是会更好。"

CHAPTER 20 | 第 20 章

雇用整个人

管理员工和工作的三个要素——把员工当成资源——人力资源和人的资源——生产力是一种态度——需要用别的东西来替代恐惧——员工和群体——只有人才会发展——企业对员工的要求——"一分辛劳,一分酬劳"的谬误——员工接受改变的自愿性——员工对企业的要求——经济层面——企业和员工对工资的看法——利润的双重意义

企业雇用员工的时候,雇用的是整个人。IBM 的故事证明了我们不能只是雇用"人手",而必须连双手的主人一起雇用。的确,很少有一种关系像人与工作的关系这样,必须整个人投入。《创世纪》(*Genesis*)告诉我们,工作并不是人的本性,但却很快就被包括在了人的生活之中。"你必须汗流满面,才能有食可吃。"[注] 这句话既是主对亚当堕落的惩罚,也是他送给堕落之人的礼物和祝福,工作将使人生变得可以承受和有意义。只有与创世主和自己家庭之间的关系可以优先于我们与工作之间的关系,因为这些才是人生最基本和重要的东西。所有人类的生命与成就、社会组织、艺术和历史,都离

⊖ 出自《创世纪 3:19》,原文为"In the sweat of thy brow shalt thou eat thy bread"。——译者注

不开它们和工作的支持。

企业雇用的是员工整个人，而不是他的任何一部分，这说明了为何改善员工工作成效是提升企业经营绩效的最佳方法。人力资源是所有资源中最有生产力、最多才多艺也最丰富的资源。

IBM的故事也证明：当我们谈到管理员工和工作时，我们谈的其实是个复杂的课题。首先，如果我们视员工为人力资源，我们就必须了解这种资源的特性是什么，而当我们把重点分别放在"资源"或"人"上时，会得到两种截然不同的答案。

其次，我们需要了解：作为必须负责完成工作的社会机构，企业对于员工有什么要求，而身为一个人、一个独立的个体、一个公民时，员工对于企业又有什么要求。

最后还有经济层面要考虑，企业既是创造财富的社会机构，也是员工生计的来源。也就是说，在管理员工和工作的时候，我们必须调和两种不同的经济体系。一种把工资当成本，另一种则把工资当收入，两者彼此冲突，必须加以调和。而企业的基本要求是获利，在这方面，和员工之间也会出现问题。

把员工当成资源

如果我们把员工当成资源，认为这个资源除了是"人"以外，和其他资源没有两样，那么就好像我们把铜或水力当成特殊资源一样，我们必须找出运用人力资源的最佳方式。从工程观点来看，企业应该先考虑人力资源最大的长处和弱点，并据此建立最适合人力资源特性和限制的工作组织。人力资源有一种其他资源所没有的特性：具有协调、整合、判断和想象的能力。事实上，这是人力资源唯一的特殊优越性；在其他方面，无论是体力、手艺或感知能力上，机器都胜过人力。

但是我们也必须把工作中的人力当"人"来看待。换句话说，我们也必须重视"人性面"，强调人是有道德感和社会性的动物，设法让工作的设计安排符合人的特质。作为一种资源，人力能为企业所"使用"，然而作为"人"，唯有这个人本身才能充分自我利用，发挥所长。这是人力资源和其他资源最大的分别。人具有许多独一无二的特质。和其他资源不同的是，人对于自己要不要工作，握有绝对的自主权。专制的领导者常常忘了这点。杀死抵抗分子无法完成工作，因此，应该设法改变工作动机。

第二次世界大战结束后，在马歇尔计划的赞助下，欧洲技术人员和管理人员组成了几百个访问团到美国来研究生产力提升的原因，他们所完成的报告正充分说明了以上的观点。最初访问团预期生产力提升的主因在于所采用的机器、工具或技术，但是他们很快发现这几种元素和美国的高生产力没有什么关系，反而是生产力提升背后真正的因素（管理者和员工的基本态度）所带来的结果。他们一致的结论是："生产力是一种态度。"㊀换句话说，员工的工作动机决定了员工的产出。

对今天的工业界而言，这个观点尤其重要。因为恐惧——产业工人传统的激励因素，在现代西方国家已经基本不复存在。恐惧的消除是由工业化产生的财富增长的主要结果。在一个十分富裕，甚至向失业者提供生活费的社会中，恐惧已失去了它的激励作用。剥夺管理层利用恐惧作为威胁的武器，曾经是工会的主要目的。毫无疑问，工人对这种武器的抵制是推动工会运动的主要力量。

恐惧不再是员工工作的主要动机，其实有莫大的好处。恐惧的威力太强大，除非在紧急状况下，不宜轻易动用。更何况我们经常都误用了恐惧。

㊀ 详情请参见我的文章，"Productivity Is an Attitude"，1952 年 4 月，刊登于 *Nation's Business*。

当面临共同威胁时，团体中每一分子反而会团结在一起。英国人在敦刻尔克大撤退之后的表现就是最好的例证，共同的危险是激发英国人奋发图强的最大力量。但是对团体中某个特定人物心生恐惧则会导致分化，削弱团体的力量，无论是运用恐惧为手段的人还是受到恐吓的人，都变得腐化堕落。因此不再把恐惧当作工作动机，实在是一大成就，否则根本不可能在工业社会中管理员工。

但是，单靠消除恐惧并不能激励员工，只是制造了一段真空，这和某些人际关系专家的说法恰好相反。我们不能理所当然地认为，既然员工不再恐惧，他们工作的动机自然会提升。我们必须主动创造正面的诱因来取代恐惧。这是管理者今天所面对的最核心、最困难也最紧急的任务。

此外，人类有办法控制自己究竟要把工作做到多好，以及做多少工作，也就是控制生产的品质和数量。他积极参与整个流程，而不像其他资源都只是消极参与，针对预设的刺激被动地给予预设的反应。

在彻底机械化的作业中，生产速度和品质表面上似乎完全由机器决定，实际上工人才握有决定性的控制权。我们几乎不可能找出人力之所以能击败机器的真正原因，但是正如同拉丁谚语所说，即使拿耙子大力铲除人性，人类的本性仍然坚定不移。在并非由半技术性操作员照管半自动化机械的作业中，换句话说，在所有具备了文书、技术、专业或管理性质的工作中，人都掌握了绝对的自主权。

新科技的发展更助长了这种情况。工厂中不再有人负责"照管"机器，处理与装填物料、启动和关闭机器等半技术性机器操作，全都改由机器自行控制。结果，工人不再按照机器的步调来工作，反而负责设定机器的工作步调，通过对机器的设定、指令和维修，决定机器该做什么，以及做到什么地步。工人握有完全的控制权，由于生产流程已经整合，每一位工人控制自己这部分工作的方式形成了整个生产作业的绩效。在现代的大规模生产和流程生产作业中，工人的参与是根本要素，很可能也是最关键的控制因素。

人类在群体中工作，也组成工作的团队。无论群体是如何形成或为何形成，每个团体形成后，都会很快把重心放在必须完成的任务上。群体关系会影响任务，而任务也会回过头影响群体中的人际关系。同时，人类终究还是各自独立的个体，因此在工作组织中，群体和个人之间必须保持和谐。

也就是说，工作的组织方式必须设法让个人所有的长处、进取心、责任感和能力，都能对群体的绩效和优势有所贡献。这是组织的首要原则，事实上，这也是组织开宗明义的目的。传统汽车装配线的工作方式并非如此，正足以证明我们到目前为止，还不懂得如何管理员工及工作。例如，有办法多装几片挡泥板的工人不见得因此帮了生产线上其他同事的忙。相反，他的高效率只会给旁边的同事带来压力（这位同事可能紧接着负责为汽车装上保险杠）和困扰，打乱了同事的工作步调，造成他的工作负荷过重，或手边的工作增加太快，以至于物料供应不足，最后导致同事绩效不佳，产出减少。这样其实违反了伦理规范，一个人的能力增强居然会形成自己和同事的一大威胁，真是罪孽，也是很糟的工程规划。

最后，人力资源和其他资源不同之处在于，一个人的"发展"无法靠外力来完成，不是找到更好的方法来运用既有特性这么简单。人力资源发展代表的是个人的成长，而个人的成长往往必须从内在产生。因此，管理者的工作是鼓励并引导个人的成长，否则就无法充分运用人力资源的特长。

换句话说，管理者应该设法挑战员工。最违反人力资源本质的莫过于试图找出"一般员工"的"平均工作量"。这个观念完全出自未经证实的心理学理论，把学习速度和学习能力画上等号，同时还认为员工越是无法掌控自己的工作，在工作上参与得越少，生产力就会越高，完全误解了人力资源的本质。这种平均工作量的观念不可避免地认为，平均工作量就是除了身心障碍者之外，任何人都能完成的工作量，把勉强达到正常标准，却不见得适合或喜欢这份工作的员工拿来当作绩效标准。把运用人力的工作变得不需要技能、努力或思考，结果工作无法提供任何挑战，员工即使技能高强、工作动机强烈，也和傻瓜没有两样。

正如同 IBM 的故事所显示，上述观念呈现了很糟糕的工程规划，造成绩效标准不断降低，不但不能提升整个工作团队的绩效，也破坏了人力资源的生产力。人的本性就是追求最好的表现，而不是把表现最差的员工变成所有人的榜样。

企业对员工的要求

如果我们把焦点转到企业和员工对彼此的要求上，那么首先要提出的问题是：企业为了完成工作，必须对员工有什么要求？

这个问题的标准答案是："一分辛劳，一分酬劳。"不幸的是，没有人有办法算出多少辛劳拿到多少酬劳才算公平。这种说法真正的问题在于企业对员工要求的东西太少，而且提出的根本是错误的要求。

企业必须要求员工的是，员工应该主动积极，以企业目标为努力的方向。如果我们真的只是"雇用人手"，那么我们就能要求一分辛劳，一分酬劳；如果我们真的能购买劳动力，那么就能用任何计价单位来购买，然而法律规定"员工并非交易的商品"。正因为员工也是人，所以根本不可能有公平的劳动力付出这回事。这是消极顺从——是人类这一特殊资源所无法给予的。

如果企业真的想要有所获，就必须要求员工不只公平地付出劳动力，而且应该积极奉献。不能只是看到员工默默顺从就罢了，而必须建立积极的团队精神。

在大规模生产单一零件和将零件组装成多种产品时，以及在流程生产和自动化作业中，这点都很重要。因为这些生产系统几乎都要求每位员工负起行动的责任，原因很简单，每个人执行工作、进行生产作业和维修设备的方式几乎控制和决定了整体产出。不管有意无意，"一分辛劳，一分酬劳"的论调都假定在生产系统中，工人完全听命行事，也假定用铁锹挖沟的工人代表了最先进的生产技术。因为对挖沟技术而言，"一分辛劳，一分酬劳"可能不是太糟糕的口号，但也正因为如此，挖沟是毫无生产力的技术。对于任何更先进的技术而言，这句口号就完全不适应。对于日新月异的新科技而言，更是极端荒谬的说法。

企业期望员工不只是被动接受劳动力工作，而必须主动承担达成经营绩效的责任。而且正因为这个要求远高于原先的要求，我们很可能得以实现目标。因为要求越高，表现越好，是人的特性，因此员工能发挥多大的生产力，有很大部分取决于企业对他们的要求有多高。

企业对员工还必须有第二个要求：员工必须愿意接受改变。创新是企业的必要功能，也是企业的重要社会责任。然而，员工必须愿意改变他们的工作、习惯和群体关系，企业才能不断创新。

人类改变的能力比其他动物都强，但却不是毫无限制。首先，人类的学习速度惊人，但（在生存竞争中，十分幸运的是）忘掉所学的能力却比较差。今天我们明白，学习能力不会随着年龄的增长而消失，但是每个人学得越多，就越难忘掉所学。换句话说，我们之所以不容易忘掉所学，以至于无法快速学习新事物，主要因素是经验，而非年龄。要克服这个问题，唯一的办法就是学习如何忘掉所学，因此必须通过知识的获得来学习，而不是只靠经验来学习；必须有"教学"计划，今天许多典型的训练计划往往把员工变得不知变通，缺乏弹性，只传授做生意的花招，而不要求全盘理解。当员工需要具备的技能和知识水准都越来越高时，企业也必须训练员工学习和抛掉所学的能力。

改变不单单是思维上的历程，也是心理历程。许多工业心理学家一口咬定拒绝改变是人的天性，其实是不正确的。相反，天地万物之中，最喜欢求新求变的莫过于人类。但是人类必须在适当的条件下，才能做好心理准备，迎接改变。首先，改变必须看起来很合理，还必须能改善现有状况，但又不能太快或进行太大的改变，以至于铲除了所有能让一个人感到熟悉自在的重要元素，包括他对工作的理解、和同事的关系、对技能的概念、在同行间的声望和社会地位等。如果改变不能明显加强员工心理上的安全感，就必然会遭到抗拒。由于人生苦短，而且天有不测风云，所以人总是非常缺乏安全感，因此企业一方面要求员工具备改变的能力，另一方面也必须积极采取行动，帮助员工建立改变的能力。

员工对企业的要求

许多人都误用"公平的报酬"这句话来说明员工对企业的要求。对企业有所要求的员工是完整的个人，而不只是个经济单位。他是基于一个人、一位公民的身份，来提出超越经济报酬的要求。他要求能够通过工作，在职位上发挥所长，建立自己的地位；他要求企业履行社会对个人的承诺——通过公平的升迁机会，实现社会正义；他要求从事有意义的严肃工作。此外，员工对企业最重要的要求还包括：建立高绩效标准、具备组织和管理工作的高度能力，以及能明确表达对于良好工作表现的关注。

尤其在自由社会中，员工既身而为人，同时也是社会公民，自然给企业带来限制。企业雇用员工时，虽然雇用了他整个人，却无权完全支配他。由于企业只能满足社会的部分需求，因此也只能控制社会成员（公民）的一部分。企业绝对不能变成"福利公司"，企图包办个人生活的所有领域，无论就个人对企业的要求或企业提供的满足而言，企业的角色都必须局限在社会的基本机构上。要求员工对企业绝对忠诚，就好像企业承诺对员工负起百分之百的责任一样，都是不对的。

经济层面

最后，还有一大堆问题都源自经济领域。[一]

企业生存于两种经济体系中，一种是外部体系，一种是内部体系。企业内部的经济体系能动用的总额（最重要的是支付员工薪资）取决于企业产品在外部经济体系中的收益。

然而，企业内部的经济体系却不采用市场经济模式，而采用"重新分配"模式，全体产品会按照预设的公式分配给企业成员。无论市场经济或计划经济，都是基本的经济形态，但是只有在企业中，两者的关系才如此密不可分。企业管理层必须努力追求更高的收益，也就是必须提高生产，而员工注意的焦点却是，无论总产出有多少，怎么样才能分到更大的一杯羹。约翰L. 刘易斯和矿工工会对于煤炭市场日益缩减的情况完全视若无睹，就是个极端的例子。他们感兴趣的只是如何在这块越来越小的饼中，分到更大的一份。尽管这是极端的例子，却也代表了员工典型的态度——的确，这种态度几乎是不可避免的。在企业外部，经济是最重要的考虑。在企业内部，所有的考虑都是基于权力平衡和权力之间的关系。

对企业而言，必须把薪资当作成本。对员工而言，薪资是收入，是个人或全家生计的来源。对企业而言，工资必须按照单位产量来计算；对员工而言，工资是他和家人生存的经济基础，因此其意义远超过单位产量。因此两者之间有基本的分歧：企业需要为薪资负担保留变通的弹性，个人所重视的

[一] 关于经济层面更完整的讨论，请参见拙著《新社会》(*The New Society*, New York：Harper & Brothers, 1950) 及我的文章 "The Employee Society"，刊于 *American Journal of Sociology*，1953 年 1 月。

却是稳定可靠的收入，依据的是个人工作意愿，而不是经济状况。

最后，利润其实有双重意义。对企业而言，利润是维系企业生存所必需的；对于员工而言，利润是别人的收入。企业的获利能力居然决定了他的饭碗、他的生活、他的收入，对他而言，是屈从于外来统治，即使不是"剥削"，也是专制的做法。

一般人普遍认为，反对利润即使不是左翼分子的教条和煽动下的产物，也是现代工业社会的现象。这种说法真是大错特错，因为这个趋势要远远回溯到几百年前现代社会萌芽之初。欧洲工人对"资本主义剥削者"和"牟利者"的憎恨，乃源自15世纪佛兰芒或佛罗伦萨纺织工人对商人牟取暴利的不满。现代社会不但没有加重这种敌意，反而缓和了工人的不满。难怪越是工业化的地区，工人就不那么激进，对管理层、企业和利润也没有那么大的敌意。

但员工对利润的敌意仍然是一大威胁。工业社会的生存有赖于企业获得充足的利润。在这样的社会中，大多数公民和有投票权的人都是受雇的员工，因此反对利润会形成一大威胁。这也是为什么产业国有化会成为这么强而有力的论点，因为倡议者认为如此一来，将可以消除工人对于利润的敌意。我相信，第二次世界大战后，当英法推动产业国有化后，发现工人反对国营事业获利，正如同他们当初反对"资本家"获利一样（甚至反对得更厉害），真是对国有化美梦致命的一击。

企业必须有充足的利润，才能经营，这是企业最重要的社会责任，也是企业对自己、对员工的首要义务。因此，企业管理者必须想办法说服员工利润的必要性，即使不是为了个人利益或公益。

对于这样一个庞大的主题，本章虽然只描述了粗略的轮廓，却也足以显示管理员工和工作都需要原则。单单"懂得处理人的问题"显然还不够。事实上，这方面的能力根本毫不相干，单靠技术也不够，我们需要的是基本观念。

这些观念的基本原则很清楚：必须先假定每个人都想工作，不能假定他们没有工作意愿，这和我们对人性的理解不符。如果不工作的话，大多数人都会面临精神和身体的崩溃瓦解，少数人能保持完好无恙，是因为他们的内在资源能让他们自己创造工作。从一开始就假定人们不想工作，将导致员工和工作的管理变得毫无希望可言。

因此，管理层的任务是激发员工的工作动机和参与感，唤起他们的工作欲望。要达成这个任务，我们到底已经具备了哪些基本概念、工具和经验呢？

第21章 CHAPTER 21
人事管理是否已告彻底失败

人事管理和人际关系——人事管理究竟有何成就——它的三个基本的错误概念——人际关系理论的真知灼见——人际关系理论的限制——"科学管理",应用最为广泛的人事管理概念——它的基本概念——它在全球范围内的影响——自20世纪20年代早期以来这种概念已显僵化——它的两个盲点——"c-a-t."还是"猫"——"计划与执行的分离"——科学管理和新技术——人事管理是否已彻底失败

几年前,有一位公司总裁写了一封信给我:

我雇用了2300个工人,从事非技术性装配作业,其中大多数是女工。烦请尽快寄给我适当的人事政策,并附上您的费用明细。

有一段时间,我一直把这封信当成玩笑(尽管是无心的玩笑)。但是近来我才领悟到,真正的笑柄其实是我。我开始怀疑,写信给我的那位总裁很像是安徒生童话《皇帝的新装》中的那个小孩,当其他人都假装看得见统治者的新衣时,只有这个天真无邪的孩子大声说,皇帝根本什么也没穿。

今天许多组织的管理方式本质上都非常机械化，确实可能通过邮寄方式来传授。两个通行的员工管理观念（人事管理和人际关系）把管理员工和管理业务视为相同的任务。管理员工和工作几乎不需要在企业经营方式上有任何改变，而且需要的工具和观念似乎适用于任何企业。

人事管理和人际关系的领域一直进展缓慢，缺乏新思维和新建树，显示这种做法或许不见得正确。在整个管理领域中，投入最多人力和精力的领域莫过于人事管理和人际关系。人力资源部门快速成长，而且部门中不乏拥有博士学位、配有计算机的研究人员。在每一所大学中，数以百计的学者都在讲述、研究和搜集这方面的资料。的确，这个领域已经衍生出许多新学科，例如工业心理学、工业社会学、工业人类学、工业关系、人力资源管理等，而且产出许多深具原创性的论文，他们出版书籍、举办会议，同时还有数十本杂志致力于探讨这方面的议题。不管是美国播种者协会或舒城商会，任何自尊自重的商业组织在举办研讨会时，都至少会有一场演讲探讨如何管理员工的问题。

那么，这么多聪明优秀的人才投入这么大的精力后，产生了什么成果呢？

人事管理始于第一次世界大战时，是为了雇用和训练大量新劳工来从事战时生产活动并支付他们薪资而诞生的新领域。第一次世界大战距今已经35年，然而今天我们所知的人事管理却和20世纪20年代没有什么两样，我们所采取的做法都是当年他们开始实施的做法，尽管有一点改善，但其他则乏善可陈。举例来说，今天随便找一本有关人力资源管理的教科书，里面所谈的内容（除了关于工会关系的那一章之外），几乎都可以在人事管理理论的创始者之一托马斯·斯帕茨（Thomas Spates），于20世纪20年代初期所发表的文章和论文中找到。我们只是添油加醋地增加了一些人道主义的辞藻，就好像一个蹩脚的厨师在已经煮得过烂的甘蓝菜上，又加上浓稠的酱汁。

人际关系的领域也出现了同样的知识荒原，虽然这个领域的活动可能更多。人际关系也发源自第一次世界大战，但花了更长的时间才发展成熟，而终于在26年前，哈佛大学的梅奥和同事于1928年进行的霍桑实验中开花结果。哈佛小组在霍桑的研究报告迄今仍然是这个领域中最先进、完整和出色的论述。的确，后来有数不清的产业界、工会和学术界的人士试图进一步发展他的理论，而究竟是澄清了原来的见解还是混淆了原来的见解，这是可商榷的。

当然，新奇不见得代表健全。不过，要求任何新学说在萌芽之初就好像刚出水的维纳斯般完美无瑕，几乎是不可能的事。要经过几十年的时间，才能在第一代思想家所奠定的地基上盖起高楼大厦，因此不可能寄望两个新学说一诞生就呈现成熟的面貌。我们真正质疑的是，人力资源管理和人际关系的领域多年来鲜有新的建树，原因并不在于最初的地基不够稳固。

人事管理究竟有何成就

我们不难看出人事管理的限制为何，事实上，大多数人事管理人员都承认这些限制。人事管理人员经常都担心无法证明他们对公司的确有贡献，因此拼命想出各种"花招"，给主管留下深刻印象。他们不断抱怨在公司里没有地位，因为人事管理大体上用到的是一堆次要的、彼此没有什么关联的工作技巧。有些爱耍嘴皮子的人还故意说，把所有既和人的工作无关，又不属于管理领域的事情全都拿来拼凑在一起，就形成了所谓的"人事管理"。

不幸的是，这类嘲弄并不是完全没有道理的，因为人事管理构思下的员工和工作管理，包含了一部分档案管理员的工作，一部分管家的工作，一部分社会工作人员的工作，还有一部分"救火员"的工作（防止或解决劳资纠纷）。而人事管理人员典型的工作内容——安全措施、养老金计划、提案制度、人事聘用和处理工会投诉等，都是需要有人负责，却吃力不讨好的杂务。尽管如此，我仍然怀疑是否应该把这些事务全都放在同一个部门中，因为如果你看到典型的人力资源部门组织图或人力资源管理教科书的目录，一定会觉得这真是一盘大杂烩。既不是把执行业务的相关技能组合在一起，也并非基于要在管理者的工作内容或业务流程中联结相关工作，以形成特定阶段的功能。

这些活动本身都只需要中等的管理能力就已足够，对于企业经营也不会产生重大影响，把这么多活动全塞在一个部门，并不会因此就使这个部门变成能派代表参与经营团队，或需要高层主管来管理的重要部门。因为只有这个部门的"本质"（它所从事的业务，以及对于企业经营的影响）才能决定它是否为重要部门，或是否应该由高层主管负责管理。

即使这些事务全都妥善地纳入同一部门的管辖范围中，仍然对于管理员工毫无助益，甚至和许多人事管理领域该完成的工作毫不相干。例如许多人都提到，一般而言，人力资源部门通常无权参与管理企业最重要的人力资源——管理者，也回避了员工管理中最重要的两个领域——工作组织以及如何组织员工来完成工作，只是接受了既有的状况（当然也有例外，其中一个著名的例子是西尔斯的人力资源部门，但是西尔斯的人力资源工作并非从人事管理着手，而是从管理者的管理起步，也就不足为奇了）。

人事管理之所以毫无建树，原因在于 3 个基本误解。⊖ 首先是假定员工不想工作。正如同道格拉斯·麦格雷戈（Douglas McGregor）所指出的，他们认为"工作是员工为了获得其他的满足而不得不忍受的惩罚"，因此强调从外部获得工作以外的满足。其次，人事管理的观念认为管理员工和工作是

⊖ 对此，人事专家之一道格拉斯·麦格雷戈近期有更卓越的分析，他是安提克学院的院长。其论文 *Line Management's Responsibility for Human Relations*（American Management Association, Manufacturing Series Number 213, New York, 1953）是管理者之必读。

专家的工作，而不是管理者的职责，正充分显示幕僚观念所引起的混淆。的确，所有的人力资源部门都很喜欢讨论应该教育运营主管如何管理员工，但是却把90%的预算、人力和精力花在由人力资源部门构思、拟订和实施的计划上。例如，关于人事管理最好的一本教科书[⊖]开宗明义就谈到，人事管理工作最重要的两个任务就是向运营主管建议，以及诊断出组织是否具备高效能团队的稳定度和士气。但是接下来，这本厚达321页的教科书会花301页的篇幅来谈由人力资源部门组织推动的计划。

事实上，这要不然就意味着人力资源部门不得不侵占了运营主管的功能和职责（因为不管头衔是什么，掌握了经营权的人就是"老板"），要不然就意味着运营主管出于自卫，只好把人力资源部门的权责限制在处理杂务上，也就是处理与管理员工和工作不相干的事务上，难怪后者已几乎成为普遍的趋势。

最后，人力资源部门往往扮演"救火员"的角色，把"人力资源"视为会威胁到生产作业平稳顺畅的"头痛问题"。人事管理从一开始就出现这样的倾向，但是20世纪30年代美国的工会运动却将之变成主流。可以说，许多人事管理人员在潜意识中总是和麻烦脱不了关系。有一位工会领袖谈到一家大公司的人力资源部门时说的玩笑话其实有几分道理："那些家伙应该减薪10%，缴给工会；但是对工会而言，他们仍然只是领周薪50美元的小职员。"但是如果人事管理始终聚焦在问题上，就不可能做好员工与工作管理。即使把焦点从"救火"转移到"防火"上，都还不够。IBM的故事清楚地显示，对于员工和工作的管理必须把重心放在积极方面，以企业的根本优势与和谐为基础。

⊖ *Personnel Administration* by Paul Pigors and Charles A. Myers（New York：McGraw-Hill，1947）。

人际关系理论的真知灼见和限制

有关管理员工和工作的第二个通行的理论——人际关系理论,是从正确的基本观念着手:每个人都想工作,管理员工是管理者的职责,而非专家的职责。因此,这项工作绝不是汇集不相关的活动。这项工作是基于一种深刻的见解,这种见解可以归纳为一句话:我们不能只"雇用一只手"。

人际关系理论认识到人力资源是一种特别的资源,并且大力强调这个观点,反对把人看成机器,好像"投币自动售货机"一样,会自动对金钱刺激有所反应。由于这个理论,美国管理界了解到,管理人力资源需要有明确的态度和方法,这是很大的贡献。最初人际关系只是一股庞大的自由化潮流,卸下了企业经营层戴了一个世纪的眼罩。

然而至少以目前的形式而言,人际关系理论大体只发挥了消极的作用,让企业管理者免于受到错误观念的支配,但也未能成功地以新观念取而代之。其中一个原因是相信"自发性的动机"。人际关系专家似乎认为:"只要消除恐惧的心理,员工自然就愿意工作。"当企业主管仍然认为只有恐惧可以驱使员工工作时,这个观念有很大的贡献。更重要的是,它隐约攻击了人们不想工作的假设。然而我们也知道,单单消除错误的工作动机还不够,人际关系理论还没有提出什么积极的工作动机,只是泛泛而论。

人际关系理论也没有把重心放在工作上。积极的工作动机必须以工作和职务为核心,然而人际关系理论却把焦点全放在人际关系和"非正式团体"上,把着眼点放在个人心理学,而不是针对员工和工作的分析上。结果,他们认为员工做的是哪一种工作根本无关紧要,因为只有他和同事的关系才能真正决定他的态度、行为和工作效能。

他们最喜欢说:"快乐的员工就是高效率、有生产力的员工。"尽管这是句隽永的警语,却只说对了一半。创造快乐根本不关企业的事,企业的任务应该是制造和销售鞋子，更何况员工也无法单从抽象概念中得到快乐。

虽然人际关系理论强调人的社会性，却拒绝接受一个事实：有组织的团体不只是个人的延伸，而有其本身的关系，包括真实而健康的权力问题，还有客观的愿景和利益上的冲突，而不只是个性的冲突，换句话说，这些都涉及政治的范畴。从哈佛大学人际关系学院早期论述中所展现的对于工会近乎恐慌的惧怕，正说明了这点。

最后，人际关系理论对问题的经济维度缺乏了解。

结果，人际关系理论很容易变为一些口号，而没有真正的组织管理政策。更糟的是，由于人际关系理论从一开始就试图让"适应不良"的个人能适应"现实"（总是假定为合理而真实的现况），因此整个观念都带有强烈的人为操纵倾向，人际关系理论面临的严重危险是，有可能退化成新的弗洛伊德式家长作风，仅仅充当合理化管理者行动的工具，被管理者拿来"推销"他们所采取的做法。难怪人际关系理论总是大谈"培养员工责任感"，却很少讨论他们的责任，拼命强调让员工"感到受重视"，却很少谈到如何让员工和他们的工作具有重要性。当我们从一开始就假设某个人必须予以调整时，我们就会寻找能控制、操纵与出卖他的方式，而且我们会否认自己有任何地方需要调整。事实上，今天在美国，人际关系理论之所以大行其道，可能反映出人们误以为它是哄小孩的糖果，误用人际关系理论把所有对于管理层和管理政策的抗拒都解释为非理性和情绪化的行为。

这并不表示我们必须放弃人际关系理论。恰好相反，这方面的真知灼见为管理"人"的组织奠定了重要的基石。但它仍然不是大厦，而只是其中的一块基石，大厦的其他结构仍然有待建造，需要的不只是人际关系，必须超越人际关系理论。我这么说的时候，是对开创人际关系理论的先驱充满了敬意的（事实上，我自己也是他们的信徒），但尽管他们有伟大的成就，却还不够。

"科学管理"，应用最为广泛的人事管理概念

每当讨论到员工和工作的管理时，几乎都会提到人事管理和人际关系，这也是人事部门关心的事情，但不是美国产业界实际拿来管理员工和工作的根本观念。真正的根本概念是科学管理。科学管理把焦点放在工作上。有组织地研究工作，把工作分解成最简单的元素，以及针对每一个元素，有系统地改善员工绩效，才是科学管理的核心做法。科学管理既有基本概念，也有容易应用的工具和技巧，因此不难证明其贡献：科学管理所达成的高产出是显而易见、可以清楚衡量的。

的确，科学管理是有关员工和工作的系统化科学，可能是自《联邦论》以来，美国对西方思想最伟大而持久的贡献。只要工业社会还存在一天，我们永远不会忘记：我们能有系统地研究、分析人类的工作，并且通过研究工作的基本元素而改善人类的工作。

就好像所有伟大的见解一样，科学管理本身非常单纯。人类已经工作了数千年，其间不停地探讨如何改善工作，但是在泰勒于1885年开始分析工作之前，没有什么人曾经有系统地分析工作。大家都视工作为理所当然，而一般人通常都不会认真看待被视为理所当然的事情。因此科学管理打破了传统思维，非常有先见之明。如果没有科学管理，就不可能研究工作中的人；如果没有科学管理，我们在管理员工和工作时，绝对不可能超越善意、劝诫和"加油"的层次。尽管科学管理所下的结论暧昧不明，但其根本见解却为这个领域奠定了重要的基石。这是风行全球的美国观念，从印度到阿根廷、瑞士，都在实践科学管理。德国人甚至从中发展出伪形而上学，他们称之为"合理化"。世界各地批评美国的人都认为，如果他们抨击科学管理，就是在攻击"真正的美国"。

第二次世界大战后，当我们开始协助西欧国家改善生产力时，我们以为

这代表输出美国的科学管理方式。我们拼命宣扬"生产力是一种态度"的观念，强调大规模销售、资本投资和研究的重要性，实际上只是派遣了大批配备了科学管理工具、深受科学管理哲理影响的工程师到欧洲去。尽管欧洲工业家对于大规模销售、资本投资和加强研究等建议都充耳不闻，却欣然接受科学管理的方法，因为他们和其他国家的工商界人士一样，误以为科学管理是美国工业成就的精髓所在。

然而，科学管理也已经有很长一段时间都在原地踏步了。科学管理是管理员工和工作的做法中最古老的一种方法，在19世纪末和工程学一同兴起，但是也最早变得了无新意。1890～1920年，科学管理领域中诞生了一个接着一个出色的新观念，一个接着一个有创意的思想家，包括泰勒、法约尔、甘特、吉尔布雷思夫妇等。但是在过去30年，除了在越来越狭隘的专业领域中产出一堆有关科学管理技巧的无聊论述外，科学管理可以说没有新的贡献。当然还是有例外，尤其是吉尔布雷思夫人和已故的霍普夫（Harry Hopf）。但是整体而言，在如汪洋般浩瀚的论述中，真正能提出新见解的作品寥寥无几。当然多年来，科学管理方式经过了大幅改良和修正，然而有关科学管理最成熟有力的论述，仍然是泰勒1912年在美国众议院特殊委员会中发表的证词。⊖

原因在于，尽管科学管理非常成功，却未能成功解决管理员工和工作的问题。正如同历史上其他新观念的发展过程，科学管理的见解其实只有一半是真知灼见，其中包含了两个盲点：一个是工程上的盲点，另外一个则是哲学上的盲点。科学管理所未能见的和它所看到的一样重要，的确，如果我们不能学会看清科学管理的盲点，我们甚至可能无法受惠于科学管理的真知灼见。

科学管理的第一个盲点是，认为我们必须将工作分解为最简单的各部分

⊖ 在泰勒的 Scientific Management（泰勒重要论文集）中进行了再版，New York：Harper & Brothers（最新版，1947）。

动作，我们也必须把工作组织成一连串个别动作的组合，而且如果可能的话，由一位员工负责执行一个动作。泰勒本人很可能明白整合的必要性，霍普夫当然也肯定看到了整合的必要性，但是几乎其他所有相关论述的作者和科学管理的实践者都认为，个别的分解动作是良好工作组织的根本要素。

这是错误的逻辑，把分析的原则和行动的原则混为一谈。分解和组合是截然不同的两件事，把两者混为一谈简直毫不科学。因为科学在萌芽之初就了解到，尽管分类非常重要，我们却无法通过分类，了解被分类事物的本质。

认为工作分解后就能产生最佳绩效，在工程上也是很糟糕的见解。

关于这点，最好的证据就在于应用科学管理观念而达到的最大成就：字母表。字母表的发明人是3500年前阿拉伯贸易城中一位名不见经传的小职员，他永远也不可能获颁国际管理协会的金质奖章；但是他从当时人们书写时用到的数以千计的象形文字、符号、音节记号、语音标记中，分析出其中最基本、单纯而标准的元素，并且代之以24个足以表达所有声音、文字和思想的符号，这是最高层次的科学管理。然而，如果只因为英文中"猫"（cat）这个字，是由c、a、t三个字母拼成，因此当我们提到cat时，就必须逐字读出c-a-t的字母发音，那么字母的发明不但毫无用处，而且会形成沟通上的一大障碍。

要把字母整合成单词并不简单。即使很笨的孩子通常都可以学会认识字母，但即使对很聪明的孩子而言，要从认识c-a-t三个字母，直接跳到能念出cat，仍然不是件容易的事。的确，几乎每个有阅读障碍的小孩，问题都出在如何把字母整合为单词；很多人从来都学不会拼字，但却通过学习象形文字和表意文字，而非字母，学会了辨认一般单词和音节。

最后，把工作分析和工作中的动作混为一谈，其实是误解了人力资源的特质。科学管理试图组织人的工作，但却不经验证，就假定人只是机械工具（虽然是设计不良的工具）。

我们必须把工作分解成各部分的动作，完全是正确的做法。通过改善个别员工的作业方式，将能提升工作绩效，也绝对正确。但是，如果认为越把工作局限于个别动作或操作上，员工的工作绩效就会越好，那么就不对了。即使对机器工具而言，都并非如此，把这种主张用在人身上，就更荒谬了。人并不擅长个别动作，如果把人当成机器工具，那么人类就是设计拙劣的机器。我们姑且先抛开所有关于人的意志、个性、情感、嗜好、心灵的考虑，只把人当成生产资源，而且只从工程师的角度来看产出和投入，那么我们别无选择，只好接受一个事实：人的特殊贡献往往在于人能够完成许多不同的动作，具备整合、平衡、控制、衡量和判断的能力。我们必须分析、研究、改进个别的操作，但是只有当工作不是由机械化的个别作业所组成，能够发挥人的特质时，才能有效地运用人力资源。

第二个科学管理的盲点是"区分计划和执行"——科学管理的重要信条之一。于是，健全的分析原则再度被误认为行动原则，但是除此之外，区分计划和执行反映出一种模糊而危险的精英哲学观，通过垄断这种神秘的知识，而掌握了操控无知平民的权力。

泰勒最重要的见解之一，就是发现计划和执行截然不同，他强调在实际执行之前，如果能规划得越周详，那么工作就会变得更容易、更有效，生产力也越高，这个发现对于美国工业发展的贡献更甚于秒表或有关时间与动作研究的贡献，整个现代管理的结构也都奠基于此。今天，我们能够郑重地讨论目标管理，其实也正是因为泰勒发现计划是工作中一个独立的环节，而且强调计划的重要性。

但是，在分析工作时，将计划和执行区分开来，并不表示计划者和执行者必然是不同的两群人，而且产业界也不应该把人区分为两类：由少数人决定有哪些工作需要完成，同时设计工作，设定工作步调、节奏和动作，并且发号施令，其他多数人则听命行事。

计划和执行是同一项工作的两个不同部分，而不是两项不同的工作，必须两者兼顾，才能有效完成工作。一个人不可能把所有的时间都拿来规划，一定至少会担任一部分执行工作；一个人也不可能永远都在执行，如果不稍稍规划一下自己的工作，即使是最机械化和重复性的例行杂务，员工可能都无法掌握得很好。主张把两者分开，就好像要求应该由不同的身体来担负食物吞咽和消化的功能。为了充分了解这两种人体功能，我们必须把吞咽和消化的过程分开来研究，两种功能需要不同的器官，会产生不同的疾病，并且由人体的不同部分来执行。但是同一个身体需要兼具这两种功能，才能吸收到营养，就好像工作也必须兼具计划和执行两个方面一样。

泰勒把计划和执行区分开来，这特别是美国，而且是19世纪晚期的作风，承袭了我们最古老的传统：早期清教徒在新英格兰的神权统治，将马瑟父子的牧师精英观念披上了现代的外衣，但是内涵却几乎丝毫不变。泰勒就好像清教徒牧师一样，根据他的演绎，负责规划的精英拥有天赋的统治权。难怪今天有人将这种统治权解释为"管理层的特权"。

将计划和执行区分开来，我们将无法充分受惠于科学管理的见解，大幅降低了我们从工作分析，尤其是从计划中所得到的收获。在IBM的故事中，我们看到当企业赋予员工自行规划工作的职责时，生产力将会大增。同样，当我们区分计划与执行的同时，如果能够让计划者和执行者合而为一，那么生产力也会大增（更不用说员工态度和荣誉感都会大幅改善）。

传统科学管理的两个盲点说明了，为什么推行科学管理总是令员工更加抗拒改变。由于公司只教导员工个别动作，而不是把完整的工作交到他手上，因此他汰旧换新的能力非但没有增强，反而停滞不前。他增长了经验和习惯，而非知识和理解。由于公司对员工的要求是"行"，而不是"知"，更不用说规划了，因此每一项改变都代表了不可知的挑战，对员工心理上的安全感造成莫大的威胁。

过去对科学管理的批评是：在科学管理的工作设计下，企业能够达到每小时的最大产出，却不能在连续工作500小时后，达到500小时的最大产出。另外一个更加严肃而且有根据的批评是：科学管理方式懂得如何好好组织目前的工作，以达到最大产出，然而却会严重伤害到员工下一个工作。当然，如果他们所做的工作是不可改变的，那么就无所谓。亨利·福特（尽管他从来不曾听说过泰勒的名字，却是最彻底地实施科学管理方式的企业家）认为，装置挡泥板的流程一旦有了合理规划，这项工作就永远不会改变。

但是我们知道，改变是不可避免的；的确，企业的主要功能就是带动改变。我们也知道，未来数十年将会发生巨大的改变，而改变最大的莫过于员工的工作了。

科学管理和新技术

过去大家认为有一些条件限制了科学管理充分发挥效益，新科技的出现却把原本的限制变成重症。的确，在新科技之下，管理员工和工作的主要问题在于如何让员工有能力执行完整的工作，并且承担规划的责任。

推行自动化作业之后，员工不能只负责为机器填充材料或处理物料等重复性例行作业，而需要建造、维修、控制机器，而所有重复性例行作业现在都交由机器处理。因此，员工必须有能力从事许多项不同的作业，工作内容必须尽可能扩大，而非缩小，同时也必须具备协调能力。正如同IBM的故事所显示，这并不表示员工又回到过去，变成依赖手工技艺的劳工。相反，应该运用科学管理方法分析每一项作业，因此即使是非技术性员工都有办法完成工作，但是必须把各项作业整合成工作，否则就无法完成自动化作业中所需的工作。有了新技术之后，我们别无选择，必须直接念出"cat"。既然科学管理已经教导我们如何分解工作，我们现在必须学会如何整合。

一家自动拨号交换系统的电话维修人员展现了这样工作的面貌。他不是一个技巧熟练的机械工，他必须执行的工作都已经被简化为可以在短时间内学会的简单动作，因此是来自书本，而不是靠多年工作经验积累下来的手艺。但是他的工作其实涵盖了许多不同的作业，需要有良好的思考及判断，以及兼具身体和知识上的协调能力。

同样，在新技术下，我们将不能在分开计划与执行的情况下，组织员工与工作。相反，新技术要求雇用最少的生产人员，但员工必须有能力从事大规模的规划工作。他能做规划的越多，就能为自己的工作承担越大的责任，因此生产力也就会越高。如果员工总是听命行事，那么只会对工作造成伤害，因为不管是维修设备或设定、控制机器，都要求员工具备充分的知识、责任感和决策能力，也就是规划能力。我们的问题将不再是计划和执行没有清楚区分，而是未来的员工需要从事的规划工作可能会比今天的管理者还要多。

我们必须好好维护科学管理的基本见解，正如同我们必须珍视人际关系理论的基本观念一样，但同时我们也必须超越科学管理的传统方式，懂得看清科学管理的盲点，而这项工作因为新科技的来临显得更加迫切。

人事管理是否已彻底失败

人事管理是否彻底失败？我们现在回答："不，人事管理并没有彻底失败，它的负债还没有超越资产，当然它已经无力偿还债务，以现有的绩效，它无法履行针对管理员工和工作所许下的承诺。人事管理拥有的资产很庞大——人际关系和科学管理理论的基本见解都很可贵，如今这些资产都冻结了。人事管理发明了许多小技巧，对于解冻现有资产这项庞大工作，却没有太大帮助，尽管可能生产足够的商品来卖，以支付小笔账款。或许人事管理最大的流动资本是我们学会了不要做哪些事情，但是银行会因为这样的担保品而借钱给你吗？"

不过，根据事实，我们可以有更乐观的诠释。过去20年来，人事管理只有小幅修正，而没有大幅成长，在知识上原地踏步，在根本思维上没有长进，但是未来将会是全然不同的景象。技术改变将带动新思维、新实验、新方式。许多迹象显示，改变的流程已经启动。传统人际关系理论认为人与工作的关系（每个人适合什么类型的工作）根本无关紧要，而现在人际关系学派的相关学者已经开始研究这个议题。[一]在科学管理领域享有盛名的人也开始认真关注如何根据人力资源的特质来组织工作，而不是一味地假定人是设计不良的机器工具。[二]IBM的故事显示，实践者总是遥遥领先作家和理论家，他们早已突破了传统观念的束缚。

可以确定的是，这一切都只是起步而已。但是我们因此能期待，20年后，我们将能详细地提出管理员工和工作的基本原则，掌握到有效的政策和经得起考验的技巧，然而我们已经知道什么才是正确的基本态度。

[一] See *The Man on the Assembly Line* by Charles R. Walker and Robert H. Guest（Gambridge, Mass.：Harvard University Press, 1952）.

[二] 例见 Joseph M. Juran 教授的多篇论文及文章。

CHAPTER 22 | 第22章

创造巅峰绩效的组织

工作的筹划——汽车装配线的教训——装配线的真正含义：装配线是无效率的设计——使机器工作机械化和综合人的工作——整合的规则——科学管理的应用——员工需要看到工作成果——员工需要控制工作的速度和节奏——各项工作中的挑战——组织人力来完成工作——个人的工作——小组的工作——人员安排——"什么时候90天才会等于30年？"

本章的标题是一个宣言。当我们宣称把企业经营的目标放在创造巅峰绩效，而不是追求快乐和满足时，等于宣称要超越以人际关系为重心的做法。当我们强调人的组织时，等于声称我们必须超越传统的科学管理。

尽管以上只是陈述我们必须做的事，而不是整体说明我们目前的工作，但我们并非只是表达诚挚的意向而已。整体而言，我们今天还没有开始这么做，但我们知道应该怎么做。

工作的筹划

企业要追求巅峰绩效，首要条件是在设计工作时，以此为目标。我们有充分的理由宣称：企业在这方面所遭遇的困难和挫败并非出于无知，而是因为拒绝接受自己所拥有的知识。

我认为，我们目前的处境很像细菌学家过去50年来的处境。他们在寻找有效的杀菌剂时，一心一意想培养出纯细菌，但却连连失败，因为大批真菌入侵培养皿，杀死了细菌。后来这些真菌变得很有名，但是大约在50年前，科学家就已经分离出青霉菌，并且明确描述出青霉菌的特性。由于细菌学家深信所有的研究都必须先从培养纯细菌着手，结果反而对摆在眼前的事实完全视若无睹：没能看出讨厌的真菌才是他们真正要寻找的东西且可能的杀菌剂。几十年来，他们一直把真菌当成眼中钉，总是丢掉培养皿中遭污染的细菌，重新消毒实验设备。只有天才才能懂得，是受感染的培养物而不是纯净的培养物提供了控制细菌的线索。当弗莱明（Alexander Fleming）"灵机一动"顿悟之后，只花了几年的时间，就开发出了今天的抗生素。

同样，半个世纪以来，我们在设计工作时，一直盲目寻找基本动作，以为每一项工作都应该尽可能对应基本动作。但是许多证据都显示，真实情况恰好相反，IBM只是其中一个例子。但是我们丝毫不理会这些证据，视之为麻烦，试图以感情用事来解释，为工作设计不良而致歉。可以说，我们因为青霉素会杀死细菌，而把它丢掉，结果反而阻碍我们找到真正的杀菌剂。

我们之所以会蒙住自己的双眼，是因为汽车工业的作业方式深深影响了我们的思维。我先前曾经提到，亨利·福特坚持生产统一成品的想法混淆了我们对于大规模生产本质的理解。同样，由于福特成功地推动装配线作业方式，试图限制每个工人只负责一种操作（或一个动作），我们因此看不清科学化与系统化工作的真正意义与宝贵价值。

如果根据福特"一个员工执行一个动作"的原则，我们几乎组织不了什么工作。汽车装配线能够有效运用这个原则，有一个特殊条件：它们基本上只生产单一产品，然而其他产业大都不符合这个条件。事实上，制造业以外的行业，例如邮寄公司的订单处理部门，反倒具备这个条件。但过去几十年来，我们仍然无视这些困难，努力推动"一个员工执行一个动作"的原则。我们拒绝接受现实，拒绝正视现实，因为现实状况不符合汽车装配线的形态。

即使在汽车工业中，也已经有充分的证据显示"一个动作，一项工作"的观念不一定能创造出巅峰绩效。我只要举一个例子，就足以充分说明。

第二次世界大战期间，毫无技术、近乎文盲的黑人女工却生产出最复杂的飞机引擎零件。这项工作需要80多个不同的作业，但是所采取的方式不是由一个人负责一项操作，而是出于冶金学的原因，由同一位作业员负责一项完整的工作。通常在这种情况下，都会把这类工作交由技工处理，但是当时根本找不到技工，而且需要的零件数量庞大，时间又太紧迫，根本不可能组织起合格的技术人力。于是这批非技术性女工（当时唯一可用的劳力）必须承担起这项工作。他们把每项工作都分解成80个步骤，依照逻辑顺序安排好作业流程后，每位女工都拿到一张详细的操作说明图，指示她们每个步骤应该完成的作业，之前应做的动作，以及过程中应该注意的事情。出乎所有人意料，采取这个方法后，和过去雇用技术高超的技工或采取传统装配线作业的经验比起来，生产作业反而变得更有效率、品质更好、产量更多。

在其他行业中，每当环境迫使企业放弃传统装配线作业方式时，也出现同样的结果。

一家邮寄工厂最近重组了顾客来函处理部门。过去，这项工作都分解成个别的动作，由一位职员负责处理顾客投诉，另外一位处理顾客询问，第三个人则处理分期付款，依此类推。每位职员都只处理能用印好的统一格式信函回答的信件，少数需要个别处理或判断的信件，一律交由上级主管处理。现在每位职员都负责处理同一位顾客的所有往来信函，例如其中一位职员可能负责处理所有姓氏以"A"开头的顾客。每1000封信中，大约有998封信，都能以统一格式的信函处理完毕，工作本身和从前一样，内容早已预先设定，重复性也很高，但是，职员不必一再重复相同的动作，而负责执行与邮寄顾客保持关系所需的一系列动作——说得更准确一些，总共有39个动作。尽管这些非技术性的职员仍然不负责处理需要加上个人判断的少数回函，但是公司要求他们将信件转呈上级时，必须附上处理建议。结果，职员的生产力几乎提升了30%，员工流动率则下降了2/3。

然而，就我所知，只有IBM从这些经验中，获得了显而易见的结论。我们总是对事实视而不见的原因是，我们最近才得知了解过去经验的关键。到目前为止，我们的问题一直都是：如果员工在执行整合的工作时，效能真的比只做单一动作高，那么要如何解释汽车装配线为什么能达到这么高的效率和生产力？只要"一个动作，一项工作"的观念一直在底特律发挥显著的功效，那么本书提到的经验就会被当成例外。

装配线是无效率的设计

不过我们现在知道，汽车装配线并非人类工作的完美设计，反而是不完善而且没有效率的机械工程设计。福特公司在克利夫兰建造的新厂就充分证明了这一点。他们把传统的装配线作业流程完全机械化，大幅提升了效率和产出。所有的材料处理、机器维护和例行检查都改成自动化作业，虽然总雇用人数并没有比传统工厂少很多，但是员工不再从事生产线工作，而是负责设计、建造、维修、控制自动化设备。

换句话说，今天我们知道，只要"一个动作，一项工作"的原则能充分发挥效益的地方，生产作业就能够，也应该自动化。在这样的作业中，装配线概念对人类的工作而言，可能是最有效的原则，但在这样的作业中，人类本身的工作却漏洞百出，因此这类工作原本就应该设计为机器的工作，而不是人的工作。

对于其他所有工作而言，包括今天制造业大多数的工作和自动化所创造的所有工作，组织工作的原则在于要将一系列的动作或作业整合成一个整体。

因此，我们有两个原则。针对机械性工作，以机械化为原则；针对人的工作，则以整合为原则。两者都从系统化地将工作分解为个别动作开始，都依照逻辑顺序来安排工作，也都把注意力的焦点放在每个动作上，设法让每个动作变得更容易、更快速、更不费力气；要提升工厂整体产出，就得先改善生产作业中包含的各项个别动作。但是前者机械化地组织各个动作，以充分发挥机器的特性，也就是机器能够快速且毫无瑕疵地完成一件事情的能力；后者则整合各项作业，以充分发挥人类的特性，也就是能够将许多动作组合为整体的能力，以及判断、规划及改变的能力。

  目前发生的技术改变不但有助于实践正确的原则，而且也迫使我们应用这些原则。过去有许多工作把人当成机器工具的附属品，如今我们可以通过新技术将这些工作机械化，但是其他无法机械化的工作，尤其是推动和支援新科技所需的工作，在自动化之下，只有根据整合的原则来加以组织，否则根本不可能完成这些工作。因此唯有充分了解和应用这两个原则，才能提升生产力。

  究竟要自动化到什么程度、发展得多快，在哪些地方应用自动化，以及如何应用自动化，都属于工程问题，而且也已经在其他地方讨论过了。在这里，我们要说的只是，只要工作能依照"一个动作，一项工作"的原则来有效组织，就有初步的证据显示我们能将这类工作机械化，并能因此导致效率和生产力提升。如果未能将这类工作完全机械化，应该把它看成权宜之计，是工程设计不完善的结果，而不是人类工作组织的范例。汽车装配线上的工人不是人类工作的典范，而是代表了已经落伍的机械化工作形态。

  但是，我们真的知道该如何组织人的工作吗？我们知道整合代表什么意义，有哪些规则吗？我们能够分辨有效和无效的整合吗？换句话说，我们知道人类要如何工作，才能达到巅峰绩效吗？

整合的规则

  关于这些问题，我们还没有完整的答案，但我们确实知道其中的基本规则是什么，我们甚至知道要采取哪些工作模式，来取代汽车装配线工人的工作方式，或许最好的例子是外科医生的工作模式。

外科医生的工作基本上详细分割为许多细微的局部动作。年轻的外科医生要花好几个月的时间来练习如何在有限的空间内将缝线打结、改变拿手术器械的方式和缝合伤口。他们不断努力改进每个动作，加快不到一秒钟的速度都好，把动作变得更简单，或删除一个动作等。外科医生通过改进这些个别、局部的动作，来提升手术的整体绩效。他们严谨地依照预先规定的顺序执行这些动作。事实上，手术小组的每一个人，不管是外科医生、他的助手或麻醉师、护士，都经过无数次的练习，因此都很清楚下一步该怎么做。外科手术实际上应用了科学管理的原则，尽管医生不一定了解这点，但是出于必要性，外科手术其实是经过整合的工作。当外科医生要为病人割除扁桃腺的时候，并不是由一位医生拿钳子夹住血管，另外一位医生划下第一刀，第三位医生切除左扁桃腺，依此类推，直到最后一位医生把止血钳拿掉，而是由一位医生从头到尾负责整个手术。

外科医生是很好的例子，显示了整合的基本规则，以及组织人类工作时应该遵循的方向。即使工商业的工作在技巧、速度、判断或责任等层面上与外科医生的工作仍有一段差距，但如果能够采用外科手术的原则，生产力一定能大幅提升，工作也将更适合人的本性。

第一个规则是，应用科学管理的方法来分析和组织工作。的确，这类工作分析的范围比一般人所了解的广泛许多，不只能应用在体力或事务性工作上，也适用于大脑的工作。正如同外科医生的例子所显示的，这种方法不但适用于泥水匠的工作，也能应用在需要高度技巧和判断的工作上，就好像动物学的分类原则能同时应用在人类与变形虫的分类上。即使是最高主管的工作也需要这样的分析。

第二个规则是，提高工作绩效最快的方法是改善个别动作或局部工作的绩效。只有改善局部绩效，才能系统化地提升整体绩效。

第三个规则（仍然是科学管理的一部分）是，这些动作的顺序必须经过系统化的设计，根据合乎逻辑的工作流程来安排。就拿之前所举的例子来解释吧：如果想让非技术性黑人女工达到与训练有素的技工同样高的工作效率，必须明确指示她们动作的正确顺序。而工作顺序安排也正是整个过程中最困难、花最多时间、修改最多次的步骤，甚至比教女工认字还要困难许多（刚开工时，有1/3的女工完全不识字）。

然而，当牵涉职务本身时，问题不再是如何把工作分解成局部或动作，而是将工作组合成整体，这又是截然不同的任务。

我们对于这方面，已经有相当的了解。首先我们知道职务应该是工作流程中一个独特的阶段。担任这项职务的人要看得到工作的成果，或许他的职务不见得是完整的部分，但却必须自成一个完整的步骤。举例来说，金属零件最后的热处理就是这类步骤。这个步骤能够产生明显、重要而且不可改变的贡献。负责热处理设备的员工提到这套设备时，会称之为"我的设备"——就好像邮寄公司里负责处理某一群顾客来函的职员会称这些顾客为"我的客户"一样。

而且履行职务的速度和步调也应该因人而异，而不应该完全依赖之前或之后职务的工作速度。员工应该有时候能做得快一点，有时候做得慢一点，而在他下游的员工应该不必完全受制于他的工作速度与步调，不应该因为他有时做得快一点而感受到压力，或是因为他偶尔放慢速度就变得无事可做。

最后，IBM的故事显示，每个职务应该都具备某种挑战，包含了某些技巧或判断。对飞机工厂的女工而言，这代表她们在工作前，必须先看懂操作图,在邮寄公司的例子里,职员必须做 3 个决定——在 39 种标准格式的回函中,应该采用哪一种回函,哪些顾客来函不适合用标准回函来回信,应该建议上级如何回复这些信件。无论看懂操作图或选择回函格式,都不要求员工具备特殊的聪明才智、高教育水准或重要的技能(虽然他们仍然要求员工懂得读写,能适应工业文明)。对于上述员工而言,这些都代表了真正的挑战。他们不断地说:"这个工作总是会不停地冒出新的情况。"严格地说,真实状况绝非如此,但他们真正想说的是:"在这个职位上,我经常需要思考应该怎么做。"这是每个职务都应该具备的要素。

低层和高层工作或低薪和高薪的工作,主要的差别应该在于例行、重复性事务与需要技巧或判断的工作各占多少比例,要求具备的技能和判断力有多高,以及承担的职责有什么不同,也就是说,如果缺乏必要的技能或判断错误的话,会对组织整体绩效产生多大的影响。但是和机械化工作不同的是,绝对不应该有任何工作完全不需要任何技巧或判断,即使是最低层的人员工作都应该需要一些规划,只不过需要的是比较简单的规划罢了。

在实务上则会有很大的差异。有的工作比其他工作需要整合更多简单的作业,才能构成一个完整的工作,不同的工作也需要不同程度的技巧和判断,但一般而言,我们可以说,工作中需要越多的人工作业技巧,那么就应该把越少的基本步骤整合为一项工作;需要的判断越多,就越需要把较多的基本步骤组合在一起。

组织人力来完成工作

到目前为止,我们一直都在讨论如何设计工作,让人力达到最佳绩效。当然,这只反映了一半的问题,我们必须组织人力来完成工作。

一般所理解的科学管理理论的假设是，当我们安排人的工作时，把人力当成机器一样，也就是把每个人的工作以序列方式相联结，就能发挥最大的工作绩效。我们现在知道这种说法并不正确。员工在独立作业或团队合作时，工作绩效都很好。

只要能够将整合好的工作组织成为一个人的工作，那么就很容易发挥良好的效能。

电话安装人员是最好的例子。安装电话是一项独立进行、经过整合的工作，不需要高度技巧或判断，说明书几乎详述了安装人员可能遭遇的所有状况，但一位资深电话安装人员曾经告诉我，其中所涉及的技能和判断已经足以让"每一次电话安装作业都是一项挑战"。不过电话公司从来都不需要打电话问我满不满意电话安装服务，也从来不曾听说电话公司必须督导或检查电话安装人员的工作。

未来的技术变化将大幅增加个人工作，例如维修工作，但是绝大多数工作仍然需要两人或多人共同合作，团队工作仍然会是常态。

幸运的是，关于团队运作方式，我们已经具备了许多知识，以下是几个例子。

包装巧克力糖的时候，女工两人一组，面对面坐着，一起把巧克力盒装满。几年前，糖果公司推出奖励措施，凡是超过标准产量的女工，酬劳将大幅提高。例如，每小时包装30盒巧克力的女工拿到的工资将比只能包装20盒巧克力的女工整整多一倍。结果完全出乎大家意料之外，几个星期内，女工就形成了自己的"斯达汉诺夫制度"（苏联鼓励员工以竞争方式提高工作效率的奖励制度）。

举例来说，星期一由第一组女工超越所有生产标准，领到了高额奖金。其他四组都把产量维持在标准产量（这是很容易达到的目标），把多出来的时间拿来协助"突击队"达到最大产量，拿到最高的酬劳。星期二则由另外一组女工担任"突击队"，其他女工则组织起来协助她们达到最大产量，依此类推。采用这种方式，所有女工都能拿到最高的酬劳，比任何一组独立作业所获得的酬劳都多，即使她们可能总是超出标准产量25%（令人感到意外的是，结果公司也以最低的单位成本，获得最大的产出）。

另外一个可以媲美的是IBM团队的例子，是第二次世界大战的飞机引擎工厂。这座工厂由4～6个人一组负责安装汽缸头和活塞。由于时间的压力，工程师来不及规划出每个人工作的所有细节，结果令他们大吃一惊的是，每个小组都自行规划工作组织和工作步调、节奏，并且设计团队结构。小组之间开始互相竞争，看看谁做得最快，不合格的件数最少，而小组自行发展出来的生产标准也远高于工业工程师心目中的生产标准。

当工作变得太庞大、太复杂，也太繁重，以至于个人无法负荷时，就应由一群人以有组织的团队形态来完成工作，而不是用机械化的方式把一群个人连接在一起。一起工作的一群人形成了一个社会团体，在工作关系之外，也建立起人与人之间的关系。当工作组织阻碍或抵触了这类群体组织及其社会需求时，受害的总是工作。

因此，有效组织工作的第一要件是，应该设法运用群体的力量和社会凝聚力，提升工作绩效，或至少应该避免两者彼此冲突。

为了达到这个目的，必须有工作让群体来完成，也就是说，以团队方式工作的一群人，他们的任务必须是整合了许多动作之后的完整任务，在生产流程中自成一个特定的阶段，而且包含了某些技能或判断上的挑战。

更重要的是，个人必须组成真正的团队，目的是一起工作，而不是彼此对抗；企业奖励团队共同努力的同时，也奖励个人的努力；团队成员认为自己和周围的伙伴同属于一个有凝聚力的社会单位，他们为自己感到自豪，对于伙伴和团队的表现，也深深引以为傲。组织工作时，应该设法让个人的能力和表现无论对自己还是整个团队都有所助益，同时提升个人和团队绩效。虽然个人的动作及其顺序早已通过工作分析而预先设定，应该也要从团队的角度加以考虑——团队成员在安排动作时，应该尽量符合团队需求，例如改变位置，把原先为一个人设计的动作改成两个人的作业形态。

即使在汽车装配线上（有效群体组织的反面），能够从一项作业转换到另外一项作业的能力也能提高绩效和员工的满足感。克莱斯勒的实验就证明了这一点。20世纪30年代，克莱斯勒曾经进行一连串的实验，让作业员随着他们所组装的汽车移动，从一项作业转换到另外一项作业。10年后，查尔斯R.沃克在《装配线上的员工》一书中指出，㊀在新英格兰一家新的组装厂中，专门负责在装配线上临时补位的"机动人员"反而工作满足感较高，倦怠感较低，同时也有强力的证据显示，他们的工作表现也比较好。

人 员 安 排

组织人力完成工作也意味着必须把人放在最适合他的职位上。

我们投入大量的时间和金钱来筛选员工，然而，筛选只是消极的过程，我们通过这个过程，淘汰不适合的应征者。但是企业需要的绝不仅仅是还过得去的绩效，企业需要员工充分发挥潜能，达成最佳绩效。员工需要的也不

㊀ 见 *The Man on the Assembly Line*（Cambridge, Mass.: Harvard University Press, 1952）。

仅仅是能有所表现的职务，他需要的工作必须能为他的能力和才华提供最大的发挥空间，给予他最大的机会持续成长和表现卓越。IBM 的做法导致工厂领班和员工努力把每个人放在最适合的位子上，IBM 高层主管认为这是 IBM 最有价值的成就之一。

在任何特定时间内，如何分配员工的工作，以及把哪个员工放在哪个位置，决定了他是否能成为有生产力的员工，也决定了他究竟能为企业的经济和社会优势加分，还是减分，以及他是否能从工作中获得满足，实现自我，而这一切有很大部分都取决于企业是否能好好管理员工。

几年前，通用汽车公司针对工厂领班做了一次调查，调查主题是："什么时候 90 天才会等于 30 年？"通用汽车指出，通过 90 天试用期考验的员工很可能此后 30 年都会留在公司工作。因此当上司决定最初 3 个月要分派新人做什么工作时，他做的其实是新人攸关一生的决定。

通用汽车强调这个决定的重要性，尽管他们的观点没错，却只说明了目前企业在分派员工职务时，做法是多么短视，因为我们不可能在 90 天内决定员工最适合的职位。

许多人都自有一套决定职务的小技巧。我们的经验是，很多装配线上的员工最后都留在他们觉得有归属感的职位上，但是他们通常都先花了多年的时间在不同的工作岗位游走，这是个散漫、耗时、令人深感挫败的过程。沃克在前面提到的研究中调查了一家才创办了四五年的汽车组装厂，他发现没有几个装配线上的工人真正适合现在的位置。

因此在管理员工和工作时，最重要的任务之一是把安排员工职务视为持续性且系统化的努力。不能在新人刚来时就决定，而必须等到他花时间了解工作，公司也对他有更多的了解之后，才真正指派他工作，而且也不是一旦做了决定就绝不更改，必须不断检讨工作分派是否合适。

许多证据都显示，即使是最低层次、完全非技术性，而且非常重复性的工作，甚至即使是完全机械化的作业，员工的情绪、能力、态度和技巧上的差异仍然会影响到产出和绩效。我们也知道，过去假设员工不想工作，其实完全不正确。人类不但在精神和心理方面需要工作，而且每个人通常都想做一点事情。我们的经验显示，一个人擅长的事情，通常就是他想从事的工作，工作意愿通常都基于工作能力。

因此所有企业都应该把员工职务安排当作头等大事，无论企业把先进技术用在什么地方，职务安排仍然非常重要。过去有的人认为，企业可以把工作组织得完全不受个人的贡献、技能、判断的影响。在新科技下，这样的观念再也站不住脚，因为这类工作不应该由人来做，而应该交由机器来完成。现在越来越多的人独自工作，不需要密切督导，他们或是采取独立作业方式，或是组成工作小组，担任维修人员、修理工、查账员等，他们能否达到高产出和高绩效，完全要视他们的工作意愿，尤其是把工作做好的意愿而定——换言之，是否适当安排员工职务非常重要。

我知道，在美国典型的中型企业中，为了维持人事部门的活动，平均每年每位员工的平均成本是 67 美元。许多人事主管认为这个数字实在太小了，还不到工资总额的 2%，但是只要把这个金额的 1/4 真正用在合理安排员工的职务上，我相信，员工的绩效和工作动力都会得到极大的提高。

CHAPTER 23 | 第23章

激励员工创造最佳绩效

需要怎样的激励——"员工满意"还不行——企业需要责任心——负责任的员工——高标准绩效——能按目标来管理员工吗——管理的绩效——让员工了解情况——拥有管理者的愿景——参与的重要性——切萨皮克与俄亥俄铁路公司的例子——工厂中的社区活动

员工需要什么样的动机才能达到最佳绩效？今天美国工业界的答案往往是"员工满意度"，但是这个概念可以说毫无意义。就算它具有某种意义，"员工满意度"仍然不足以激励员工充分满足企业的需求。

一个人很满意他的工作，可能是因为他能从工作中获得真正的满足，也可能是因为这份工作足以让他养家糊口。一个人不满意他的工作，可能是因为他无法从工作中获得满足，也可能是因为他想要有所长进，想要改善他和所属团队的表现，想要完成更大、更好的任务。而这种不满其实是公司能在员工身上找到的最宝贵的态度，是员工对于工作的荣誉感和责任感最真实的表达。然而，我们无法分辨员工之所以感到满意是出于工作上的满足感，还是因为对工作漠不关心；也无法分辨员工不满意是因为工作上得不到满足，还是因为希望把工作做得更好。

究竟多高的满意度才能称之为满意,我们也没有固定的衡量标准。如果问员工:"你认为这里是适合工作的好地方吗?"70%的员工回答"是",这究竟代表"高满意度""低满意度",还是有其他意义?而这个问题又代表什么意义?每一位管理者都能以"是"或"否"来回答这个问题吗?我们能衡量公司的具体政策是否有效吗?如果问:"你觉得在目前的时间规划下,你能够有效率地工作吗?还是常常需要等候零件?"这就是个有意义的问题。"停车位够不够"也是个有意义的问题。但是"满意"却是无法衡量、没有意义的用语。

没有人知道我们试图从满不满意的角度来衡量的事情,有哪些对于我们的行为和绩效有任何影响,以及影响有多大。从激励员工的角度来看,对同事的满意度会比对工作环境的满意度还重要吗?还是两者都重要?我们其实并不清楚。

但是更重要的是,满意并不是充分的工作动机,只能算消极默许。对公司极度不满的员工可能选择辞职,或即使他留下来,很可能心怀怨恨,处处和公司及主管唱反调。但是满意的员工又会怎么做呢?毕竟企业一定会要求员工心甘情愿地投入某项工作,必须展现绩效,而不是默许而已。

企业之所以关心满意度的问题,是因为领悟到在工业社会中,恐惧不再是员工的工作动机。但是企业不直接面对恐惧不再是工作动机后所制造的问题,反而将焦点转移到员工满意度上。我们需要采取的做法是以追求绩效的内在自我动机,取代由外部施加的恐惧。**唯一有效的方法是加强员工的责任感,而非满意度。**

我们无法用金钱买到责任感。金钱上的奖赏和诱因当然很重要,但大半只会带来反效果。对奖金不满会变成负面的工作诱因,削弱员工对绩效的责任感。证据显示,对奖金感到满意未必足以形成正面的工作动机。只有当员工出于其他动机而愿意承担责任时，金钱上的奖赏才能发挥激励作用。当我们研究因工作量而增加的奖金时，就可以清楚地看到这点。当员工已经有意愿要追求更高绩效时，发奖金才能导致更高的产出，否则反而有破坏力。

人们究竟想不想承担责任的问题，过去已经讨论了几千年，今天产业界又把它拿出来讨论。一方面，人际关系学派一直告诉我们，人们想承担责任，的确，他们必须负责任；但另一方面，管理者却又告诉我们，人们害怕负责任，简直避之唯恐不及。

两方面的证据都不太有说服力，但是所有的讨论也都文不对题。员工想不想承担责任根本无关紧要，重要的是企业必须要求员工负起责任。企业需要看到绩效，既然企业不能再利用恐惧来鞭策员工，只有靠鼓励、诱导，甚至必要时要推动和促使员工负起责任来。

负责任的员工

我们可以通过四种方式来造就负责任的员工，这四种方式包括：慎重安排员工职务、设定高绩效标准、提供员工自我控制所需的信息、提供员工参与的机会以培养管理者的愿景。四种方式都非常必要。

有系统而慎重地持续安排员工到适当的职位上，从来都是激发员工干劲的先决条件。最能有效刺激员工改善工作绩效、带给他工作上的自豪感与成就感的，莫过于分派他高要求的职务。只求过关就好，往往消磨员工的干劲；通过不懈努力和发挥能力，专注于达到最高要求，总是能激发员工的干劲，这并不表示我们不应该鞭策员工工作，相反，我们应该让他们自我鞭策。唯一的办法是提升他们的愿景，把焦点放在更高的目标上。

一般员工的产出标准通常必然都是最低标准，因此不可避免地会误导员工。企业甚至不应该公布这个最低标准（而且超过标准的人甚至还可以获得额外奖赏），以免员工会认为这个标准代表常态。的确，这样做很可能反而对轻易就能"超越标准"的优秀员工产生负面效应。他要么刻意压低产出，以免凸显同事能力不足；要么失去了对管理层的敬意，因为他们居然如此无知，以至于定出这么荒谬的低标准。每当管理层试图提高标准时，他会第一个站出来抱怨。

IBM决定取消通行标准，让员工决定自己的工作标准，是很正确的做法，而结果也证实了这点。IBM的成功显示产业界应该更进一步为员工设定真正的工作目标，而不是设定产出标准。我们或许应该从员工需要有什么贡献着手，而不是从员工实际上能做什么着手。针对每一个职务，我们都应该有办法说明这个职务对于达成部门、工厂、公司的目标应该有什么贡献。因为新技术带来的新工作，必须以目标来取代最低生产标准。但是即使是今天组装厂中的机械性工作，如果我们在工作中加上一些技能和判断上的挑战，仍然可以设定有意义的目标。要激励员工达成最高绩效，同样重要的是，管理者也必须针对决定员工表现能力的各种管理功能，设定高绩效标准。

为了激励工人获取最佳绩效，还有一件很重要的事情要做，那就是管理层必须对自己的工作绩效提出高标准，因为较好的管理职能是决定工人能否达到最佳绩效的关键。

最打击员工士气的事情莫过于管理者像无头苍蝇般瞎忙时，却让员工闲在那儿无所事事，无论员工表面上多么庆幸可以领薪水不做事，在他们眼中，这充分显现了管理者的无能。妥善拟订进度，让员工随时都有事可做，可不是一件小事；让设备保持在一流状态，勤于保养，或在机器有故障时能立刻修好，也不是小事。最能激励员工绩效的就是把内部管理事务处理得无懈可击，通过这些活动向员工展现管理者的才干和他对待工作的认真态度，也直接反映出管理者的能力和标准。

这个原则无论对销售人员或机器操作人员，对办公室职员或工程师都一样适用。管理能力的第一个考验就是管理者是否有能力让员工在干扰最小的情况下，发挥工作最大的效益。最浪费成本的莫过于办公室主管一早上班后，让部属等着他看完所有的信件，并且加以分类，到了下午才拼命压迫下属赶工，以弥补上午损失的时间。如果工厂领班只顾着自己在工具房找替换零件（他早在一个星期前就应该采购的零件），让其他工人站在一旁无事可做，他对削减产出的影响将甚于工会的呼吁。而如果总工程师储存了一批"备用"人手，把他们放在虚设的职位上，也会严重打击士气。这类规划不良的状况会降低员工对管理层的尊敬，让员工认为公司并不是真的在意他们的表现，因此也降低了他们为公司奉献的意愿。当有人说，这好比"犯了谋杀罪以后，居然还能若无其事地走开"，这已经够糟了，但是拿下面一句话来形容公司的状况，杀伤力更强："就好像在军队里一样，先催促你快一点、快一点，然后又要你等半天。"

一位聪明的工厂主管有一次告诉我，他只想让领班做好几件事情：保持部门和机器一尘不染，总是在3天前就把该做的工作规划好，确保工厂拥有最新的设备，以及适时更换老旧的工具，除此之外，其他什么事都不必管。他的继任者引进了一大堆人事管理的技巧和花招，花了很多时间和金钱来筛选领班、训练领班，向他们发表一堆人际关系的谈话。然而，却从来无法追上前任所创下的生产纪录。

让员工了解情况

要根据目标来衡量绩效，需要有充足的信息。问题不在于员工需要多少信息，而在于企业为了自身利益，必须让员工了解多少信息。员工必须获得多少信息，才能承担起企业要求他的绩效？还有，应该什么时候获得这些信息？

员工必须有能力控制、衡量和引导自己的表现，应该知道自己的表现如何，而不必等别人来告诉他。有关工作程序和信息流通的规则既适用于管理者，也适用于一般员工。

但是企业也必须设法让员工为后果负责，他应该知道自己的工作和整体有何关联，他也应该知道他对于企业有何贡献，以及通过企业对社会有何贡献。

我明白要提供员工工作所需的信息并不容易，需要新的技术。数字本身通常都有完整的记录，但是要快速把信息传递给员工，就需要借助新工具。如果缺乏信息，员工就没有足够的诱因和方法来提升绩效。

要提供员工关于企业，以及他对于企业有何贡献的信息，就更困难了。传统数据对他而言，大半都毫无意义，尤其是如果信息还是以传统形式呈现，又加上一贯的时间延滞的话，就更加没有意义。不过管理者仍然应该尽量提供信息——不是因为员工要求看到这些数据，而是因为这么做才符合公司最大利益。即使尽了最大的努力，或许还是不可能把信息传递给大多数员工，但是当管理者努力把信息传达给每位员工时，他才有可能接触到在每个工厂、办公室或分店中影响公众意见和态度的人。

拥有管理者的愿景

职务安排、绩效标准和信息是激发员工责任感的条件，但是它们本身并不会提供这个动机。只有当员工拥有管理者的愿景时，也就是说，如果员工能站在管理者的角度来看待企业，认为自己的绩效将影响企业的兴衰存亡，那么他才会承担起达到最高绩效的责任。

今天，许多人经常谈到如何"赋予"员工对工作的自豪感、成就感以及受重视的感觉，但是别人无法"给"你荣誉感、成就感和受重视感。员工不会因为公司总裁在信中称呼他们"亲爱的同仁"而感到更受重视，总裁只是凸显了自己的愚蠢罢了。自豪感和成就感都必须源自工作本身，无法衍生自工作以外的事物。员工或许极为珍视公司为了感谢他25年来忠诚的服务而颁发的纪念章，但是只有当纪念章确实象征了他在工作上的实际成就时，员工才会感激公司的安排，否则就只会被看成虚情假意，反而容易招致不满。

当员工确实做了值得骄傲的事情时，他们才会感到骄傲，否则就是不诚实，反而有杀伤力。只有当员工确实有所成就时，他们才会有成就感，也只有当他们承担了重要的任务时，他们才会觉得自己重要。真正的自豪感、成就感和受重视感是奠基于积极、负责地参与有关自己工作和工厂社区管理的决策。

最近，切萨皮克与俄亥俄铁路公司的员工提供了一个令人印象深刻的例子。1953年11月14日出版的美国《商业周刊》报道了这个故事。

> 本周一批切萨皮克与俄亥俄铁路公司的员工走进董事会的豪华办公室中，展示他们的骄傲与喜悦：他们为重建亨廷顿工厂所构思的模型。
>
> 这个模型是由60位铁匠、电工、木匠、引擎技工和学徒出于对工作的热爱，经过6个星期马不停蹄的努力（而且大半利用工余时间）完成的。切萨皮克与俄亥俄铁路公司高层估计，类似的规划可能要花30个月到3年的时间才能完成，由此可见这次集体努力的规模是多么庞大。
>
> 最初之所以会引发这个想法，是因为切萨皮克与俄亥俄铁路公司领悟到亨廷顿工厂必须重建，才有办法维修柴油引擎火车头。于是，在厂房中上班的员工开始在午餐时间讨论重建计划。
>
> 根据主管斯莱克的说法，1928年建好的旧厂房设计得很糟糕，早就让员工受不了了。举例来说，车轮厂竟然离设厂地点很远，只好大老远把轮子运过来。

那天中午，谈话内容很快就落实为具体方案，每个人都提议如何解决自己厂房现有设计上的问题。他们的上司斯莱克仔细聆听各种建议，并且详做笔记。他找了绘图员把构想画成蓝图，然后邀请所有人参与整个规划工作。最后的成品就是本周在董事会中展示的模型。

整个计划除了让员工很开心外，还有几个极具说服力的优点：整个重建工程的预估成本大约在 250 万美元，远低于管理层原本预期的 1000 万～1500 万美元，真是大快人心。

当然，需要重建整个厂房的机会并不多，但是管理者会不停地碰到需要设计个人职务或团队工作的问题。

我们总是设法把工作分解为小单位，依照逻辑顺序安排工作流程，但是却没有理由一定要由工程师来为员工分析工作、安排流程，这种做法无非是迷信应该区分计划和执行罢了。我们有充分证据显示，如果负责执行工作的人能预先参与工作的规划，那么计划将会更加完善，这正是"工作简化"技术的精髓所在。而 30 年来，这种做法显然非常成功，无论应用在什么地方，都产生一致的成效：工作的规划更加完善、绩效更高、员工也不再抗拒改变。难怪切萨皮克与俄亥俄铁路公司早在员工主动参与厂房重建计划之前多年，就已经开始在工厂推动工作简化计划了。

工厂中的社区活动

参与规划自己的工作并不是培养管理者愿景的唯一方法。员工还必须有机会在工厂社区中担当领导，这是获得实际管理经验的最佳途径。

一个人能在工厂社区中挑起领导重担并赢得尊敬的特质，通常不见得符合管理职位所需要的特质。然而，企业肯定和奖励员工的唯一方式通常都是升迁。无论升迁机会多么丰富，升迁制度多么公平，员工中总是会有一些广受尊重的领导人物没能更上一层楼，他们因为失望而开始和公司唱反调，以继续发挥他们的领导才能。难怪有这么多工会领袖选择工会为他们事业发展的舞台，因为企业无法通过升迁制度肯定他们的领导才能。

著名的工会领袖鲁瑟（Walter Reuther）正是其中一个杰出的例子。毋庸置疑，鲁瑟深信自由企业制度不是那么理想，他的想法主要是根据一个前提——好的制度应该早就发掘并且重用像他这样的领导人才。我也认识许多不管在气质或外表上都极端保守的工会干部，他们对工会活动产生兴趣，主要是因为一直无法获得上司赏识，在公司里老是当不上主管。

在每个企业中，员工都有机会在管理员工的同时获得管理者的愿景。在每个企业中，也都有许多活动不属于企业经营的范畴，而是工厂社区活动。这些活动必须有人负责，但这些活动通常又和企业经营没有直接的关系，对于企业成败的影响也微乎其微，因此不需要由管理层来主事。例如，这些活动可能包括红十字会的献血活动、圣诞晚会、排轮班表，或安全措施、员工餐厅或员工出版品的设计规划。每一项活动本身似乎都不是那么重要，但是加总起来又很庞杂。对员工而言，这些活动非常重要，因为直接影响到他们的社交生活。

信息服务领域也是员工可以自行规划推动的部分。例如，发行员工年报，为新进人员撰写员工手册，规划有关新技术、新技巧、顾客服务，或如何答复顾客来电的培训课程。

如果交由管理层负责这些计划，而不是迫使员工自行负起责任，公司就丧失了培养员工像管理者那样看待问题的大好机会，而且对企业经营也没有好处。管理者需要忙的事情已经够多了，不需要在运营重任之外，还负责规划其他非经营性质的活动。更何况要办好社区活动，需要花费许多时间和人力，如果全部由管理者操控，而不是让员工充分发挥热情和才干，将会格外招致批评与不满。例如，由企业主管负责的公司餐厅不就老是令员工怨声载道吗？

我要声明一点：我相信在企业经营的领域，员工不能享有同样的参与度。由于员工不需担负"责任"，自然也就没有"职权"。我也不希望看到一般企业中出现更多的社区活动——事实上，我认为在许多企业中，还应该减少这类活动。我并不主张企业有更多的幕僚人员、更频繁的会议，以及其他组织臃肿的症状。我只是主张反正都要做的事，就应该以合情合理的方式把它做好，但是用较少的人力来做，而且由工厂中的社区自行负责。

我们应该以高标准来要求这些活动的品质，的确，这些活动提供了绝佳的机会来展现绩效标准的真正意义，但是应该由工厂社区来负起实际的责任，员工可以借此培养管理者的愿景，并且因此深受激励，努力追求最高绩效。

要发展出足以取代恐惧的工作动机并不容易，但是却非这样做不可。今天，我们拥有充足的工程知识，能够有效设计个人和团队职务，以达成最高绩效。我们也拥有社会知识，知道如何组织人力来获取工作效益。在新科技之下，我们还有一套生产和销售系统，可以提供员工发挥才干、满足成就动机的空间。如果员工本身没有表现的欲望，那么即使有这些机会，也终究无法开花结果。在办公室中消除恐惧是件好事，但是单单消除恐惧还不够，我们需要更积极的激励措施，包括慎重的职务安排、高绩效标准、提供员工自我控制的充足信息，以及员工能像负责任的公民一般参与工厂社区的事务。

我称第 22 章为"宣言"，本章其实也一样。这两章虽然只提纲挈领地针对如何管理员工和工作，举出部分成功的案例，不过就我所知，还没有任何企业全面推动这方面的尝试。

到目前为止，我们已经了解了很多。我们知道应该做什么，至少知道比起目前的进展，还有许多应该做的事情。当然我们很有理由期望 20 年后，今天的目标变成已经达到的成就，而今天的宣言也将成为历史。

CHAPTER 24 | 第 24 章

经济层面

金钱奖励不是动力的源泉——严肃决策已迫在眉睫——对收入和就业的期待得到了保障——对利润的抗拒——利润分享和股份分享——"没有销售,便没有工作"

我刻意延后讨论企业和员工之间的经济关系,并不是因为这件事情不重要,而是因为正如前面所说,在现代工业社会中,金钱报酬不再是重要的激励员工的手段,尽管对金钱报酬的不满,将会降低工作绩效。但是经济报酬再高,都无法取代责任感或慎重的职务安排。反之,非经济性诱因也无法弥补员工对经济报酬的不满。

在这方面,我们可能要面临最严肃而迫切的决定。即使只是工会要求企业实施"保障年薪"这样一个因素,都将决定美国是否有办法解决经济冲突,为企业、员工和社会都带来长期利益,还是问题在未来几年反而更加恶化。

尽管企业员工对于"错误"的薪资差距表达了强烈的不满,但主要的问题不在于薪资高低,甚至不是薪资差距的问题。真正的问题其实隐藏在更深层。

首先是企业将薪资看作成本,要求薪资必须有弹性,而员工将薪资看作

收入，要求薪资稳定，两者之间有很大的分歧。只有通过可预测的薪资和雇用计划，才能解决这个冲突。㊀

要求企业给予员工绝对的工作保障，例如工会所宣传的"保障年薪"制，就好像承诺一个人可以长生不老一样疯狂。这种承诺根本毫无价值，因为在经济萧条的时候，根本无法兑现这张支票。如果普遍实施保障年薪，整个经济体系将变得僵硬而没有弹性，经济萧条将无法避免，而且更加严重。意大利承诺"保障就业"的例子正充分证明了其中蕴涵的危险。在第二次世界大战后意大利经济崩溃的那段黑暗日子里，意大利政府颁布了一项法令，规定除非企业面临严重的经济困境，否则严禁雇主解雇正式员工。结果在意大利没有人敢雇用员工，因为一旦雇用了任何人，他们立刻就变成正式员工，必须终身雇用，不得任意解雇。因此，企业宁可放弃扩张计划，也不敢雇用更多的人。尽管当时意大利北部工业区的电力严重不足，电力公司宁可延长原本的建厂计划，也不愿意雇用更多的建筑工人，以免 5 年后就没有工作给这批人做。通过这项法案的原意是为了预防失业问题，就 1945 年或 1946 年的情况，这样做或许有其必要性，但结果却成为意大利人大量失业的主要原因。然而没有人敢公开表达反对意见，更遑论提议修改或废除这项法令了。由于这个法案已经贴上了"保障就业"的标签，早已变成工会中最神圣不可侵犯的圣地。

我们需要的不是长生不老的保证——工会传统的"保障年薪"诉求。我们需要的是寿险计划，这是企业做得到的。㊀

大多数公司都可以根据过去经验，预估雇用人数在一年内大幅滑落的可能性（对大多数美国企业而言，1937～1938 年是企业雇用人数降幅最大的

㊀ 更详细的讨论，请参见拙著《新社会》(*The New Society*) p.232 及以后的论述。
㊀ 在 1954 年 1 月刊的 *Personnel* 杂志中，就描述了位于新泽西贝勒维尔的一家小公司 Resistoflex Corporation 所实施的简单而有效的计划。

时期）。根据这些经验可以推算出今天的员工可能面临的最恶劣情况，如此预估的雇用人力和收入状况将远超出员工的预期。只有一小部分企业曾经碰到过一年内工时下降 1/3 的情况，而即使是工时滑落了 1/3，仍然意味着有八成员工未来 12 个月的工作时数是目前的 80%。而能够预期未来能拿到目前收入的八成，已经足以让员工规划未来的预算。

一旦有了这样的预期，企业和员工的风险就有了限制。当然天有不测风云，如果公司破产或整个产业崩盘，即使预估了雇用人力和收入状况，也无法保障工作。但是这就好比因为火险不能赔偿龙卷风造成的损失，就说火险不好一样荒谬。

到目前为止，我们已经积累了充足的经验，因此知道只要妥善执行，企业将能直接受益于稳定的雇用和薪资政策，并且削减运营成本。这不是慈善活动，也不应该把它当成慈善活动。的确，能够稳定运营，削减成本，才能发展出成功的可预测薪资与雇用计划。

> 其中一个例子是铁路的维修作业。过去维修工作都是根据目前的营收状况来进行的。然而，这表示大多数的维修都是在交通最繁忙的时候进行的，也就是说，维修工人花在等候火车通过的时间总是比实际工作的时间还要多。后来铁路公司固定编制预算来进行铁路维修，同时在交通低谷时间进行密集维修，结果成本降低了 1/3。他们在 12 个月内一直维持稳定的雇用人力，波动幅度不超过 10%。

新技术将迫使企业实施稳定的雇用政策。一方面自动化设备需要以稳定的速率持续运转，训练有素、具有专业技能的员工也是企业几乎无法替代的投资。无论情景好坏，企业为了自身利益，都必须尽一切努力留住人才。

在现代经济体系中，人类有史以来首度有机会解决经济弹性和经济保障之间长久以来的冲突。一旦解决了这个问题，将能大幅强化企业实力，减少经济负担。IBM 的例子就是明证。

但如果企业经营者未能了解这个道理，并且以此为行动的原则，将会被迫采取"保障年薪"之类的政策。我们有充分的理由强调，在现代工业社会中，员工已经成为"中产阶级"，但是象征中产阶级地位的向来都是稳定而可预期的周薪或月薪，而"无产阶级"最显著的象征则是按时或按件计酬的工资。

我们也明白，对大多数员工而言，最重要的是保障他们持续工作。相比较之下，例如养老金或医疗等其他保障反而变得无关紧要。不管我们的工会在今年或明年提出保障工作的要求，这个问题迟早都会出现，因为它呼应了社会现实。管理层只有在能兼顾企业与员工利益的雇用人力与薪资预测计划，以及对两者都造成伤害的"保障年薪"之间做选择，选择究竟要解决长期以来的冲突，以强化企业体质，还是宁可相信经济永远繁荣的虚假承诺，结果反而制造了新的痛苦和更多冲突。

对利润的抗拒

要克服员工对利润根深蒂固的抗拒，可预测的收入和雇用计划或许也是关键。对自由经济危害最大的莫过于员工对利润的敌意。到目前为止，我们采用的疗法都只能治标，而不能治本。

表面看来，利润分享显然是个解决问题的方法。从 100 年前开始，企业界已经在尝试推行利润分享制度，然而结果并不太振奋人心，大企业的施行效果尤其不理想。当企业获利高，员工也分得多时，这个计划广受员工欢迎。但是真正困难的是，必须说服员工因为企业随时都可能面临亏损的危险，所以必须把利润拿来发展他们未来的工作，强化未来的生计，而这是利润分享计划所做不到的。相反，依照一贯的利润分享方式（员工年终分红），员工认为企业轻而易举就可以获利（高利润），他们因此可能觉得公司获利是一件好事，甚至相信他们的工作绩效关系到年终可以拿到多大面额的支票（尽管实际状况可能连最大力支持利润分享制的员工，都难以打动）。不过，员工并不会因为利润分享制而了解利润的功能，不会明白对企业而言，利润是绝对必要的，否则就会面临亏损和经济衰退。利润分享也许缓和了原本的问题，而只要是能缓和这个问题的方案，都会受到欢迎。但至少就目前的形式而言，利润分享制还不能提供我们需要的解决问题的办法。

同样，虽然普及股权分享制符合企业和社会的利益，但是认为员工只不过因为拥有公司10股、25股或100股的股份，就会改变对利润的态度，也未免太天真了。员工之所以反对利润，在经济利益之下还有更深层的原因——乃是根源于员工对于个人目标必须屈从于企业缺乏人性的目标和规定所产生的反感。如果就员工拥有百分之百股权的公司及国营企业的经验看来，即使完全让员工分享股权，也不是办法。10年、20年后，美国上市公司大半的股份将直接或间接落入企业员工或他们的退休信托基金、投资信托基金、保险基金手中，但即使如此，也不会改变企业员工对于利润原则的抗拒。

这些立意善良的认真尝试之所以无法奏效，可能是因为焦点偏离了员工的工作，然而在企业中，最与员工利害相关的还是工作。所以员工必须了解，他们的工作完全系于企业的利润，企业有利可图时，员工的工作才会更好、更有保障、更愉快。这些计划的目的都是希望借着让员工感觉像个"所有者"而接受利润的观念。然而工作才是员工在企业中真正拥有的东西，利润分享或股权分享都不是核心，只是附加品而已。

只要员工把获利当成企业的目的，他就会认为自己的利益和企业利益之间有基本的分歧，而且更加迷信"生产会创造利润"的传统说法，换言之，他坚信自己创造了利润。任何论点都无法让他看清"为使用而生产"及"为利润而生产"这种古老对比的谬误。但是如果企业的目的是创造顾客，那么两者应

该协调一致，毫无冲突。因为如果企业不销售产品，就不能提供工作机会。[注]

或许在20世纪30年代，当IBM经营团队有感于应该负责维护员工的工作机会，而决定开发新市场时，他们提供了解决这个问题的线索。因为这个决定把利润从由员工供应但被公司夺走的东西，转变为由市场供应且公司和员工都同样需要的东西。员工因此认识到自己与公司其实休戚相关，双方都同样需要利润。

企业或许能充分运用利润分享制来加强有关雇用人力和收入的预测。的确，根据过去的经验，我认为在运用利润的所有方式中，员工可能最想要这种方式。但是在任何与员工分享利润的尝试中，这些都还是次要的，或许更重要的是，企业经营者对于维护员工的工作机会必须许下坚定的承诺，以及必须设法让企业的成功与员工的工作保障之间，建立直接而明显的关系。

但基本上，这种方式是健全而有效的，显示出企业的利益与员工的利益其实是一体的，管理层在追求企业利益时，同时也满足了员工的利益；管理层自认是为员工创造就业机会和捍卫工作的人。更重要的是，这种方式显示，对于员工和他的工作而言，利润都是绝对必要的。

显然我们还缺乏这方面的知识和经验。到目前为止，我们只能描绘出一些粗略的方法，但还不是很清楚究竟应该怎么做。毕竟直到最近几年，我们才在经济上有了基本的领悟，知道员工应该看清楚，为了自身利益着想，他们不该问："利润是不是太高了？"而应该问："利润够高了吗？"员工无法从"经济教育"中学到这个观念——即使是真正的经济教育，而不仅仅是宣传，也无法教导他们这点。必须由管理者采取明确的行动，让企业的目的和员工的目的趋于一致，同时建立起双方互惠的关系和对充足利润的共同依赖，才是根本之道。

㊀ 克朗·泽勒巴克公司副总裁赫伦（Alexander R. Heron）在他的著作《没有销售，就没有工作》（*No Sale, No Job*, New York：Harper & Brothers，1954）中提出相同的论点。

CHAPTER 25 | 第25章

主　　管

　　主管是"管理员工"的吗——为什么主管必须要成为管理人员——主管的职责是什么——主管的两项工作——今天的混乱状况——缩减主管管辖的人员数目是错误的选择——主管需要什么——主管的工作目标——主管与工人的提升机会——主管的管理现状——主管的职责是什么——更需要的是经理，而不是主管

　　第一线主管并非"管理员工的管理者"。无论是设计工作、组织人力来完成工作、适当的激励措施、员工与企业的经济关系，或组织的精神、原则和实务，都不是由主管决定的，甚至也不太受主管的影响，而是由公司高层所发动的，同时员工很清楚这个状况。即使是最优秀的主管都无法取代糟糕的员工管理原则和实际做法。今天许多管理者喜欢在口头上过度强调主管的重要性，这种做法可能有害，因为有时候管理层误以为他们因此可以卸下管理员工的责任，只要张口督促主管把工作做好就成了。

　　不过，第一线主管（不管称他们为"领班""组长"或"科长"都好）能帮助管理层了解员工的需求，以创造最高绩效。员工的工作能力取决于主管的规划能力，员工的工作绩效究竟是卓越还是平庸，也要视主管在培训员工

和安排职务上的表现而定。

第一线主管必须好好安排工作进度，让工作能够平稳地进行。他必须确保员工有完成工作所需的设备、合理的工作环境，同时也能和同事一起在有组织的团队中工作。他也须负责让员工具有工作意愿和能力。他必须为自己所督导的小组设定工作目标，但目标必须以企业整体目标为依据，同时根据小组目标和每位小组成员一起发展出各自的绩效目标。他还必须承担起安排职务的主要责任，并且应该负责在第一线发掘团队成员的领导潜力。

今天的混乱状况

上面提到的这些要求，要比今天企业所提出的对主管的要求低得多。企业的种种要求只有无所不能的天才才办得到。我们甚至还没有提到辅导员工、传授经济观念或代表管理层向员工说明事情等事项，这些事情应该是由位居要津的干才来负责的重要职务。

主管的职务设计多半不符合这些要求，因为在过去，主管的工作内容并没有经过合理的设计，甚至没有经过周详的思考。至少在美国的企业，主管的工作内容可以说是一盘大杂烩，几十年来一直变来变去。每个人都知道，或自称他知道主管应该做哪些工作。他应该负责收发文件、填写表格；也应该在工作团队中担任技术高手或师傅，或对工具和设备了如指掌；他还应该扮演领导人的角色。而且上述的每一项工作，他都应该做得尽善尽美，而他的年薪只有4000美元。

更糟的是，管理层一方面宣扬主管的首要职责是人际关系，另一方面却看他们有没有保持良好的工作记录来决定升迁。难怪当少数学者试图研究主管的工作内容时，发现主管总是忙得团团转，手上同时在处理四五十件毫不相干的不同事情，不知道该以哪一件事情为重。我们可能高谈主管是管理团队的一分子，拼命夸耀这个职位的重要性，然而在极端现实的工会领导人眼中，主管只是为管理层跑腿的小弟，他们做不了什么决定，老是挨骂，想要把事情办好，就得绕过他们，直接和上面的人沟通，而实际状况也八九不离十。

这种混乱的状况，有一部分从这个职位设立之初就埋下了种子。主管就好像混血儿一样，一部分源自"师傅"兼老板的古老传统。1880 年，在新英格兰担任第一线主管的是真正的企业家，他们通过投标的方式获得生产某种产品的权利，他们雇用并组织工人进行生产，从投标数额与实际成本之间赚取差价。但此外，主管工作也有一部分源自以前带队挖水沟的工头，或是纤夫的领队，因为他总是负责在队伍最前面带头高喊："一、二、三，拉——"，设定工作的步调（德文的"Vorarbeiter"或英文的"charge hand"都比"工头"或"领班"更清楚说明了主管工作的起源）。今天，大家对于主管的期许主要沿袭了古代社会对工匠师傅的期许。但是，主管的实际职位则主要承袭自挖沟人或纤夫的领队。

多年来，我们已经系统化地把所有非固定性工作排除在主管的工作之外。组织人力变成工业工程师的职责；人力资源部门接掌了越来越多的员工管理事务，例如员工的筛选、职务安排、培训、薪酬等；检验、质量控制、成本会计等部门也侵占了主管管辖的领域；工会的兴起，更剥夺了主管维持纪律的角色。最后只剩下一大堆五颜六色的破布，永远也拼凑不成一件完整的衣服。

从 20 世纪 20 年代中期以来，由于认识到主管工作面临的问题，我们试图削减主管负责管理的员工人数，以增进主管工作的成效。30 年前，制造业一般主管要负责管理 60 名以上的员工，到了今天，每位生产线领班几乎都只需要带 20～25 个人。

毋庸置疑，我们必须设法让主管工作发挥功效，但是削减工作小组的人数却无法达到这个目的。首先，主管的问题不在于他们需要管的人太多了，而是手上有太多事情要做，分不清哪些事情比较重要。其次，削减组员人数等于削减了主管工作的重要性，结果根本不可能有人为主管分劳，让他能摆脱记录和存档等不重要的杂务。更重要的是，这样做削弱了主管在面对管理层时代表员工的能力。

换句话说，问题不在于主管的控制幅度，而在于管理责任的幅度。他要负责太多事情了（根据美国陆军[⊖]最近的研究，一般生产线的领班要负责41件不同的事情）。同时，他既没有权威，也没有地位，更没有时间来承担责任。

缩小主管负责的单位规模不但没有办法解决问题，反而会令问题更加恶化。唯一解决问题的方法是合理规范职务内容。

主管需要什么

主管在履行职责时首先需要的是为自己的活动制定明确的目标，而且目标必须直接聚焦于企业的经营目标。和所有真正的目标一样，主管的目标一方面需要涵盖从经营成果出发的目标，另一方面则必须能实践基本信念和原则。因此他们必须在眼前的需求和长远的需求之间有所权衡。

为了达成这些目标，主管除了承担责任，也必须有相对的权力。他需要了解公司的运营、结构、目标和经营绩效，否则他自己的目标必然缺乏意义。他需要掌握能达成目标的方法，同时根据达成目标的状况来衡量他的绩效。事实上，达到部门目标所需的一切都应该由他来掌控，否则他就无法承担主管的责任。

⊖ "Activities and Behaviors of Production Supervisors" Report No.946, Personnel Research Section, PR & P Branch, The Adjutant General's Office, Department of the Army, Washington, D.C., 1952.

其次，企业必须提供主管充足的升迁机会，并且根据明确的绩效标准，制定合理的升迁制度。

主管最严重的不满大概莫过于缺乏升迁机会了，而且也难怪他们会抱怨。有几项调查显示，高达七成的主管承认，无论他们在工作上表现得多么出色，都完全看不到任何升迁机会。

剥夺主管应有的升迁机会严重浪费了人力资源。主管已经证明了他们很清楚应该怎么做事才符合公司需求，例如应该如何规划工作、安排进度、领导和训练员工、安排职务等。然而就我所知，每家公司都拼命抱怨他们找不到具有这些特质的人才。不断在主管中搜寻能够成为管理者或技术专家的人才，显然非常必要。

如果希望主管在员工管理上有好的表现，升迁机会就非常重要。升迁机会的多寡决定了企业能否激励主管追求最佳绩效，还是主管都只求明哲保身，过关就好。企业不见得需要使每一位主管都得到升迁，无论我们怎么做，真正能升上去的比例总是有限的。但重要的是，必须让主管知道，表现好的人总是有机会升迁，不要让他们觉得无论在目前的岗位上表现是好是坏，都不会影响到未来前途（至少在今天的美国制造业中，大多数主管似乎都有这种感觉）。

不提供主管充足的升迁机会，不但破坏了自由社会的基础，同时也是对企业社会责任的否定。因为自由社会的团结和力量乃奠基于对机会均等的承诺上。在工业社会中，机会均等就代表能够凭自己的能力、绩效和努力，从员工晋升到管理层。而在美国，主管的职位既代表了员工的升迁机会，代表他们已经踏出了晋升到管理层的第一步，同时也说明了企业中没有阶级之分，也没有阶级斗争。

正因为如此，企业应该提拔基层员工成为主管，如果不让基层员工有机会升为主管，将严重打击士气，就好像不提供主管升迁机会一样，违背了社会基本信念。培养主管最好的方法，莫过于在团队中工作的实际经验。今天的企业很喜欢招募初出茅庐的大学毕业生来担任主管工作，基本上，这是不负责任且违反社会信念的做法。把较高层的管理和专业职位保留给以"储备干部"的名义招募来的大学毕业生也同样不合理。在这方面，我是个保守的反对派，因为我认为教育应该赋予我们责任，而非特权。我反对有些学校大肆宣扬教育提供了一条不需靠工作表现，就可以直接获得高地位和高收入的捷径。这种政策不但和企业的社会责任背道而驰，也无法达到人尽其才的目的，更无法满足企业对于高效能主管的需求，这完全是偷懒的招数，而且偷懒的招数照例在最后只会带来更多的麻烦，需要花更多精力来收拾残局。

因此培养管理者应该从主管着手。当中层主管职位和技术职位出缺时，必须充分考虑以主管替补的可能性。想要培养工业工程、质量管理和生产规划方面的专才，最好先看他们在第一线主管工作上能否展现卓越的绩效。能干的主管可以从训练课程中获得所需的一切专业技术知识，但是对这些工作而言，最重要的知识——了解组织，了解员工、主管和运营主管的需求，以及了解在整体运营中技术工作所扮演的角色等，只有借着担任第一线主管，才能学到最多。

最后，主管需要拥有管理者的地位。他的职务本身必须深具意义，也必须有足够的重要性，因此他能代表下属在上司面前发言，同时管理层也愿意聆听他的意见，并且重视他的话。如果必须经过特殊安排，才能让管理层听到他的声音，就显示主管的职务可能缺乏适当的组织。

主管的职责是什么

IBM 的例子说明了主管的职务内容。的确，在企业管理员工和工作的做法上，最值得学习的大概就是 IBM 安排主管职务的经验了。

我们学到的第一课是，主管工作必须是真正的管理工作，主管必须担负起大部分的管理责任。IBM 的主管身为项目经理，必须负责让新的产品设计上线生产。他必须和部属一起制定标准产量，并负责规划工具、材料和零件的供应。一般而言，大家都公认主管不是"技工"，许多工会合约中都明定除了修理机器外，主管不能亲自操作机器。但是，大家还没有充分明了的是，主管还必须是个真正的管理者，必须担负起规划和决策的重责大任。的确，他们的工作目标必须直接源自企业目标，同时必须根据他们对于企业绩效和成果的贡献来衡量他们的绩效和成果。

我们学到的第二课是，主管必须能够控制履行职责时所需的活动，也必须有充足的人力来处理相关事务。即使在最佳状况下，主管的一天总是排得满满的，但是如果他真的善尽职责的话，他根本不可能抽得出时间来填一大堆印好的表格，然而今天大多数主管却把 1/3 左右的时间花在填表格上。公司需要找个职员来帮主管填表，IBM 就为主管配了这样的帮手，他们称之为"收发员"。

主管也没有什么时间为下属进行例行培训，传授老手的工作经验。单单规划工作、安排进度、保持物料供应顺畅和设备状态良好，就已经忙不完了（根据前面提到的美国陆军的研究，对成功的生产线主管而言，这些工作占了一半以上的工作量），其余的时间则几乎都用在个别辅导下属解决问题，或教导他们新技术或新制程等。换句话说，他需要一位或多位培训员的协助，也就是 IBM 的"工作指导员"。

但是主管也需要技术服务。他可能需要工业工程、工作方法与成本会计方面的协助，可能也需要有人帮他追踪进度，了解工具供应或机器维修状况。这些都是主管需要的服务功能，应该由自己的下属来承担这部分的责任，因为主管是需要为最后绩效负责的人。

从 IBM 学到的第三课是，我们必须设法扭转趋势，不再削减主管的权限。IBM 的主管负责雇用、推荐、解雇、培训、提升人员及规划进度,同时负责处理他的单位和公司之间的所有关系,例如与人力资源部门之间的关系。当然,所有关于人的决策都应该先经过上司核定,这个规定适用于每一位管理者所做的人事决策,而且下属必须有申诉的权利。但是,决策本身却必须由主管来做,否则就是有责无权了。

我们还有许多证据显示,企业需要扩大主管的管理权限,以及这样做将影响他的工作效能:

> 一家大型汽车组装厂最近把员工雇用权从中央掌控改为由主管掌控。聘雇部门仍然负责面谈、筛选和测验应征者,但是由主管决定是否聘用,而且职位出缺时,聘雇部门都会提出几个候选人供主管考虑,结果产量明显提升了许多。主管认为改进生产绩效的第一个原因是职务安排比过去理想,"我可以挑选最适合这个职位的人"是他们典型的答案。另外,他们觉得,当主管负责决定聘用什么人时,员工比较清楚上司对他的期望。一位工会干部表示:"聘雇部门总是告诉应征者公司会提供多棒的发展机会,以及我们有完善的退休金制度和医疗保险,但是他们不会和应征者讨论职务内容——他们根本对职务内容一无所知。主管则会实事求是地告诉应征者公司期望他做什么,工作内容是什么。因此,我们不会找个聪明家伙进来,结果他从上班第一天开始就不断嫌东嫌西,也不会有人上班后才发现,自己不可能在六个星期内升为工厂经理,因为幻想破灭而另谋高就。"最后,公司和工会的关系大为改善。多年来,这座工厂和工会的冲突一直不断,现在尽管高层与工会的关系仍然不佳,但是在工厂的层次,主管现在不至于每个动作都招致工会不满,这在过去屡见不鲜,是导致怠工的重要原因。

最后，主管的单位规模应该要比目前大。当然，实际的规模会随着职务状况有所不同，但是整体而言，主管单位的规模应该比目前扩大至少两三倍。如此一来，主管才有充分的分量在面对管理层时代表员工发言，也防止主管只是一味地"督导"下属，而必须实施目标管理，通过慎重安排职务、员工培训、工作规划来管理下属。企业因此能付给主管比较像样的主管薪资，而不要老是像今天这样，付给他"比最高薪金的基层员工高出10%"的薪水。这种说法本身充分反映了在管理员工时，主管工作的现实面和虚幻面之间的鸿沟（付给少数几位主管高薪，即使将为主管请助手的薪资都包括在内，仍然比今天以低薪雇用太多主管的做法节省成本）。

如果主管负责真正的管理工作，如果他能有助手分劳，如果他能掌握实权，如果他的单位规模够大，那么主管工作将再度变得可以管理。他也将有更充裕的时间和员工一起工作，更清楚自己的工作重点。

如此一来，主管工作将如同美国过去的传统，再度成为开创新机会的主要途径。"工作指导员"的职位可以训练员工担任主管工作，并且从实际表现中检验他的能力。难怪IBM不太担心如何挑选主管的问题，但几乎每一家制造公司都深受这个问题困扰。也难怪IBM不需担心员工会排斥新上任的主管，因为这些人昨天还是他们的同事，担任"工作指导员"时的表现好坏被视为合理的升迁标准。最后，IBM很少会因为主管绩效不佳而将他降级。然而在其他公司常见的状况是，几乎每四位新进的主管中，就有两位做不好，尽管在他们升迁之前和到任后，公司都提供了密集的培训课程。

或许更重要的是，只要合理安排主管的职务，让主管晋升到负更大责任的管理职位就变得顺理成章了。今天的主管在与下属面对面相处时，是个卓越的管理者。但是他还不懂得如何通过设定目标、通过组织工作和职务，以及通过完善的规划来管理，换句话说，通过构成管理的要素来管理员工，而不再通过人际关系来管理员工。然而一旦提升到负更大责任的管理职位，他就必须有能力管理这些要素，具备设定目标、组织和规划的能力。即使是规划完善的督导职务，重心仍会放在与员工面对面的关系上，但是其中依然会包含充分的概念性、分析性、整合性的管理工作，可以训练主管为担负更大责任做准备，并且检验他的实际绩效。

如果有人认为，我表面上似乎要把主管工作变得更容易管理，也更有意义，但实际上是要"废除"主管职务，那么我的回答是，我的本意确实是如此。当企业希望促使员工达到最高绩效时，他们需要的是管理者，而非主管。

我不喜欢为了这类名词而讨论不休。但是"主管"这个名词所代表的意义恰好和主管工作应该具备的内容背道而驰。我认为，这个名词本身构成了一大障碍，干脆把它直接改成"管理者"还好一点（IBM已经这么做了，而通用电气公司也在考虑跟进）。否则，"工头"这类旧观念仍然会继续误导我们。

无论我们用的是哪个名词，职务本身应该毫无疑义，担任这项职务的人承接了早年工匠师傅的古老传统，然而他们不再担任鞋匠或石匠，而是从事管理实务。

CHAPTER 26 | 第 26 章

专业人员

专业人员算不算管理人员——专业人员是工作人员队伍中发展最快的部分——既不属于管理层,也非一般劳动工人——专业人员与管理者——专业人员与员工——专业人员的特殊需求——专业人员的目标——专业人员的机会——专业人员的薪酬——抓好专业人员的工作和职责——从专业上给予认可

许多人也常常主张,除了主管之外,专业人员是管理层的一分子。而且和主管的情形一样,必须明白宣示这个主张,正显示许多人对于专业人员的职务安排以及管理专业人员的方式日益感到不安。

专业人员是企业成长最快的工作群体。在第二次世界大战结束时,美国75家工业公司的研究实验室各自雇用了100多位专业人员。当时许多人认为这是战时的特殊现象,是因为美国对企业获利征税过高而导致的大手笔。但是5年后朝鲜战争爆发时,美国工业界这类大型研究实验室的数字几乎加倍增长,如果不论规模大小,全都计算在内,如今美国从事科学研究的工业实验室已经有3000多家。

专业人员的数目一直稳定增长。对外行人和大多数生意人而言,所谓

"专业人员"，就是研究工程师或化学家。过去10年来，物理学家大批涌入工业界，到了今天，企业界已经雇用了数千名地质学家、生物学家和其他自然科学家，还有至少数百位经济学家、统计学家、有执照的会计师和心理学家，更不用说律师了。

新科技推波助澜，扩大了专业人员的雇用范围。除了开创研发工程的新领域之外，许多研究市场和收入形态的数学经济学家和逻辑方法专家、数学家都纷纷进入企业界工作。

无论到哪里，我发现如何规划这些专业和技术人才的职务都是一大问题。

> 例如，我针对这个题目所发表的文章（"Management and the Professional Employe"，《哈佛商业评论》，1952年5/6月刊）要求抽印本的读者人数之多，远超过我所撰写的其他管理文章。我每一次向企业界人士演讲后，总是有人问："我们应该如何管理专业人才？"几乎我所知道的每家大企业都在研究这个问题，而且在非商业性组织中（例如陆军）问题似乎也同样严重。

然而由于这个现象刚发生不久，我们甚至不知道应该如何称呼专业人员。只有通用电气公司自创了一个名词，他们称这些人为"个体的专业贡献者"。尽管这一称谓还大有商榷的余地（因为这些人通常不是单打独斗的，他们往往以小组为单位开展工作），但在想出更为恰当的名词之前，我们还是先沿用这一称呼为好。

即使找到了称呼专业人员的最佳名词，也无法告诉我们问题出在哪里，应该怎么解决，而只是显示了问题确实存在。

既不属于管理层，也非一般劳动工人

每当有人主张专业人员也是"管理层的一分子"时，他们的目的都是要强调，专业人员不是"劳动工人"。如果管理者抱持着这种主张，那么他通常是要表明，专业人员不能参加工会。如果专业人员自己也这么主张，他往往在表示，他们的升迁机会、待遇和地位都应该和管理者相当，而不只是个高技能的熟练工人。

当然，本书的一个重要观点就是，根本没有"劳工"这回事，所谓"劳工"，是把人看成纯粹的物质资源。在这样的论点之下，管理员工和工作的最终目标是要使企业的所有成员实现管理愿景，而主要的方法是让每位员工承担重要的责任和掌握决策权。

由此可见，把工业社会区分为管理者和劳工，假定一个人不是管理者就是劳工，反之亦然，其实是根本的逻辑错误。首先，我们应该了解，在企业中每个人都是工作人员，而管理本身是一种独特的工作，企业的每一分子无论担任什么工作，都必须有管理者的愿景。其次，每个人也应该了解，专业人员代表一个独特的团体，尽管他们兼具管理者和劳工的特质，但他们也拥有自己的特性。只有了解专业人员是什么，我们才能适当地安排他们的职务，并且进行适当的管理。

事实上，现在大家越来越清楚，现代企业至少需要3种类型的工作人员：企业需要管理者，也需要普通工人，无论他们是技术或非技术性员工，从事体力劳动或事务性工作。最后，企业越来越需要个体的专业贡献者。

那么，专业人员和管理人员究竟有何不同呢？不同之处并不在于专业人员不和别人一起共事。例如，市场研究人员或许除了自己的秘书之外，不需要管理任何人。然而，尽管他的工作要求高度技能，但仍然可能属于管理工作，应该采取职能性分权的方式来组织工作。冶金实验室主持人可能需要带领 50 个人工作，不过虽然他的职务要求具备行政能力，却仍然属于个人的专业工作。

换言之，专业人员和管理者一样，同时肩负"工作"和"团队运作"的责任。

还有一些其他差别。管理者必须为成果负责，因此他必须为别人的工作负责。个体的专业贡献者无论采取单独工作方式，或是团队的一分子，都为自己的贡献负责。

由于管理者必须为单位的工作成果负责，因此他必须有权安排、调动单位的员工，并指导他们工作；他必须规划他们的职务内容，将他们在工作上付出的心力组织起来，把他们整合为一个团队，同时评估他们的工作成果。个别的贡献者也为成果负责，但只为自己的工作成果负责。只有当其他人了解他的工作成果，并且能运用他的工作成果时，他的工作才能发挥功效。这意味着个别贡献者对于其他人也有应负的权责，但是这些权责不同于管理者的权责，反而比较像是老师的权责。

第二个不同之处在于专业人员的工作和企业的绩效目标及经营成果之间的关系。设定职务目标时，如果直接以企业的经营目标为依据，那么这必然是管理性职务，可以直接依照这个职务对企业成功的贡献来衡量其绩效。只要依照正确的结构原则来组织职务内容，就能符合组织精神的要求。但是如果无法直接从企业经营目标发展出职务的目标，这就不是一项管理性的职务，它的目标可能是专业上的目标，而不是以企业成功为目的，绩效衡量时根据的是专业标准，而非对企业经营绩效和成果有多少贡献。

管理者也有其专业上的标准，但是这些标准不会决定管理者的工作内容——管理者应该做什么完全取决于企业的目标为何。专业标准只会影响他达到目标时会采取什么经营管理方式，以及不会采取什么方式。此外，专业人员根据专业目标而发展出个人目标。企业的经营目标只会影响他把重心放在哪里，如何调整专业工作来顺应企业的需求，如何安排优先顺序等。如果公司破产的话，称赞销售部门表现优异，根本毫无意义。但是无论公司经营绩效如何，称赞公司聘请的化学家、地质学家、税务律师、专利律师或成本会计师在专业上表现卓越，却完全无妨。

那么，究竟专业与非专业人员、技术与非技术性员工真正的差别何在呢？身为专业人员，他的工作内容、工作标准、目标和愿景都完全要根据某个专业的标准、目标和愿景来制定，换句话说，主要取决于企业外部的因素。专业人员必须自行决定他的工作内容为何，做到什么地步才称得上表现优异，别人无法替他决定他应该做什么，以及工作标准为何。专业人员的工作也不能受别人"监督"，他可以接受别人的指引、教导和协助，就好像管理者也会接受指引、教导和协助一样，但是专业人员不能受别人指挥或控制。

当然，这些界限都很模糊。许多专业人员十分近似于管理者；许多专业人员则比较像非专业性的员工，也就是单纯的技术人员。今天，许多企业员工的工作方式和行为模式都类似专业人员，在自动化作业下，技术性员工、技师和专业人员的界限有时候十分模糊，不过根本差异主要在于，专业人员有其自身的问题，仅仅主张专业人员是管理层的一分子，无法解决这些问题，反而会因为挑起了专业人员和管理层不切实际的期望，让问题变得更严重。传统的人事管理观念更加无助于解决这些问题，企业硬要把人事管理的传统做法套用在专业人员身上，正是今天专业人员如此不满和不安的主因。

专业人员的特殊需求

要让专业人员在企业中发挥效能和生产力，必须满足五个特殊需求：他必须是专业人员，但也必须对企业有所贡献，而且知道自己有何贡献；他必须享有专业人员和个别贡献者的升迁机会；当他改善绩效和提高个人贡献时，企业必须提供金钱上的奖励；他的职务必须属于专业工作；他需要在企业内部和更广大的社区中获得专业上的肯定。

1. 专业性职务的目标必须是专业上的目标。不过，设定这些目标时也必须尽可能将企业目标涵盖在内，尽可能为专业人员提供管理者的愿景，让他们了解专业工作对于企业整体的影响。

要达到这个目标，其中一个方法是在正常的专业工作之外，指派专业人员特殊任务，让他有机会参与管理层的运作。例如，有一家公司指派原本只负责长期基础研究的资深化学家参与公司的预算委员会，这位化学家对财务一窍不通，也漠不关心，但这并不构成反对他参与财务管理的理由，反而变成支持他加入的有力论点。

另外一家大药厂以不同的方式来解决同样的问题，他们面对的问题是，必须让专利律师融入企业运营，但又不能削弱他们的专业能力或破坏他们在专利领域中诚实正直的形象。

> 专利部门面对一个特别困难的问题，就是如何在企业经营目标和专业标准之间有所取舍。高级专利律师很容易从"毫无瑕疵的专利工作"的角度来思考问题，而不会为公司的需求着想。然而如果从全球的角度来看，专利不只是一项重大的资本支出，专利策略对于制药业的成功有决定性的影响。
>
> 这家制药公司解决问题的方法是，由3位专利部门的资深人员和营销、研究、财务和生产部门的高层人员一起组成专利委员会。他们每两个月举行一次会议，每次会议历时3天，由小组成员一起讨论公司的专利需求，拟订专利策略。在会议之后，专利律师仍旧秉持自己的专业来工作，不会受到管理层任何干扰。制药公司的执行副总裁说："我们花了10年时间，才想出这个显而易见的解决办

法。在这10年中，管理层和专利人员经常发生摩擦，互控对方固执短视。现在，我们在专利上表现得比过去出色多了，却只要花过去一半的成本。"

为了让专业人员了解企业的经营目标，必须让他们了解身为员工，公司对他们的要求是什么。

让个别贡献者更了解企业运营和其中的问题，也是避免"项目狂"的唯一办法，这种常见的企业病源于管理层试图掌控他们毫不了解的专业工作。他们希望看到绩效，往往出于眼前急迫性的需求，推动各种"项目"，却缺乏长远的考虑。但是要让高级专业人员发挥实质效益，唯一的办法就是网罗优秀的人才，然后让他们做好自己的工作。不过，必须先让专业人员了解企业和企业的目标，因此他们可以自己想清楚怎么做才能为公司带来最大的贡献。

2. 工业社会划分工人阶层和管理层这种似是而非的做法，对于专业人员的升迁机会造成莫大的伤害。结果，一般企业只懂得一种升迁制度：升到管理职位，担负起管理他人工作的责任。

但是，优秀的专业人员往往不是杰出的管理人才。原因不见得在于专业人员宁可独自工作，而是他们通常很厌烦行政工作。优秀的专业人员往往对行政管理人员缺乏敬意，他敬佩的是在专业领域中表现比他优秀的人。提拔表现优异的专业人员到管理职位上，常常毁掉了出色的专业人才，却没有培养出优秀的管理人才。但是在专业人员眼中，如果公司只提拔优秀的行政管理人才（而且这类人通常不是卓越的专业人才）实在很不合理，简直是在偏袒行政管理人员，奖励平庸之辈。如果公司除了行政管理职位以外，一直不提供其他升迁机会，那么就只能被迫两害相权取其轻了。

企业需要的是为个体贡献者提供一条与管理职位平行的升迁渠道（通用

电气公司目前就在设法建构这样的升迁渠道)。除了"冶金研究部门经理"这样的职称之外，还需要如"资深冶金专家""总顾问"之类的职位。这些新升迁机会的声望、重要性地位应该和传统管理职位没有两样。

3. 专业人才应该和管理者同样享有金钱上的奖励。主要因为传统企业对管理者和员工采取二分法，专业人员往往在升到管理职位时，才能获得薪酬上的奖励。但是，公司给员工的待遇应该根据他们对公司的贡献来决定，而不是根据管理职位高低来决定。我们必须肯定专业人员对公司的贡献绝对不逊于管理者的贡献。

4. 企业必须具备两个条件，才能让专业人员的工作真正专业化。首先，企业不应该"监督"专业人员的工作。专业人员需要严谨的绩效标准和设定高目标，公司应该对专业人员提出许多要求，绝对不接受，也不宽容拙劣和平庸的表现。但是，究竟专业人员如何完成工作，则必须由他自行负责。换句话说，专业人员的职务安排方式以及和上司的关系，都应该和管理者一样。专业人员的上司应该有能力协助、教导、指引下属，他和专业人员的关系应该好像大学的资深教授与年轻教授之间的关系，而不是从属关系。

其次，我们需要持续付出特别的努力来安排专业人员的职务。有的人希望终身都致力于在小小的专业领域中不断精进，只想成为全球顶尖的变阻器专家，我们必须为这类人安排适合他的职务；有的人希望成为整个领域的大师级人物，以及希望从变阻器专家转换到电机工程的领域，从税法转换到公司法的领域，我们也必须为他们安排适当的职务。不过，他们需要的是不同的职务、不同的挑战和不同的机会。学术生涯允许这两种人发挥所长，因此对专业人员很有吸引力。企业需要给予稀有而宝贵的专业人才——能启发同事的教师，充分的肯定、地位和奖励。

5. 最后，专业人才需要在企业内外都获得专业上的肯定。企业需要赋予杰出的资深专业人员特殊的地位，以象征公司非常珍视专业人员的贡献。年轻人需要有机会从专业领域中学习，在大学或专科兼任教职，不断进修，增进自己的技能。今天的企业通常都允许专业人员从事这些活动，不过这些活动对企业而言十分重要，即使企业不奖励，至少也应该鼓励员工参与这类活动。能在专业上获得肯定的专业人员通常都会在自己的领域中不断精进，追求完美，或至少始终在专业领域中保持领先地位。他很可能吸引到最有潜力的新一代专业人才进入公司，当专业人才越来越炙手可热时，这方面的效应可不能等闲视之。

今天关于专业人才的社会责任，引起很多讨论，许多人谈到专业人才应该变成"更宽广的人文主义者"，而不要只是"狭隘的专家"。由于今天在我们的社会中，越来越多的专业人才进入企业中工作，因此专业人才越来越需要通过对企业有所贡献，而履行他们的社会责任，也必须了解自己在企业的社会结构中占据什么样的位置，以及与企业目标、企业绩效和企业组织之间的关系，从而成为视野更宽广的人文主义者。

如何管理专业人才，是今天企业所面临的严重问题之一。我们不能靠主张专业人员也是管理层的一部分来回避这个问题。要管理专业人员，首先必须肯定专业职务的独特性。专业人员必须具备管理者的愿景，但是他的主要功能却非管理。他是企业的员工，但是他必须自行决定工作内容，自己设定目标，同时在薪酬奖励和升迁机会上又参照管理人员的待遇。我们还需要更多的研究和实验，才会知道应该如何解决这个问题。但是基本而言，问题和解决办法已经呼之欲出。在解决这个问题的时候，企业不但解决了自己最重要的问题，同时也对于解决现代社会的核心问题有所贡献。

5

第五部分
当一名管理者意味着什么

THE PRACTICE
OF MANAGEMENT

第 27 章
管理者及其工作

第 28 章
做决策

第 29 章
未来的管理者

结　语
管理层的责任

第27章 | CHAPTER 27
管理者及其工作

是"白胡子老头儿",还是"万能天才"——管理者如何开展工作——管理者的工作——信息:管理者的工具——善用时间——管理者的资源:人——对管理者的要求:为人正直——什么样的人才能当管理者——管理者又是教育者——管理者既要有洞察力,又要有道德责任感

我记得俾斯麦曾经说过:"要找到教育部部长很容易,只需找个白胡子老头儿就成了。但是要找到一位好厨师就不那么容易了,他必须是一位无所不能的天才。"

到目前为止,本书讨论的都是管理者的职务——从前面的讨论可以清楚地看出,做好管理者的职务需要的不只是长长的白胡子而已。显然担任管理者,仅仅有漂亮的头衔、大办公室和其他阶级象征都还不够,必须展现卓越的能力和绩效。那么,必须是无所不能的天才,才有资格担任管理者吗?管理工作靠的是方法,还是直觉?管理者如何完成他的工作?管理者的职务与企业中其他非管理性职务,有哪些不同?

管理者有两项特殊任务，企业中其他人都不需担负这两项任务，而且凡是必须承担这两项任务的人都是管理者。

第一项任务是创造出大于各部分总和的真正整体，创造出有生产力的实体，而且其产出将大于所有投入资源的总和。管理者就好比交响乐团的指挥家，通过他的努力、想象力和领导力，将发出各种声响的乐器组合起来变成富有生命力的和谐乐章。但是交响乐指挥家只负责诠释作品，管理者则既要扮演作曲家，也要充当指挥家。

为了完成任务，管理者必须善于发挥资源优势，尤其是人力资源方面的长处，以中和其短处。要创造真正的整体，只有采取这个办法。

因此，管理者必须能平衡和协调好3种企业的主要功能：管理企业、管理"管理者"以及管理员工和工作。任何决策或行动如果为了满足某个功能的需求而削弱其他功能，那么将削弱整个企业的实力。企业的决策和行动必须能兼顾这3个领域的需求。

要创造真正的整体，管理者还必须在采取每个行动时，同时考虑企业的整体绩效，以及需要哪些不同的活动来达成一致的绩效。最佳的比喻仍然是交响乐团的指挥家，交响乐指挥家必须同时聆听整个乐团和第二双簧管奏出的乐音。同样，管理者也必须同时考虑企业整体绩效和所需的市场研究活动，企业整体绩效提升时，也为市场研究创造了更大的空间和挑战，而通过改善市场研究的绩效，企业同时也改善了企业整体绩效。管理者必须随时思考两个问题：企业需要达到什么样的绩效，并因此需要什么样的活动？这些活动如何改善绩效和成果？

管理者的第二项任务是协调每个决策和行动的长远的需求和眼前的需求。无论牺牲长期或短期利益，都会危及整个企业。换句话说，他必须一方面埋头苦干，另一方面却放宽视野、高瞻远瞩，这简直像表演特技一样困难。或者我们换一种比喻方式，管理者既不能说"船到桥头自然直"，也不能说"真正重要的是百年大计"。面对远方的桥，他不仅必须预先做好过桥的准备，还必须在抵达桥头之前，先把桥造好。如果管理者不能处理好未来100天可能遭遇的问题，公司或许根本看不到百年后的未来，说不定5年后公司已经不在了。管理者无论做什么事情，应该一方面是短期的权宜之计，另一方面也符合长期的基本目标和原则。当他无法完全调和长短期的考虑时，至少要设法在中间取得平衡，他必须审慎评估为了保护眼前的利益，将牺牲哪些长期利益，或为了明天的发展，今天需付出多大的代价。无论是哪一种状况，他都必须有所节制，尽可能将必要的牺牲降到最低，同时尽快修补带来的伤害。他穿梭于两种时间范围内，为企业整体绩效和自己部门的绩效负责。

管理者的工作

每位管理者都要做许多非管理性质的工作，可能把大半的工作时间都花在上面。例如，销售经理要做统计分析或安抚重要客户；工厂领班得修理机器或填写生产报表；制造经理需要设计新工厂配置图，检验新材料；公司总裁需要处理银行贷款细节或谈判重要合约，或花几个小时主持晚宴，表扬资深员工。这些事情都具备特殊功能，也有其必要性，而且必须把它做好。

但是，这些工作内容却有别于所有管理者共同且独有的工作，而无论管理者负责的功能和活动为何，层级和地位多高，都必须完成这些工作。我们能够把科学管理的系统分析应用在管理者的职务上，就是最好的证明。我们可以把管理者的工作独立出来，将这些工作区分为五项基本作业内容。管理者可以借着改善这几部分的绩效，提升管理绩效。

管理者的工作中包含了5项基本活动，这五项活动共同将所有资源整合成生气蓬勃、不断成长的组织。

首先，管理者设定目标，决定目标应该是什么，也决定应该采取哪些行动，以达到目标。他将目标有效传达给部门员工，并通过这些员工来达成目标。

其次，管理者从事组织的工作。他分析达成目标所需的活动、决策和关系，将工作分门别类，并且分割为可以管理的职务，将这些单位和职务组织成适当的结构，选择对的人来管理这些单位，也管理需要完成的工作。

接下来，管理者还必须激励员工，和员工沟通。他通过管理，通过与下属的关系，通过奖励措施和升迁政策，以及不断地双向沟通，把负责不同职务的人变成一个团队。

再次，第四个管理工作的基本要素是衡量标准。管理者必须为工作建立衡量标准，这是关乎组织绩效和每位成员最重要的因素之一。他必须确立组织中每个人都有适用的衡量标准，并把衡量标准重心放在整个组织的绩效上，同时也放在个人工作绩效上，并协助个人达到绩效。他分析员工表现，也评估及诠释他们的表现。同时，和其他方面的工作一样，他和下属也和上司沟通这些衡量标准的意义及衡量结果。

最后，管理者必须培养人才。管理者可以通过管理方式，让员工更容易或更难以自我发展。他可能引导下属朝正确的方向发展，也可能误导他们；他可能激发他们的潜能或压抑他们的发展；他可能强化他们正直的品格，或令他们腐败。

无论管理者是否意识到这点，他们在管理的时候都会做这些事情。他可能做得很好，或做得很糟，但是他总是在做这些事情。

这些工作都可以再进一步分类，而这些分类都可以分别出书来深入讨论。换句话说，管理者的工作很复杂，做好每个分类工作都需要不同的资格和品质。

举例来说，设定目标是平衡的问题：在经营成果和实现信念之间求取平衡，在企业目前的需要和未来的需求之间求取平衡；也在想要达到的目标和可用的方法之间求取平衡。因此，设定目标需要有分析和综合能力。

组织也需要分析能力，因为必须以最经济的方式来运用稀少的资源。但是，组织的工作处理的是人的问题，因此必须遵循公正的原则。在培养人才的时候，同样需要具备分析能力，秉持诚实正直的态度。

不过，激励和沟通的技巧比较偏向社交能力，需要的不是分析能力，而是综合的能力，必须把公平正义放在第一位，经济考虑则在其次，诚实正直也比分析能力重要多了。

对绩效评估而言，最重要的是分析能力，但采用的衡量方式必须有助于自我控制，而不是从外部或任由上级滥用衡量方式来控制员工、支配员工。由于企业经常违反这个原则，因此绩效评估往往是管理工作中最弱的一环。只要企业继续滥用绩效评估，把衡量标准当作控制的工具（例如，把绩效评估拿来作为公司秘密政策的武器，直接把管理者的稽核和绩效评估结果呈交给上级，而不给管理者一份副本），绩效评估始终都会是管理者工作中最弱的一环。

设定目标、组织、激励和沟通、绩效评估和培养人才，都是正式的管理工作项目。只有靠管理者的经验才能具体实践这些工作内容，并且赋予意义。但是由于这些工作都是正式的管理工作，适用于每一位管理者，以及管理者所从事的每一件事情，因此，每一位管理者都可以通过这些项目来评估自己的能力和绩效，有系统地自我改善及提高管理绩效。

一个人不会因为有能力设定目标就成为管理者，就好像一个人不会只因为能够有办法在狭小空间中打结就是外科手术的高手。外科医生改善打结的技巧之后，可以变成更好的外科医生；同理，管理者在所有这 5 个方面改善他的技巧和绩效的话，那么他就能使自己更加称职。

信息：管理者的工具

管理者有一个特殊工具：信息。管理者不"操纵"人，而是激励、引导、组织他人做好自己的工作。而他做这一切事情的唯一工具是语言、文字或数据。无论管理者的职务属于工程、会计或销售领域，都必须依赖听、说、读、写的能力，来发挥工作效能。他必须懂得如何将自己的想法传达给别人，同时也必须懂得如何掌握别人的需求。

今天的管理者在所有必需的技能中，至少掌握了读、写、说和计算的能力。只要看看大公司里的"政策语言"，就会明白自己是多么无知。这不是仅仅靠学习速读或练习公开演讲就能有所改善的，管理者必须学习了解语言，了解每个字的意义。或许最重要的是，他们必须尊重语言，把语言当作人类最宝贵的天赋与遗产。管理者必须了解修辞学的传统定义乃是："促使人类的心灵去热爱真实知识的艺术。"管理者如果不能通过书写和口头文字或明确的数据来激励部属，就不可能成为成功的管理者。

善用时间

每个人都有时间的问题，因为时间是最稀有、最昂贵，也最难以掌握的资源。但是，管理者必须运用特殊方法，解决这个普遍的问题。

管理者永远都在为时间不够用的问题寻找神奇的灵丹妙药：上速读课、规定员工呈交上来的报告不能超过一页、机械化地限定面谈时间一律不能超过15分钟。这些办法根本没有用，最后只是浪费时间罢了。不过管理者却有可能聪明地分配时间。

懂得善用时间的管理者通过良好的规划达成绩效。他们愿意先思考，再行动，花很多时间彻底思考应该设定目标的领域，花更多时间有系统地思考如何解决一再出现的老问题。

大多数的管理者都要花很多时间来评估部属的工作绩效与工作品质。然而善用时间的人却不会如此，他们每年对下属做一次系统化的评估。只需要几个小时,许多需要判断的决策,包括部属的薪资、升迁或工作分派等问题,就能获得解答。

善用时间的人也不会花大量时间修改产品的工程设计。他们每年一度——或许花几天的时间,和生产及营销部门一起坐下来讨论必须修改的基本政策、目标和规定,同时也决定修改幅度,并预先指派工程人员负责这项工作。在他们眼中,下面这段话并不值得称许:"多亏了去年的经验,今年我们设法渡过了库存危机。"如果公司一再发生同样的危机,他们应该花时间找出问题的根源,防止危机一再发生。这样做或许会耗掉很多时间,但是长远来看,将省下更多时间。

善用时间的管理者花在和上司沟通的时间远多于和下属沟通的时间。他们希望和部属保持良好的沟通,但是似乎不费吹灰之力就能做到。他们不和下属讨论自己的问题,但是却懂得如何让下属主动谈论他们的问题。例如,他们每隔半年阅读"给上司的一封信",每位下属都在信中设定自己的目标、计划,并说明上司所做的事情中,哪些会提供助力,哪些会形成阻力。他们可能每半年都和每位下属花一整天的时间,仔细沟通"给上司的一封信"中所讨论的内容。结果,他们在其他时候就不需要经常担心和下属沟通的问题。

善用时间的管理者也花很多时间思考上司的问题,以及思考他对上司、对整个企业的成功可以有什么贡献。换句话说,他愿意为上司的工作负起责任——认为这是管理者的分内之事。所以,他似乎不需要花额外的时间理清目标和观点。

管理者的资源:人

管理者手中掌握的资源——人,非常特殊。由于人是特殊的资源,因此管理者运用这个特殊资源时，也需要他具有某些特殊的品质。

因为人（也唯有人）不能"被操纵"。两人之间的关系总是双向的关系，和人与一般资源的关系很不一样。无论是夫妻、父子，或主管和部属，这种相互关系的性质在不断地改变着对方。

培养人才的方向决定了员工（无论把他当成"人"或当成"资源"）究竟是更能发挥生产力，还是最后变得百无一用。我们再三强调，这个原则不但适用于被管理者，也适用于管理者。管理者培养部属时，方向是否正确，能否协助部属成长为更重要、更丰富的人，将直接决定管理者自己能否成长、发展，还是逐渐颓废；内涵越来越丰富，还是每况愈下；不断进步，还是日趋堕落。

管理者能从管理工作中学到一些技巧，例如，主持会议的技巧或面谈的技巧。他可以规划一些有助于人才培育的做法，例如，管理者及部属的关系结构、升迁制度、组织的奖励措施等方面。但是当所有该说的都说了，该做的都做了，管理者还需要一种基本的品质，才能做好人才培育的工作，我们无法靠提供人才培育的技能或强调人才培育的重要，创造出这种品质，必须管理者原本就具备诚实正直的品格。

近来，许多人极力强调喜欢别人、乐于助人和能够与别人相处融洽的重要性，认为这是管理者的重要条件。但是单靠这些条件绝对不够。每一个成功的组织，都有不喜欢别人、不帮助别人、很难相处的上司。但是尽管这类上司冷酷、不讨人喜欢、要求严苛，但是他培养了许多人才。他也比其他人缘好的上司赢得更多尊敬。他要求下属一丝不苟，也严格要求自己；他建立高标准，期望下属能够始终维护高标准；他只考虑怎么做才正确，绝不因人而异。虽然这些管理者通常才华横溢，但是他在评价下属的时候，绝对不会把聪明才智看得比正直的品格还重要。缺乏这些品格的管理者，无论他多么讨人喜欢、乐于助人、和蔼可亲，甚至才智过人、能力高强，都是危险人物，"不适合担任管理者"。

或许有人会争辩，无论从事哪个职业——医生、律师、杂货店老板，都需要有正直的品格，但是其中还是有差别。管理者和他所管理的员工生活在一起，决定他们应该做什么工作，指挥和训练他们完成任务，评估他们的工作绩效，并且往往决定了他们的前途。商人和顾客或专业人员与客户之间要求的都是买卖公正。然而管理者的角色却比较像父母或教师，在这类关系中，仅仅公平对待还不够，诚实正直的品格才是关键。

我们现在可以回答这个问题：只有天才，或至少具备特殊才华的人，才能担任管理者吗？管理究竟是艺术，还是直觉？我的答案是："都不是。"我们可以系统化地分析管理工作，也可以学会管理者必须做的工作（尽管不见得总是有人教）。不过，有一种无法学会的品质，一种管理者无法获取却必备的条件。它不是人的天才，而是人的品格。

什么样的人才能当管理者

标准定义是：如果一个人要为他人和他人的工作承担责任，那么他就是一位管理者。但是这个定义太过狭隘，管理者的首要职责是向上负责：对企业负责。他和上司及其他管理者的关系，与他和下属的关系同样重要。

另外一个定义（虽然通常都没有明说）是根据重要性来定义员工算不算管理者。但是，在现代企业中，没有任何团队比其他团队更重要。机器操作员、实验室的专业人员或绘图员，都和管理者同样重要。这是为什么企业的每一分子都必须具备管理者的愿景。企业的不同团体之间最大的差别不在于重要性，而在于不同的功能。

关于管理者的定义，最通行的观念是根据阶级和待遇来决定。这种观念不但错误，而且具有破坏力。即使到了今天，我们仍然不时会发现有些所谓的基层员工的收入比大多数管理者都还高。举例来说，在汽车公司制作模型的技术员年收入超过1.5万美元，但是大家仍然视他们为技术员，让他们参与工会的劳资谈判。除非我们能付专业贡献者足够的薪水，让个人贡献者也有充足的升迁机会，赋予他们专业人员的地位、尊严和价值，否则，我们将无法管理这批日益增长的人员。

总而言之，以阶级和待遇来确定管理者的观念，就好像把现代的企业经理人当成过去做生意的老板一样荒谬。

我们只能以一个人的功能和企业期望他发挥的贡献来定义他是不是管理者。而管理者有别于其他员工的独特功能乃是教育的功能。企业期望他发挥的独特贡献，则是赋予他人达成绩效的能力和愿景。最后，是道德责任和愿景决定了一个人究竟算不算管理者。

第28章 CHAPTER 28

做 决 策

"战术"决策与"战略"决策——"解决问题"的谬论——两项最重要的任务：找出真正的问题，有效地解决问题——界定问题——"关键因素"是什么——目标是什么——规则是什么——分析问题——澄清问题——找出事实——弄清不可知因素——制订可行的替代方案——不采取任何行动也是一种选择方案——寻找最佳的解决方案——人是决策中的一个因素——使决策生效——"推销"决策——决策有效性的两个要素：理解与接受——参与决策——决策的新工具——什么是"运筹学"——运筹学的风险与局限——运筹学的贡献——开发想象力——决策及未来的管理者

无论管理者做什么，他都通过决策来完成工作。这些决策可能是例行工作，他甚至没有意识到自己做了决策。这些决策也可能影响公司的未来，需要经过多年系统化的分析，才有办法做决定。但管理就是决策的过程。

一般人都承认决策在管理中的重要性，但是这方面的讨论大都把焦点放在解决问题上，换句话说，强调"找出答案"。这是错误的。管理决策中最常发生的错误是只强调找到正确的答案，而不重视提出正确的问题。

只有不重要的、例行的、属于战术层次的决策才会把重心放在解决问题上面。如果解答问题必须满足的条件和要求都很明确，那么解决问题就是唯一要做的事。在这种情况下，需要做的只是在几个明显的方案中做选择，通常依据的都是经济上的选择标准：哪个方案能以最小的投入和最少的干扰达到预期的目标。

举个最简单的例子。"每天早上应该由哪一位秘书下楼准备咖啡？"这个问题应该是：怎么做才合乎文化和社会习惯？比如要不要每天上午安排工间的"咖啡休息"时间？那么你就会面临两个需要考虑的问题：这种休息对完成工作任务是有好处还是有损失？也就是说，所带来的好处能不能补偿时间方面的损失？假如损失超过好处的话，那么是不是值得为几分钟的时间就废除一项早已成为惯例的做法？

当然，大多数的战术决策都更复杂，也更重要，但通常总是单向思考，也就是说，在既定的情况和明确的要求下做的决策。唯一的问题只是要找到最符合经济效益的方式，来运用已知的资源就好。

但是真正重要的决策，都是战略性决策，必须设法了解情势或改变情势，找出可用的资源或应该采用的资源。这些都属于管理决策。任何管理者都必须制定这类战略性决策，管理者的层级越高，则需要制定的战略性决策就越多。

凡是与企业目标及达成目标的手段有关的决策都属于此类，与生产力相关的所有决策也属于此类，因为总是把目标放在改变整体形势上。此外，战略性决策还包括所有的组织决策和所有的重大资本支出决策。大多数的经营决策在本质上也属于战略性决策，例如规划销售地区或训练推销员；工厂配置或原料库存；预防性维修或薪资发放流程。

战略性决策无论幅度、复杂度或重要性如何，都不应该通过问题解决方式来制定。的确，这些特殊管理决策最重要而困难的部分，从来都不在于能否找到正确答案，而在于能否提出正确的问题。因为最徒劳无功的做法（即使不是最危险的做法），莫过于为错误的问题寻找正确的答案。

仅仅找到正确的答案还不够，更重要也更困难的是，一旦做了决定，如何有效地采取行动。管理者关心的不是知识，而是绩效。最没用的做法就是找到了正确答案后却束之高阁，或决定了正确的解决方案后，负责推动方案的人却默默抵制这项决策。决策过程中最重要的工作是确定企业中不同部门、不同层级所制定的决策必须彼此相容，都能与企业整体目标相呼应。

决策包含了5个不同的阶段：界定问题、分析问题、制订可行的替代方案、寻找最佳的解决方案、把决策转化为有效的行动。每个阶段又包含了好几个步骤。

做决策可能很浪费时间，但却可能是管理者解决时间运用问题的最佳工具。管理者应该把时间花在界定问题、分析问题和制订可行的替代方案上，要有效实施解决方案，也需要投入相当的时间。但是，管理者不应该花太多时间来寻找最佳的解决方案。一旦做了决策，再花时间来推销决策都纯粹是浪费时间，只证明在最初几个阶段，没有好好运用时间。

界定问题

现实人生中没有任何问题（无论在企业经营或其他领域）呈现的面貌可以让我们直接据以做决定。许多问题，我们乍看之下，以为找到了关键因素，实际上这些因素却多半既不重要，也不相干，充其量只是症状而已，而且最显而易见的症状往往透露不出任何重要线索。

管理者看到的可能是个性上的冲突，而真正的问题却缘于组织结构不良；管理者看到的可能是生产成本过高的问题，于是大力削减成本，但实际问题可能出在工程设计或销售规划不佳；管理者看到的可能是组织的问题，但实际问题却可能缘于缺乏明确的目标。

因此，决策的首要任务是找出真正的问题是什么，并且界定问题。在这个阶段，花再多的时间都不为过。许多关于领导力的著作和文章都充斥着各种忠告，建议读者如何迅速果断地做决定。但是最愚蠢而浪费时间的建议，莫过于劝读者赶快决定问题到底出在哪里。

大多数管理者采用的症状诊断方式，其实不是解决之道。这个方法依赖的是经验，而不是分析，因此不能以系统化的方式获取经验的企业管理者，就无法采取这个方法。我们不能像医院治疗病人一样，把生了病的企业送入病房，向学生展示治疗方式。我们也无法先测试管理者是否已有足够的经验做出正确的诊断，然后才放手让他解决实际问题。我们可以利用不同的案例，协助管理者为制定决策做准备，但即使最好的案例，充其量都只是泡在福尔马林里的标本罢了，无法取代企业面临的真实问题，就好像人体解剖标本无法取代病房中活生生的病人一样。

更重要的是，只有当我们找到确切的症状，能假定某些显而易见的表象与特定疾病相关时，才能采用症状诊断的方法。医生诊断病人的症状时，可以假定这些症状不会撒谎（虽然今天医生仍然试图以更严格的分析，取代症状诊断方式）。然而管理者却必须假定症状可能撒谎，了解截然不同的问题可能产生相同的症状，同样的问题也可能呈现出无数种不同的面貌，因此管理者必须分析问题，而不是诊断问题。

要明确界定问题，管理者必须先找到"关键因素"，也就是在进行任何改变或采取任何行动之前，必须先改变的要素。

有一家规模颇大的厨具制造商10年来把所有的经营精力都投注于削减成本上。他们的成本的确降低了，但利润却没有提升。关键因素分析显示真正的问题出在产品组合上。他们的销售人员大力推广最容易卖出去的产品，而且极力强调最明显的销售诉求：价钱便宜。结果，利润最低的产品越卖越多，而且每次只要成本一降低，产品就跟着降价。因此尽管销售量大增，却只是虚胖而已，没有实质的成长。事实上，厨具公司的品质反而变得更差，更容易受到市场波动的影响。只有弄清问题，把问题界定在产品组合上，才有可能解决这个问题。只有当他们问"就目前情况而言，关键因素是什么"时，才能找到真正的问题。

要通过分析问题找到关键因素并非易事，通常必须采取两种辅助的做法，两种方法都应用到18世纪物理学家用来分离出关键因素的"虚拟运转"原理。第一种方法先假定一切条件都不变，然后问：未来将发生什么状况？第二种方法是回顾过去，然后问：当初发生这个问题的时候，如果采取了什么行动，或不曾采取什么行动，将会影响到目前的状况？

有一家化学公司由于执行副总裁猝然去世，而必须寻找替代人选，这正是运用上述两种方法的好例子。每个人都认为已逝的前副总裁对公司贡献卓著，但是他们同时也同意，由于他霸道专制，公司里比较有主见的人才全都被他赶跑了。在管理层眼中，问题似乎是，要不然就是根本不找人来填补他的空缺，要不然就是找另外一个强人来当执行副总裁。但是，如果是第一种情况的话，公司要靠谁来经营呢？如果是第二种情况，会不会又出现另一个暴君？

第一个问题："如果什么都不做，会发生什么状况？"透露出公司需要高层管理团队，而且应该立刻采取行动。如果不采取任何行动，公司缺乏管理团队，将会日渐衰败。

第二个问题："10年前，如果采取什么行动，可以改变目前的状况？"显示执行副总裁的功能和性格其实都不是问题，真正的问题在于公司名义上的总裁实际上并没有发挥总裁的职能。因此，执行副总裁必须制定所有的决策，承担所有的责任，然而总裁仍然掌握最后的权力，也是最高权位的象征，他满怀妒意地捍卫自己的权利，但事实上已经形同罢黜。10年前，如果公司能尽快确立这位已逝执行副总裁身为公司最高经营者的权威和责任，让他权责相符，那么这位已逝执行副总裁将能充分发挥长处，令公司获益，同时又可防止他的缺点对公司带来伤害。在体制上建立预防措施，组成高层管理团队，指派副总裁组成企划委员会，负责目标设定的工作，或采取联邦分权制，成立产品事业部。以上分析显示，撤换总裁应该是他们第一个必须采取的行动，一旦这么做了，问题也就迎刃而解。

第二个步骤是决定解决问题需要什么条件，同时彻底想清楚解决方案的目标为何。

要找人来填补执行副总裁的空缺，解决方案的目标很明显，必须让公司的最高层发挥效能，避免再度发生一人独裁的状况，同时杜绝再次发生公司无人领导的情况，必须培养未来的高层主管。

第一个目标排除了某些副总裁偏爱的解决方案：由各部门副总裁组成非正式的委员会，与名义上的总裁维持松散的合作关系。第二个目标则排除了董事长偏好的解决方案：聘用新的执行副总裁。第三个目标要求的是，无论未来最高管理层的组织结构如何，都必须建立联邦分权式的产品事业部，以训练并检验未来的最高主管。

解决方案的目标必须反映企业目标，聚焦于经营绩效和经营成果上，在短期的未来和长期的未来之间取得平衡，并且将企业整体以及经营企业所需的活动一起纳入考虑。

同时，必须深思熟虑限制解决方案的各种规定。解决问题时，必须遵循哪些原则、政策和行为准则？公司可能规定，借贷金额绝对不能超过资本需求的一半，公司用人的原则可能是，必须审慎考虑过所有内部管理者后，才能从外部引进空降部队；公司可能认为，好的管理者培养计划的必要条件是不能有内定的人选；公司也可能制定一项政策：工程部门更改任何产品设计时，都必须先征询制造部门和营销部门的意见后，才能生效。清楚说明这些规定是非常必要的，因为在许多情况下，必须改变既有政策或做法，才能做正确的决定。除非管理者彻底想清楚他想改变什么，以及为什么要改变，否则他可能陷入既试图改变同时又维护既有做法的危险之中。

事实上，这类规定代表了决策所依循的价值体系。这些价值可能是道德的、文化的，也可能代表公司目标或公认的组织原则，整体构成了一个伦理体系。这个体系不会决定应该采取什么行动，只会决定不应该采取哪些行动。管理人员经常想把"希望别人怎么对待你，你先要这样对待他"当作行动准则。这是错误的想法，金科玉律只能决定不该采取哪些行动。决策的先决条件是先剔除根本无法接受的行动方案。如果没有这个条件，过多的选择将使我们丧失行动能力。

分析问题

找到正确的问题、设定目标以及确立规则等步骤，构成了决策的第一个阶段。问题界定清楚之后，下一个阶段是分析问题：将问题分类，并寻找事实。

为了了解谁是必须做决策的人，以及应该把决策内容传达给哪些人，必须先将问题分类。如果没有预先将问题分类，将严重危害最后的决策品质，因为问题分类后将能说明如果要将决策转化为有效行动，应该由什么人做什么事情。

问题分类原则必须预先经过讨论（参见第16章），有4个原则：决策的未来性（企业采取行动所承诺的时间长短，以及决策会多快改变）、决策对于其他领域和其他部门的影响、决策品质的考虑、决策的独特性或周期性。这样的分类能确保决策对于企业整体产生实质贡献，而不是牺牲整体利益解决眼前或局部的问题。因为这个分类方式乃是根据问题与企业整体目标，以及问题和个别单位目标之间的关联性来筛选问题的，强迫管理者从整个企业的观点来看自己的问题。

大多数有关决策的论述列出的第一条戒律都是"寻找事实"。但是只有在问题已经界定清楚、完成分类后，才能开始寻找事实。在这之前，没有人知道什么是事实，每个人都只掌握了数据而已。定义和分类决定了哪些数据是与决策相关的数据，也就是事实。管理者因此可以剔除有趣但毫不相干的信息，知道哪些是有用的信息，哪些是错误的信息。

在获取事实的过程中，管理者必须自问：我需要哪些信息才能做决定？他必须确定手边的资料有多大的关联性和能发挥多大的用处，他也必须确定还需要哪些额外信息，并且尽最大的努力，得到这些信息。

这些都不是机械性的工作。分析信息需要熟练的技巧和丰富的想象力，必须详细审查信息，从中找出潜藏的形态。这些形态或许能说明问题根本定义错误或分类错误。换句话说，"寻找事实"只是一部分的工作而已。同样重要的是，运用信息来检测整个做法是否有效。

有一本财经月刊陷入财务困境。他们把问题界定为广告费率的问题，但是分析了事实和数据后，他们发现了杂志社工作人员过去从来不曾怀疑过的事情：无论这份月刊过去多么成功，对订户而言，它只是成功扮演了消息来源而已。市面上各种厚重的月刊已经供过于求，却缺乏轻薄短小的新闻性刊物，因此这本财经月刊在形式和内容上越接近新闻杂志，就越能获得订户的肯定。结果，分析了读者群之后，他们重新把问题定义为：我们要怎么样才能成为一份新闻杂志？解决方案是：转行为周刊。杂志后来的成功显示了这是正确的解决方案。

管理者永远都不可能获得所有应该掌握到的事实。大多数决策的基础都是不完整的知识——原因可能是无法获得所需信息，或要掌握完整信息需要花太多的时间和太高的成本。我们不需要掌握所有事实之后，才能有好的决策；但是我们必须了解还欠缺哪些信息，由此判断决策的风险有多大，以及当建议采取某个行动方案时，其严谨度和准确度有多高。因为最大的骗局莫过于想要根据粗糙不足的信息，来制定精确的决策，但这都是常见的现象。当我们无法获得需要的信息时，就必须依赖推测，只有决策的后果能告诉我们，原先的推测究竟是对还是错。医学界有一句谚语："最会诊断病情的医生不是正确诊断次数最多的医生，而是能及早发现自己误诊，并能立即修正错误的医生。"这句谚语也适用于负责决策的管理者。然而要修正错误的判断，管理者必须知道哪部分是迫于信息不足而做的推测，他必须先界定哪些是已知，哪些是未知，制订出各种可行的替代方案。

制订可行的替代方案

有个不变的决策原则，就是必须针对每个问题，制订出各种选择方案，否则很容易陷入"两者择其一"，非此即彼的陷阱中。大多数人听到以下的说法："世间万物不是绿的，就是红的"，一定会提出抗议。但是多数人每天却都接受同样荒谬的论述。我们经常看到各种矛盾所产生的混乱，例如绿色和非绿色，这种说法涵盖了所有的可能性，塑造了对比的情况；或例如红色和绿色，这种说法只在无数种可能性中列出两种可能。而人类喜欢走极端的倾向更强化了其中的危险。然而当我们说"黑或白"时，只不过因为我们说出了颜色的两种极端，我们还以为已经说出其中涵盖的所有颜色。

有一家小型水管设施制造厂由于设备老旧，已经形同报废，在高度竞争、价格意识高涨的行业中，这家公司快被市场淘汰出局了。经营者得出了正确的结论——必须尽快把生产作业移出这座工厂。但是由于他们决定盖新厂的时候，没有逼自己发展出其他选择的方向，结果盖新厂的决定后来导致公司破产。事实上，发现厂房老旧的时候，他们除了决定工厂停产外，没有任何动作。其实他们可以采用的替代方案还很多，例如外包生产、经销其他厂商的产品。由于他们已经知道盖新厂所牵涉的风险，任何一个替代方案都会比盖新厂的决定更好、更容易被大家所接受。然而管理层却丝毫不曾思考过其他可能的解决方案，最后悔之晚矣。

另外一个例子是一家大型铁路公司的例子。第二次世界大战后，铁路运输量急速上升，这家铁路公司很清楚他们必须扩充运输设施，而扩充的瓶颈似乎是公司最大的调度场。调度场位于两个重要车站之间，负责调度所有的货运列车，将所有的货运车厢打散并重新编组。由于调度场塞车的情况日益严重，有时候火车得在调度场外倒车几里路，等候24小时，才有办法开进调度场。最明显的解决方案就是扩大调度场的规模，于是他们花了几百万美元来扩充调度场，但是却无法利用扩充后的设施。因为新设施一旦启用，分别位于主调度场与两个车站之间、一北一南的两座辅助调度场将无法负荷增加的调度量。这样，情况很快就弄清了，一直以来，真正的问题都出在辅助场有限的调度能力上。如果辅助场的规模较大，处理速度更快的话，铁路公司根本不需要扩充主调度场，也有能力处理庞大的运输量，而扩充两个辅助调度场的花费还不到扩充主调度场的1/5，大笔的投资就这么白白浪费掉了。

这些案例都显示，大多数人的想象力是多么有限。我们总是看到了一个形态之后，就以为那是正确的形态（即使不是唯一的形态）。由于公司总是自己制造产品，因此必须一直生产下去。由于利润一向是销售价格和生产成本之间的差距，因此要提高获利率，只有削减成本。我们完全没有想到把生产工作外包或改变产品组合的可能性。

只有提出各种可供选择的替代方案，才能把基本假设提升到意识的层次，迫使自己检视这些方案，测试其效能。替代方案不见得能保证我们的决定都是明智而正确的，但至少能防止我们在未经深思熟虑的情况下做错决策。

事实上，找出各种选择方案，也是我们激发想象力、训练想象力的不二法门，是"科学方法"的精髓所在，一流科学家都具备这样的特质——无论他多么熟悉观察到的现象，他还是会把其他可能的解释都纳入考虑。

当然，缺乏想象力的人不会单靠寻找选择方案和思考选择方案而变得富有想象力。但是大多数人所拥有的想象力，都远远超过真正用到的想象力。盲人当然没有办法学会看东西，但令人惊讶的是，视力正常的人也常常视而不见，通过系统化的训练，每个人的视野可以变得宽广许多。同样，我们也必须训练和拓展心灵的视野，而方法就是有系统地寻找并发展各种可供选择的解决方案。

选择方案的内容因想要解决的问题而异，但是永远都需要考虑一个可能的方案：根本不采取任何行动。

不采取行动和采取特定的行动都同样算是完整的决策，不过真正了解这点的人寥寥无几。他们认为什么都不做，就可以避免不愉快的决定。要防止他们自我欺骗，只有让他们清楚看到，决定什么都不做，将造成什么后果。

企业采取行动就好像动手术一样。也就是说，员工必须改变自己的习惯、做事方式、人际关系、目标或使用的工具。一个健康的有机体会比有病的有机体禁得起手术的煎熬，对于企业组织而言，"健康"的意思就是能够轻松自在地接受改变，没有任何痛苦。不过除非有必要，否则即使是优秀的外科医生也不会随便动刀。

认为碰到问题时，就必须采取行动，这种想法纯属迷信。

20年来，一家大型航运公司一直找不到适当的人选来填补某个高层主管的空缺。好不容易找到人时，新人往往一上任就陷入麻烦和冲突之中。但是，20年来，每当这个职位出缺，他们都立刻找人填补空缺。终于在第21年的时候，新任总裁问：如果我们不填补这个空缺，会发生什么状况？答案是：什么也不会发生。结果显示，这个职位负责的根本是毫无必要的工作。

在所有的组织问题中，尤其重要的是必须考虑到不采取任何行动的选择方案。传统的做事方式，以及只反映了过去需求，却不能反映目前需求的职位扼杀了管理者的愿景和想象力，除非我们在决定如何填补某个职位空缺时将不填补空缺也纳入选择方案，否则就会面临组织中的管理层级不断增加的危险。

寻找最佳的解决方案

只有到了这个阶段，管理者才应该决定什么是最适合的解决方案。如果他之前做了完善的功课，那么现在他的手上应该已经掌握了好几个足以解决问题的替代方案，或是有好几个不尽完美的选择方案，每个方案各有缺点。只找到一个解决方案的情况可以说是微乎其微。事实上，如果分析问题之后得到的是这个令人心安的结论时，我们可以合理地怀疑，这个唯一的解决方案不过是为原本已有的定见背书罢了。

我们可以根据四个标准，在各种可能方案中，选出最适合的解决方案。

1.**风险**。管理者必须根据预期的收获，来权衡每个行动的风险。任何行动都有风险，即使不采取任何行动，也有其风险。但最重要的既不是预期的收获，也不是预期的风险，而是两者的比率为何。因此每个选择方案都应该包含对比率的评估。

2.**投入的精力所达到的经济效益**。哪些行动能花最小的力气，得到最大的成果，能够在受到组织最少干预的情况下，推动所需的变革？可惜的是，许多管理者偏偏喜欢用牛刀来杀鸡，或试图螳臂当车。

3. 考虑时机。如果情况十分紧急的话，那么宁可采取戏剧化的决策和行动来提醒整个组织有大事发生了。此外，如果需要的是持续性的长期努力，那么最好稳扎稳打，积累动能。在有些情况下，解决方案必须是决定性的行动，而且必须能立刻将整个组织的注意力聚焦于新目标上。在有些情况下，最重要的是踏出第一步，最后的目标可以暂时秘而不宣。

需要考虑时机的决策非常不容易系统化，难以分析，且依赖敏锐的洞察力。但是仍然有一个指导原则。当管理者必须完成新计划时，最好雄心万丈，有宏观的愿景、完整的规划和远大的目标。但是当他们必须改变惯常的做法时，刚开始最好一步一步慢慢来，宁可稳扎稳打，不要有不必要的动作。

4. 资源的限制。执行决策的人是谁，是最需要纳入考虑的资源限制。只有找对了执行人选，才能有效执行决策。执行者的愿景、能力、技巧和理解决定了他们能做什么和不能做什么。有的行动方案对于执行者的要求或许高于他们目前的能力，然而却是唯一适当的解决方案，这时候，决策中就必须包含了提升执行人员能力和标准的计划，否则就必须另觅合格人选来执行决策。听起来似乎理所当然。然而今天许多管理者每天在制定决策、制定程序与政策的时候，都没有先问：我们有没有办法将之付诸实施？我们有这样的人才吗？

管理者绝对不可因为找不到足以胜任的人才，而采取了错误的决策。制定决策时，必须在真正可行的各种替代方案中做选择，也就是说，无论最后决定采取哪种行动，都足以解决问题。如果对现有人员的要求必须高于他们目前的能力才能解决问题，那么现有人员就必须学会做更多的事情，达到更高的要求，否则就必须找别人取而代之。只是因为找不到人来执行决策，或有能力的人才不在其位，就会让找到的解决方案沦为纸上谈兵，无法付诸实行，根本解决不了问题。

使决策生效

最后，任何解决方案都必须有效实施。

今天，企业花了很多时间"推销"解决方案，这其实是在浪费时间。企业似乎在暗示，只要员工"买账"，一切都没有问题。然而，管理决策的本质就在于，员工必须执行这项决策，让决策发挥有效性。管理者制定的都是关于其他人应该怎么做的决策。因此，员工仅仅肯买账还不够，他们必须把执行决策当成自己的工作才行。

"推销"又意味着正确的决策要符合"顾客"的需求，但是这种说法是不实而有害的。决策正确与否要由问题的本质来决定，与"顾客"的期望和接受度没有什么关系。如果决策是正确的，无论他们最初喜不喜欢决策的内容，终究还是会接受这个决策。

如果管理者必须花时间来推销决策，那么这一定不是个适当的决策，也无法有效执行。不过，虽然不应该把最后的结果看得太严重，向员工传达决策内容时，仍然应该用他们惯用而且容易理解的语言来说明。

尽管我对于强调"推销"一词很不以为然，不过这也点出了一个重要事实：管理决策的本质就是要通过他人的行动，来发挥决策的有效性。"做"决策的管理者其实没有真的"做"了决策。他界定了问题，设定目标，说明规则。他还将决策分类，搜集信息，寻找各种可行的选择方案，并且发挥判断力，从中选取最适合的解决方案。但是，决策必须采取行动，才能真正解决问题，而负责决策的管理者却没有做到这一点。他只能和下属沟通他们应该做的事情，然后激励他们把事情做好。只有当下属采取了正确的行动时，管理者才真的做了决策。

要把解决方案转化为行动，必须让员工了解他们和同事在行为上应该有哪些改变，也必须让他们了解新的做事方式有什么最低要求。如果所做的决策要求员工从头做起或改变思维方式，这样的决策显然不合适。有效沟通的原则就是以清晰、精准而明确的形式沟通，只商讨重大的偏差和例外。

但是，激励是心理上的问题，因此有不同的规则。要激励员工，必须让每个决策在负责执行决策的员工心目中，变成"我们的决策"。也就是说，他们必须参与决策过程。

他们不应该参与界定问题的过程。管理者一开始并不清楚谁应该参与，等到他把问题清楚界定和分类以后，他才知道决策将会对什么人产生什么影响。员工不需要、通常也不喜欢参与信息搜集的阶段。但是负责执行决策的人应该参与寻找选择方案的工作。他们可以提醒管理者疏漏之处，指出潜在的困难，找出可以利用而未经利用的资源，因此改善了最后的决策品质。

正因为决策会影响到其他人的工作，所以决策应该帮助他们达到目标，展现更好的绩效，发挥更高的工作效益，并且获得更高的成就感。决策不应该只是为了协助管理者更好地经营、工作更顺利，以及从工作中得到更高的满足感。

决策的新工具

到目前为止有关决策的讨论内容一点都不新；相反，我只不过把几千年来大家早已知道的事情再重述一遍而已。但是，虽然许多管理者很懂得运用决策的方法，却没有几个人真正清楚自己在做什么。

由于近来的新发展，管理者了解到决策过程变得非常重要。首先，目前已经有一系列决策的辅助工具，这些工具都非常有用，但是管理者必须先了解工具的用途，才有办法利用它。

其次，新科技正快速改变战术性和战略性决策之间的平衡。许多决策在过去会被归为战术性决策，如今却快速转变为战略性决策，含有高度的未来性、重大的影响力，以及许多品质的考虑；换句话说，这些决策逐渐变成高层次的决策。管理者必须很清楚自己所做的事情，而且能够有系统地做决策，决策才会成功而有效。

这种新工具有个令人困惑的名称"作业研究"（运筹学），但既非"作业"，也非"研究"，而是系统化的数学分析工具。事实上，我们甚至不应该说这是新工具，因为作业研究和中世纪高等数学家所用的工具没有太大的差别，只是采用新的数学和逻辑技巧罢了。

因此仅仅训练员工懂得运用新工具来做管理决策还不够，管理决策终究要由管理者来制定，而且要以判断力为决策的基础。但是新工具对于某些决策阶段，将带来很大的帮助。

引进任何新工具的时候，很重要的是先说清楚新工具不能做哪些事情。作业研究和其中包含的技术（数学分析、现代符号逻辑、数学信息理论、博弈理论、数学或概率等）都无助于界定问题，无法决定正确的问题是什么，无法为解决方案设定目标，也不能建立规则。同样，新工具也无法代为决定哪个方案是最适合的解决方案，更无法独立促使决策生效。而这些都是决策过程中最重要的阶段。

但是，在中间的两个阶段——分析问题和制订可行的替代方案，新工具可以发挥很大的功效。新工具可以超越管理者有限的视野和想象力，找出企业和环境中潜藏的行为形态，因此导出更多可供选择的行动方案。新工具可以显示哪些是相关的因素（事实），哪些是不相干的因素（只是数据而已）；也能显示手边数据的可信度，以及还需要哪些额外数据才能做正确判断。新工具还能显示每个行动方案需要哪些资源，每个单位或部门需要有何贡献。我们也能运用新工具来显示每个行动方案的限制、风险和可能性，某个特定方案对其他领域、单位或部门的影响，以及对于投入和产出之间的关系、瓶颈的位置和性质又有何影响。新工具还能结合每个部门的工作与贡献和其他部门的工作与贡献，显示对于企业整体的行为和成果有何影响。

然而，新工具当然也有其危险性。事实上，除非妥善运用，否则新工具也可能成为错误决策的重要帮凶。正因为新工具让我们有办法对过去面貌模糊的问题进行具体而明确的分析，我们可能会滥用新工具来"解决"小小领域或单一部门的问题，却牺牲了其他领域或部门的利益，甚至企业整体利益。正如技术人员所说，新工具可能遭到滥用而达到二流的结果。很重要的是我们必须强调，几乎所有专业论述所引用的作业研究案例，解决问题的方式都不可避免地会导致二流的结果，因此根本不应该这样解决问题。事实上，只有当我们先用这些工具来分析和定义企业的特质时，才有可能妥善运用这些工具。如此一来，应用这些工具来分析个别问题，改善决策品质时，才能充分发挥效益。

最后，新工具希望能帮助大家了解必须采取什么行动。数学信息理论才刚萌芽，这个理论或许能发展出新的工具，来辨认行动模式中新的关联偏差，并且以明确的符号加以定义。

事实上，历代许多想象力丰富的人士都曾经发展出各种方法，而新工具则帮助每个人掌握这些方法，让每个人在适当工具的辅助下，能够受到引导与激发，而充分发挥想象力。

这些工具在本质上属于信息处理的工具，而不是决策的工具。它们是最好的信息工具。事实上，我预期一二十年内，这些新的逻辑和数学工具很可能取代我们今天所熟悉的传统财务会计方法。

因为新工具不是单纯描绘现象，而是针对现象背后的因素提出质疑，把焦点放在行动上，显示出有哪些可以选择的行动方案，每个方案各有何含义，因此，在新工具辅助下，就有可能制定在未来性、风险和可能性方面，需要高度理性判断的决策。这是每位管理者为了对企业产生最大贡献时需要的信息，也是他们为了自我控制而设定目标时需要的信息。在向股东、税务部门、托管机构提供财务报表时，会计工作仍是不可缺少的，但是管理信息将越来越多地采用逻辑和数学形式。

管理者或许不需要亲自运用这些工具（尽管今天许多的应用工具并不会比阅读销售图表需要更高的数学能力），但很重要的是，管理者必须了解这些方法，知道什么时候应该请专家协助运用这些工具，同时也知道应该对专家提出什么要求。

但是，最重要的是，他必须了解制定决策的基本方式，否则他不是完全无法运用新工具，就是过度强调了新工具的贡献，把新工具视为解决问题的关键，结果很容易在解决问题时，以技巧取代了思考，技术取代了判断。管理者如果不了解决策是一种界定、分析、判断、承担风险和有效行动的过程，不但无法从新工具中获益，反而像魔法师的笨学徒一样，施展法术时，未蒙其利，先受其害。

同时，无论管理者的职能或层级为何，他们都必须制定越来越多的战略性决策，并越来越无法依赖直觉制定正确的战术性决策。

当然，管理者仍然需要在战术上有所调整，但是必须在基本的战略性决策结构下完成调整。对于未来的管理者而言，即使具备再多的战术性决策技巧，他们仍然必须制定战略性决策。今天的管理者即使不懂决策方法，或许仍然能侥幸过关，但是到了明天，他们势必要了解和运用决策方法。

CHAPTER 29 | 第29章

未来的管理者

新要求——新任务——但是,没有新人——靠"直觉"行事的管理者将被淘汰——为未来的管理者做准备——对年轻人进行常规教育——对有经验者进行当好管理者的教育——诚实正直的品格最重要

过去50年来,对于管理者的技能、知识、绩效、责任感和诚实正直品格的要求可以说每过一代人都提高一倍。我们现在期望刚出校门的年轻人做到的事情,是20世纪20年代只有少数开风气之先的企业高层管理者才懂得的事情。然而昨天的大胆创新,例如市场研究、产品规划、人际关系或趋势分析,今天大家早已司空见惯,作业研究很快也会变得平凡无奇。那么,我们能期待对管理者急速升高的要求仍会持续下去吗?未来的管理者将会面对什么样的要求?

在本书的讨论中,我们一再提及管理者面临的新压力和社会对管理者的新要求。我现在再一次扼要说明其中最重要的几个要求:

新技术要求所有的管理者都必须了解生产的原则及其应用,必须把整个企业视为整合的流程来管理。即使产品的生产与销售是分开的,由独立的经销商负责产品销售,仍然必须把销售视为流程中不可分割的一部分。同样,原料采购、顾客服务也都是流程的一部分。

这种流程要求高度的稳定性，而且必须有能力预测未来、未雨绸缪，因此必须在所有关键领域都有审慎的目标和长期的决策，同时又需要在内部有很大的弹性和自我引导的力量。不同层级的管理者都必须有能力在制定决策的时候，调整流程来适应新的形势及环境的变动与干扰，但同时又保持流程持续进行而不中断。

尤其是新技术要求管理者要创造市场。管理者再也不能满足于既有市场，再也不能只把销售当成努力为公司所生产的任何产品找到买主。他们必须通过有意识且系统化的努力，创造顾客和市场。更重要的是，他们必须持续致力于创造大众购买力和购买习惯。

营销本身也深受新技术的基本观念所影响。整体而言，我们讨论自动化的时候，好像自动化完全只是一种生产的原则。其实，自动化也是一般工作的原则。的确，新的大众营销方式尽管可能不会用到任何一部自动化机器或电子装置，却可能比自动化的工厂更需要应用到自动化原则。营销本身变成越来越整合的流程，需要和企业经营的其他阶段有更密切的配合。营销不再把重心放在向个别顾客推销，而是越来越把重心放在商品和市场规划、商品设计、商品发展和顾客服务上；得到的回报不是个别的销售业绩，而是创造了大众的需求。换言之，电视广告和机械化的机器进料方式一样是自动化。新的销售方式和营销技术所造成的影响绝不逊于生产技术变革的影响。

因此，未来的管理者无论层级和功能为何，都必须了解营销目标和公司政策，知道自己应该有何贡献。企业管理者必须能深思熟虑长期的市场目标，规划和建立长期的营销组织。

新技术对于创新将会产生新的要求。不但化学家、设计师、工程师必须和生产人员、营销人员密切合作，而且必须采取系统化的创新做法，例如西尔斯公司用在商品规划和培植供应商的做法。创新必须通过目标来加以管理，以反映长期的市场目标，同时也必须通过系统化的努力，预见未来科技的可能发展趋势，并且据以制定生产和营销政策。

新技术也会导致竞争越来越激烈。的确，新技术将扩大市场、提升生产与消费的水准，但是这些新机会也将要求企业和企业管理者持续不断地努力。

一方面由于新技术的要求，另一方面则出于社会压力，未来的管理者必须能预测就业的变化，并且尽可能维持稳定的员工队伍。同时，由于今天的半技术性机器操作人员将在未来成为训练有素的维修人员，今天的技术性员工将在未来成为个别的专业贡献者，人力将演变为更昂贵的资源——成为企业的资本支出，而不是经常费用。而人力运用的绩效也将对整个企业有更重要的影响。

最后，管理者将会需要整套工具，而且需要自行发展出其中的许多工具。管理者必须针对企业目标的关键领域，拟订完整的绩效标准，也必须掌握经济工具，才能在今天为长远的未来制定有意义的决策。他还必须获取各种决策的新工具。

新 任 务

总而言之，明天的管理者必须达成七项新任务：

1. 他必须实施目标管理。
2. 他必须为更长远的未来承担更多的风险，而且机构中的基层单位也要制定风险决策。因此，管理者必须有能力评估风险，选择最有利的风险方案，为可能发生的情况预做准备，在面临突发事件，或事情发展不如预期时，可以"控制"后续的行动。
3. 他必须有能力制定战略性决策。
4. 他必须有能力建立一支整合的团队，每一位成员都具备管理能力，能根据共同目标，衡量自己的绩效与成果。此外，还有一项重要任务是培养能满足未来需求的管理者。

5. 他必须有能力迅速清晰地沟通信息，懂得激励员工。换句话说，他必须有能力让企业中的其他管理者、专业人才和其他员工都愿意共同参与，共同负责。

6. 过去我们期望管理者能精通一种或多种管理功能，但未来仅仅这样还不够。未来的管理者必须能视企业为整体，并且将自己负责的领域融合到企业整体之中。

7. 传统的管理者只需要了解几种产品或一种行业就够了，但未来这样也不够。未来的管理者必须有能力找出自己的产品和产业与周围环境的关联性，找出哪些是重要的因素，并且在决策和行动时将之纳入考虑范围。未来的管理者也越来越需要拓展自己的愿景，关注其他市场和其他国家的发展，了解全球的政经社会发展趋势，同时将世界趋势融入决策的考虑中。

但是，没有新人

我们缺乏新人来承担这些艰巨的任务。未来的管理者将不会比前辈更伟大。他们的天分不会比前辈高，也受制于同样的弱点和限制。从过去的历史轨迹来看，没有任何证据显示人类已经有了很大的改变，当然在智力水准和情绪成熟度上，也没有太大的长进。

那么，我们如何用同样的人才来完成崭新的任务呢？

答案只有一个：必须将任务简单化。也只有一个工具能完成任务：将过去靠直觉完成的工作转换为系统化的工作方式，将凭经验行事的方法归纳为原则和概念，以合乎逻辑、协调一致的思维方式取代对事物的偶然认识。无论人类到目前为止进步了多少，完成新任务的能力增强了多少，这一切都是靠将事情有系统地简单化而达成的。

未来的管理者不可能只是直觉型管理者，他必须精通系统和方法，构想各种模型，将个别元素整合为整体，他还必须能阐述概念、应用通则，否则就必败无疑。无论在大企业或小公司，担任高层管理者或部门主管，管理者都必须要用"管理的实践"来武装自己的头脑。

找出必要的一般概念，制定正确的原则，建立合理的制度和方法，提出最基本的工作模式，所有这一切便是本书想要告诉读者的主要内容。本书建立在这样一个前提之下，即在个人的管理工作中，我们已经积累了不少经验，从中我们可以为明天的管理任务挑选出一些有用的方法以及通用的结论。

为未来的管理者做准备

假如一个人要靠概念、模式及原则来进行管理，假如他要靠制度和方法来做好管理工作，那么他完全可以为自己做好充分的准备工作。因为概念和原则与制度和方法以及模式的形成一样，都是可以被教会的。也许获得这些知识的唯一方法就是进行系统的学习。至少我从未听到过有什么人可以通过经验就能掌握那些基本模式、字母及乘法表。

事实上，未来的管理者需要两种准备。有些事情是一个人在成为管理者之前就可以学会的，而且可以在年轻的时候或在成长过程中学会。但有些事情则只有在担任管理者一段时间之后才能学会，属于成人教育。

我们不需要等到成为管理者，才学习阅读和写作。的确，一个人最好在年轻时期就获得读写的能力。

我们可以毫不夸张地说，今天大学所开的一般课程，最接近职场培养管理者需求的是诗和短篇小说的写作课程。这两门课程教导学生如何自我表达，学习文字和文字的意义，更重要的是，给学生实际练习写作的机会。我们也可以说，对有志成为管理者的年轻人而言，帮助最大的莫过于为论文进行口头答辩，不过应该把它变成大学课程中经常而持续的练习，而不是在正式学校教育已近尾声时，才获得唯一的一次练习机会。

一个人在年轻时代最容易了解逻辑，学会运用逻辑分析和数学工具。年轻人也比较有能力对科学和科学方法培养基本的理解，而这些都是未来的管理者需要的知识。年轻人还能培养了解环境的能力，并且通过历史和政治科学来理解环境。年轻人也能学习经济学，并且学会运用经济学家的分析工具。

换句话说，要为未来的管理工作做准备，年轻人必须接受通才教育。他可以通过正式的学校教育获得通才教育，也可以和许多出类拔萃的杰出人才一样进行自我教育。但是上述的项目构成了一般人公认的通才教育内容，也是受过教育的人应该具备的基本素养。

我的意思不是说，有志于管理工作的年轻人要做的准备，与商业及工程方面的训练互不相容。相反，商学院和工程科系的课程中也应该包含通才教育（而且工程科系也越来越认识到通才教育的重要性）。我的意思也不是要贬低商业或工程课程的价值。相反，通过这些课程，学生才能具备一定程度的技能来承担职能性工作。企业的每一分子都具备职能性工作的能力，仍然非常重要，而管理者因为他的技术或才艺而赢得尊敬，更是非常重要。不过，年轻人如果只学会职能性的技术，只懂得某些商业或工程科目，并不算为管理工作做好了准备。他只不过准备好面对第一份工作而已。

的确，未来对管理者的要求会迫使我们回头去重拾我们曾经拥有，却早已失去的东西：通才教育。但是，今天所说的通才教育，和我们的祖父辈所认知的通才教育截然不同，仍然有严谨的方法和实质的标准，尤其强调自我纪律和伦理，而不像今天所谓的"进步教育"根本放弃了方法和标准。通才教育中仍然有统一的重心，不会支离破碎。今天的通才教育和过去一样，是为成年后的工作和公民角色做准备，而不只是"文化修养"而已。

要学习目标管理，能够分析公司业务，学习设定目标和平衡目标，协调短期和长期的需求，除了需要管理经验，也需要相当的成熟度。如果没有管理经验，一个人或许能把这些事情说得头头是道，却不懂得实际上应该怎么做。

我们也需要具备管理经验，才懂得如何评估和承担风险，知道如何发挥判断力，制定决策，看清企业在社会上扮演的角色，懂得评估环境对企业的影响，决定管理者应该负什么社会责任。

年轻人根本无法领会管理"管理者"及管理员工和工作的意义何在。最可悲的事情莫过于年轻人在商学院中学了"人力资源管理"的课程以后，就自认为具备了管理别人的资格，最有百害而无一利的事莫此为甚。

只有具备了设定目标和组织、沟通、激励员工，以及衡量绩效及培养人才的经验，管理的各项工作才有意义，否则这些就只是形式化、抽象而沉闷的工作。但是对于能以亲身经验充实这些骨架的管理者而言，这些专业名词都非常有意义，分门别类之后，成为他组织工作的工具，能够根据这些项目来检视绩效，改进工作成果。但这些分类对于缺乏管理经验的年轻人而言，就好像乡下学童看到法文中的不规则动词一样，只能靠机械化的学习来完成作业。他们只好像鹦鹉学舌一样反复背诵："第16个控制原则是……"或许他们因此可以在考试中拿高分，但是对于工作而言，这样做却毫无意义。有经验的管理者运用这些工作分类的方式，则好像成熟的法国诗人运用不规则动词的方式：把不规则动词当成工具，用来提升他对于母语的洞察力，并增强写作技巧和思想深度。

为了达成未来的管理任务，我们需要为今天的管理者提供更高层次的教育。我们已经朝这个方向跨出了第一步，过去10年来美国企业界冒出了无数的"高级管理课程"。我们可以笃定地预测，管理教育的重心将逐渐转移到为成年、有经验的管理者开设的更高层次的课程。

企业管理者需要有系统地规划自己更高层次的教育，还是刚兴起的新趋势，但并非没有前例。所有的军队都有类似美国"指挥与参谋学院"的机构，为高级军官进行专业训练。所有的军队也都知道，这类训练只适合实际指挥过军事任务的资深军官，不适用于年轻的储备军官。

事实上，管理者需要更高层次的教育，也需要系统化的管理者培养计划，这表示今天的管理层已经成为社会的重要机制。

诚实正直的品格最重要

不过，仅靠知识和概念方面的教育，管理者无法建立起完成未来任务的能力。

未来的管理者在工作上越成功，就越需要具备诚实正直的人格。因为在新科技之下，管理者的决策、决策跨越的时间幅度及其风险都会对企业产生严重的影响，因此管理者必须把企业的整体利益置于个人利益之上。管理者的决策对于员工的影响也非同小可，因此管理者必须把真正的原则置于权宜的考虑之上。管理者的决策对于经济更会产生深远的影响，因此社会将要求管理者负起应负的责任。的确，管理者的新任务要求未来管理者的每一项行动和决策都根植于原则上，管理者不只通过知识、能力和技巧来领导部属，同时也通过愿景、勇气、责任感和诚实正直的品格来领导。

无论管理者接受的是通才教育或管理教育，由于将来情况将会与过去的情况不一样，在将来最起决定性作用的既不是教育，也不是技能，而是一个人诚实正直的品格。

结　语

管理层的责任

　　企业与社会——管理的三重社会责任——能影响企业的社会发展——企业决策对社会的影响——盈利是首要的社会责任——开放机会之门——管理层是领导团体——履行职责离不开职权——管理部门的合法职权是什么——管理与财务政策——最终职责：将社会公众的好处当成企业自身的利益

　　到目前为止，我们的讨论都把企业视为单独存在，而且追求自我利益。的确，我们也强调了企业和外界的关系，包括企业与顾客及市场，与工会，与影响社会的各种社会、经济和技术力量之间的关系。但是这种关系往往被看作船与大海之间的关系，大海使船可以航行，但也以风暴和沉没威胁着船的安全。船要在大海里航行，但大海却是如此遥远、如此陌生。大海只是一种环境，而不是船的避风港。

　　但是，社会不仅仅是企业所处的环境，即使最彻底的私有企业仍然是社会的一个机构，发挥着某种作用。

　　的确，基于现代企业的本质，企业赋予管理者的责任和过去截然不同。现代工业要求企业将拥有的基本资源有机组织起来，这完全不同于我们过去所知。首先，现代的生产和决策所涵盖的时间很长，远超过个人在经济流程中发挥作用的时间；其次，必须统筹运用人力和物力资源，而且必须持久，才能发挥生产效率；最后，必须集中使用大量的人力和物力资源，虽然究竟需要集中多少资源才能获得最佳经济效益仍无定论。但这正意味着负责整合调度资源的管理者拥有高于他人的权力，他们的决策对社会有巨大的影响力，而且将影响未来经济、社会和人民生活的面貌。换句话说，现代工业要求的企业是与过去不同的新企业。

在历史上，社会一直都不允许权力像这样高度集中（至少不能集中在私人手上），当然也不允许出于经济目的而集中权力。然而现代企业如果不是如此集权，工业社会根本就不可能存在。因此，社会被迫推翻过去的坚持，赋予企业永久的特权（即使不是"法人"在理论上的不朽地位），并满足企业需求而赋予管理者某种程度的权力。

然而，社会也因此要求企业及其管理层负起责任，这种责任超越了任何管理私人财产的传统责任，而且也和传统责任截然不同，不再假定财产所有人在追求自我利益的同时，也促进了公众利益，或自我利益和公众利益能完全区分开来，互不相干。相反，企业管理者必须承担起维护公众利益的责任，采取的行动必须符合道德标准。如果追求自我利益或行使职权时会危害公众利益或侵犯个人自由，就必须有所节制。

现代企业为了生存，必须招募最能干、教育水准最高、最能全力以赴的年轻人来为公司服务。为了吸引和留住优秀人才，企业只许诺他们前途、生活和经济上的成功还不够，必须给年轻人愿景和使命感，满足他们希望能对社会有所贡献的愿望。换句话说，企业管理者必须具备高度的社会责任感，才能达到未来管理者的自我要求。

因此，任何有关管理实践的讨论都不应该忽略了企业的社会性和公共性，即使私人色彩浓厚的公司也不例外。

除此之外，企业必须要求管理者彻底思考企业的社会责任。公共政策和公共法律限定了企业行动和活动的范围，决定了可以采取的组织方式及营销、定价、专利和劳工政策，也控制了企业获取资本和价格的能力，更决定了私人企业是否仍然保持私有性质和自主管理方式，由自己挑选的经营团队来负责经营公司。

在我们的社会中，企业管理层的责任不但对于企业本身，而且对于管理者的社会地位、经济和社会制度的未来，以及企业能否保持独立自主，都有决定性的影响。因此，企业的所有行为都必须以管理者的社会责任为依据。基本上，社会责任充实了管理的伦理观。

今天，至少在美国，有关社会责任的讨论从一开始就把企业管理层当作社会的领导团体。其实首先应该讨论的是管理层对企业应负的责任，而且这份责任不容妥协或规避。因为管理层是受企业委托而负起管理企业的责任，其他的一切都源自这种委托关系。

从舆论、政策和法律的角度而言，企业管理层应负的第一个责任是，将社会对企业的要求（或可能在近期内对企业的要求）视为可能对企业能否达成目标有所影响。企业管理层的职责是设法让这些要求不会威胁或限制了企业的行动自由，反而成为企业健全发展的契机，或至少以对企业危害最小的方式来满足这些要求。

即使最坚定拥护企业管理的人都不敢声称，目前企业管理已经完美无瑕，无须改善。

有一个例子足以说明我的意思。10年前，美国人口年龄结构正在改变，加上美元购买力下降，导致企业必须对年纪大的员工有所安排。有些企业管理层早在多年以前，就已经碰到这个问题。美国从1900年开始，就已经有了很好的退休金计划。但是许多企业管理层拒绝正视这个不可避免的问题，结果他们不得不接受员工提出的退休金要求，以至于企业必须承担最多的责任，却不见得能解决问题。退休金无法解决高龄员工的问题，已经是越来越明显的事实。如果有1/5的员工已届退休年龄（我们的社会很快就会出现这种现象），强迫老人退休将造成较年轻的员工无法承受的重担。同时，许多员工的年龄尽管在过去会被视为老年，他们却仍然体力充沛，可以继续工作，也渴望继续工作。企业管理层必须做的是，好好规划如何继续雇用这批想工作也能工作的资深员工，不能也不愿意继续工作的老年员工，则让他们领退休金，可以有所依靠。同时，这些计划还需要确保留下来工作的资深员工不会成为升迁瓶颈，挡住了年轻人晋升的机会或威胁到他们的工作保障。对这些问题如果没有深思熟虑，企业管理层不可避免地将面对工会或政府提出的强迫雇用高龄员工计划，并因此增加额外的成本和新的限制。

美国管理界在稳定薪资和稳定就业方面，几乎立即就要犯同样的错误。必须满足这方面的需求，已经是不争的事实。不但企业员工需要薪资保障，社会也需要把员工当作中产阶级的象征。同时，20世纪30年代遗留下来的"经济萧条恐惧症"也在背后蠢蠢欲动。

之前我曾经试图说明，我们能通过改善和强化企业，提高生产力和整体利润，以满足这方面的需求。不过，如果企业管理层不肯面对责任，不肯设法将不可避免的问题转为建设性的方案，那么就只能接受保障年薪的做法，而这是满足社会需求最昂贵而无效的方式。

企业管理层也必须确保目前企业的行动和决策不会在未来创造出危害企业自由与繁荣的舆论、要求和政策。

过去几年来,许多公司都在不同的地方分散设厂。在设厂的时候,许多公司只是在新的地点复制了一座原本的工厂,为同样的市场生产同样的产品。在许多情况下,老工厂和复制的新工厂都是当地社区最重要的就业单位。类似的例子包括一家橡胶公司在艾克隆有一座旧厂,在南方小镇又盖了新厂;一家滚珠轴承公司的旧厂设在新英格兰的小镇,新厂设在俄亥俄州的小镇;一家衬衫制造商的旧厂设在纽约州北部,新厂则设在田纳西州的乡下。

在经济萧条时期,这样做将引发严重的社会问题。管理层届时将被迫决定要关掉哪一座工厂,保住哪一座工厂——是投入了大量资金、损益平衡点高,因而运营必须获利的新工厂,还是与整个社区共存共荣的旧工厂?但是无论有多么渴望获得新工业,任何社区会默默接受企业剥夺了他们主要的收入来源,以保住其他地方的就业机会吗?因为市场因素和商业周期而导致失业是一回事,但是企业管理层单方面采取行动又是另外一回事了,因此,企业管理层在规划新厂时的重责大任,就是必须让新厂拥有自己的市场和产品,而不只是在地理上分散设厂而已。否则企业扩张只会引发管理层和社区的冲突,以及企业需求和公共政策之间的矛盾。

其他引起舆论和公共政策对企业不满的做法还包括:只任用大学毕业生来担任管理职务,因此扼杀了内部员工的机会;减少领班的升迁机会,因此阻断了美国人传统中迈向成功之路最重要的一步;或不雇用高龄或残障人士的政策。为了履行对企业的责任,管理者必须审慎思考这些做法,以及这些做法对公共福祉的影响。

简单地说,针对每个政策和每个决定,企业管理者都应该自问:如果产业界的每个人都这么做,大众会有什么反应?如果这种行为代表一般的企业行为，会对社会大众产生什么影响？这个问题不只是针对大企业，小企业也会对舆论和政策产生相同的影响。而无论企业大小，所有的企业都应该切记，如果它们只挑容易的路来走，把问题丢给别人，那么最后必定要被迫接受政府的解决方案。

企业决策对社会的影响

本书的讨论已经清楚阐明，管理决策对社会的影响不仅限于企业的"社会"责任而已，管理决策其实与管理层对企业的责任紧密相关。不过，管理层对于公众利益仍然有应负的责任，这份责任基于一个事实：企业是社会的器官，企业的行动对于社会也会产生决定性的影响。

企业对社会的首要责任是盈利，几乎同等重要的是成长的必要性。企业是为社会创造财富的器官。企业管理层必须获得充足的利润，以抵消经济活动的风险，保持创造财富的资源不受损害。此外，还必须增强资源创造财富的能力，从而增加社会的财富。

这是绝对的责任，是管理者不能放弃也不容推卸的责任。企业管理层老爱把"我们有责任为股东赚钱"这句话挂在嘴边，但是至少对上市公司而言，股东总是可以卖掉手上的股票，社会却无法摆脱企业。如果某个企业未能获得足够的利润，社会就不得不承担这部分损失。假如企业的创新和发展未能取得应有的成果，那么社会就会变得贫困虚弱。

同理，企业管理层还有一个社会责任，就是必须确保未来有良好的管理层，否则资源将遭到误用，丧失盈利能力，并且最终会把资源破坏殆尽。

企业管理层有责任引导企业不违反社会信念或破坏社会的凝聚力。这意味着企业有一种消极的责任——不可以对公民不当施压，要求员工绝对的忠诚。如果企业忘掉了这个原则，社会将会强力反弹，通过政府扩权来约束企业。

今天的许多企业，特别是大企业，都有这种倾向，总喜欢摆出一副天王老子的架势，要求管理人员对企业特别忠诚。其实这种要求，从社会的角度来看，是极其不负责任的，是滥用权力的表现。从对社会的政策以及企业自身的利益来看，这种做法是不可原谅的。公司不能自称（绝对不可自称）是员工的家、归宿、信仰、生命或命运。公司也不可以干预员工个人的私生活或者员工的公民权。将员工与公司连在一起的，只是一份自愿的、随时可以被取消的聘用合同，并不是一条神秘的、不可撤销的纽带。

企业承担对社会信念和凝聚力的责任，有其正面的意义。至少在美国，企业管理层有责任给所有的员工提供机会，基层员工可以凭借能力和绩效而崛起。如果企业没有担当这方面的责任，长此以往，企业所创造的财富将会产生社会阶级、阶级仇恨和阶级斗争，不但不能强化社会，反而削弱了我们的社会。

此外，企业管理者还有其他必须担当的责任。例如，大企业的管理层有责任制定与经济周期逆向操作的资本支出政策（在自动化作业下，这样的政策变得非常必要）。我也相信管理者有责任拟订政策，消除员工对于利润根深蒂固的敌意，原因很简单，仇视利润的倾向对于我们的社会制度和经济体系造成威胁。我还相信，在目前的世界局势下，任何企业都有责任对于增强国家的国防实力做最大的贡献。

但是，最为重要的还是管理者必须认识到：他们应该认真考虑每项企业决策和行动可能会对社会产生些什么影响，应该让企业的每项行动都能促进公众的福利，增强社会的基本信念，为社会的安定、和谐及强大做出自己的贡献。

管理层是领导团体

只有到了现在，我们才能探讨企业管理者身为社会领导团体应负的责任——超越企业本身职责的责任。

企业发言人几乎每天都主张一种新的社会责任。他们说，企业管理层应该为文科大学的生存、为员工的经济教育、为宗教的包容、为新闻自由、为强化或废除联合国的功能、为广义的文化和文化工作者负责。

毋庸置疑，领导团体肩负重责大任，而逃避责任将为社会带来莫大的伤害。然而，危害更甚的是坚持为自己不必负责的团体负责，夺取不属于自己的责任。目前的管理方式却正好出现了上述两种情况：一方面逃避既有的责任，另一方面又把根本不存在，也不应存在的责任揽在自己身上。

因为"责任"也代表"职权"，权与责相互依存，缺一不可。主张管理层在某方面的责任，就必须赋予其相对的权力。我们有理由认为自由社会的企业管理层对于大学、文化、艺术、新闻自由或外交政策等领域，应该拥有任何职权吗？不用说，这样的职权是社会无法容忍的。即使依照社会惯例，在毕业典礼或年度员工野餐会上，老板可以讲一些热情洋溢的废话，但是也应该避免提出这样的权利要求。

身为社会领导团体，企业管理层的社会责任应该局限于他们能合法主张职权的领域。

从经验上看，我给企业管理者的建议是，凡是他们不想让工会领袖或政府掌控的活动，他们自己也应该避免为这方面的活动承担责任。这类活动应该是完全自由开放的，由当地公民自动自发地组织发起，而不是由任何团体或统治机构来主导。如果企业管理者不想让工会领袖控制活动，我们可以合理地假设，工会领袖（及众多的追随者）也不会想让管理层控制这些活动，而且社会也不会允许企业管理层或工会领袖任何一方单独掌控这类活动。因此为了确保这些领域不会遭到控制，明显而单纯的替代方案是由有组织的政府机构代表全民来掌握控制权。

如果企业因为税法的原因而成为某些机构的财务资助来源，那么管理层必须小心，不要让这种资助变成"责任"，不要因为受到误导而侵占了自己根本不应该拥有的职权。

但是，由于权与责必须相互配合，因此当企业管理者由于他所具备的特殊能力而拥有了职权时，就应该负起相应的社会责任。

其中一个相关领域是财政政策。尽管美国的税制结构初建时，最高的所得税率为4%（只有百万富翁才适用这个税率），直到20世纪50年代，美国的税制都是不合逻辑的、难以管理的、不道德的制度，等于变相鼓励企业和个人不负责任的行为和决策。企业管理者可以在这方面有所贡献，因此这也是他们的重要责任，他们有责任采取积极的行动。

有些企业主管不断高喊税负太重，但是这样做还不够。我们需要的是能够继续维持政府的高额支出，同时又能兼顾社会和经济需求的政策。如果管理层只会不断高喊"降低税率"，他们就没有尽到对财政政策的责任。事实上，呼吁降税是没有效果的，只会显得非常不负责任。

在企业管理者因自己的特长而拥有和负有责任的地方，管理部门在履行其责任时，必须要将公众的利益放在心上。如果只是从"对企业有好处的，也必然对国家有好处"这样的前提出发，那是不够的，尽管这一说法对大企业来说可能有一定的道理，因为大企业实际上就是美国经济的典型截面。因为当管理层的职权是以能力为基础时，唯有基于公众利益，才能行使这项职权。至于如何才能对企业有利，这完全是另外一个问题。

但是，在认真考虑过企业管理层身为社会领导团体所应该承担的社会责任之后，我们得到了最后一项结论，也是最重要的结论：设法让能增进公众利益的事情也成为企业的自我利益。

对于社会的领导团体而言，仅仅大公无私还不够，甚至把公共福祉置于自我利益之上，也都还不够。企业必须能成功地调和公众利益和私人利益，让公众利益和私人利益协调一致。"通过我们公司的经营管理方式，凡是能增强国力、促进经济繁荣的事情，必然也同时能增强公司实力、促进公司繁荣。"这是美国最成功的公司之一——西尔斯公司的经营管理原则。就经济上的事实而言，"凡是对国家有利的，也设法让它对西尔斯有利"，这种做法或许和"对企业有好处的，也必然对国家有好处"没有多大的不同，然而在精神上、本质上和对责任的主张上，却是截然不同的。

西尔斯的声明并不代表私有利益和公众福祉之间已经协调一致，相反，要让对国家有益的也有利于企业，还需要艰苦的努力、卓越的管理技巧、高度的责任感和宏观的愿景。要完全实现这个理想，需要能将基本元素点化成金的点金石。但是如果企业管理层仍然担当领导的责任，继续独立自主地经营自由的企业，他们就必须把这个原则当作行为准则，努力达到这个目标，并且成功地实践这个原则。

250年前，英国有位时事评论家，名叫曼德维尔，他以一句相当出名的警句对当时的新商业时代的精神做了概括："私人恶德即公众利益"——在不知不觉之中，私利竟然成了公众福祉。曼德维尔也许并没有错，不过自亚当·斯密以来的经济学家一直在对这一说法进行着争论，直到现在也没有得出一致的结论。

但是曼德维尔究竟是对是错，其实都无关紧要，没有任何社会能够长期建立在这样的信念上。因为在一个美好的、道德的、文化悠久的社会中，公众利益必须建立在私人的良好品质的基础之上。没有任何秉持曼德维尔观点的领导团体能够为社会所接受，相反，每个领导团体都必须声称公众利益决定了他们的自我利益。这样的主张是领导地位的唯一合法基础，而领导人的首要任务则是实现这样的主张。

根据19世纪的观点，"资本主义"乃是基于曼德维尔的原则，或许这说明了资本主义为何在物质上如此成功，当然也解释了为何过去百年来，反资本主义和反资本家的浪潮席卷西方世界。的确，无论曼德维尔的说法在逻辑上多么天衣无缝，也不管它的利润多么丰厚，主张私人之恶乃是大众之福的社会很难长远存续。

20世纪初的美国人完全接受曼德维尔的原则。但是今天，美国人已经能提出相反的原则——经营管理企业的时候，必须设法让公众利益也成为企业的自身利益，而这也是20世纪"美国革命"的真正意义。越来越多的美国企业管理层声称，他们有责任在日常活动中实现这个新原则，这将是美国社会，或许也是整个西方社会，未来最大的希望所在。

确保不让这条新原则成为空谈，而是使它成为活生生的现实，是非常重要的。这已成了管理部门最重要的终极责任。管理部门在承担这一责任时，它不光对自己负责，而且是在对企业、对我们的传统、对我们的社会及生活方式负责。

彼得·德鲁克全集

序号	书名	要点提示
1	工业人的未来 The Future of Industrial Man	工业社会三部曲之一，帮助读者理解工业社会的基本单元——企业及其管理的全貌
2	公司的概念 Concept of the Corporation	工业社会三部曲之一，揭示组织如何运行，它所面临的挑战、问题和遵循的基本原理
3	新社会 The New Society：The Anatomy of Industrial Order	工业社会三部曲之一，堪称一部预言，书中揭示的趋势在短短十几年都变成了现实，体现了德鲁克在管理、社会、政治、历史和心理方面的高度智慧
4	管理的实践 The Practice of Management	德鲁克因为这本书开创了管理"学科"，奠定了现代管理学之父的地位
5	已经发生的未来 Landmarks of Tomorrow：A Report on the New "Post-Modern" World	论述了"后现代"新世界的思想转变，阐述了世界面临的四个现实性挑战，关注人类存在的精神实质
6	为成果而管理 Managing for Results	探讨企业为创造经济绩效和经济成果，必须完成的经济任务
7	卓有成效的管理者 The Effective Executive	彼得·德鲁克最为畅销的一本书，谈个人管理，包含了目标管理与时间管理等决定个人是否能卓有成效的关键问题
8 ☆	不连续的时代 The Age of Discontinuity	应对社会巨变的行动纲领，德鲁克洞察未来的巅峰之作
9 ☆	面向未来的管理者 Preparing Tomorrow's Business Leaders Today	德鲁克编辑的文集，探讨商业系统和商学院五十年的结构变化，以及成为未来的商业领袖需要做哪些准备
10 ☆	技术与管理 Technology, Management and Society	从技术及其历史说起，探讨从事工作之人的问题，旨在启发人们如何努力使自己变得卓有成效
11 ☆	人与商业 Men, Ideas, and Politics	侧重商业与社会，把握根本性的商业变革、思想与行为之间的关系，在结构复杂的组织中发挥领导力
12	管理：使命、责任、实践（实践篇） Management:Tasks,Responsibilities,Practices	为管理者提供一套指引管理者实践的条理化"认知体系"
13	管理：使命、责任、实践（使命篇） Management:Tasks,Responsibilities,Practices	
14	管理：使命、责任、实践（责任篇） Management:Tasks,Responsibilities,Practices	
15	养老金革命 The Pension Fund Revolution	探讨人口老龄化社会下，养老金革命给美国经济带来的影响
16	人与绩效：德鲁克论管理精华 People and Performance: The Best of Peter Drucker on Management	广义文化背景中，管理复杂而又不断变化的维度与任务，提出了诸多开创性意见
17 ☆	认识管理 An Introductory View of Management	德鲁克写给步入管理殿堂者的通识入门书
18	德鲁克经典管理案例解析（纪念版） Management Cases(Revised Edition)	提出管理中10个经典场景，将管理原理应用于实践

彼得·德鲁克全集

序号	书名	要点提示
19	旁观者：管理大师德鲁克回忆录 Adventures of a Bystander	德鲁克回忆录
20	动荡时代的管理 Managing in Turbulent Times	在动荡的商业环境中，高管理层、中级管理层和一线主管应该做什么
21 ☆	迈向经济新纪元 Toward the Next Economics and Other Essays	社会动态变化及其对企业等组织机构的影响
22 ☆	时代变局中的管理者 The Changing World of the Executive	管理者的角色内涵的变化、他们的任务和使命、面临的问题和机遇以及他们的发展趋势
23	最后的完美世界 The Last of All Possible Worlds	德鲁克生平仅著两部小说之一
24	行善的诱惑 The Temptation to Do Good	德鲁克生平仅著两部小说之一
25	创新与企业家精神 Innovation and Entrepreneurship:Practice and Principles	探讨创新的原则，使创新成为提升绩效的利器
26	管理前沿 The Frontiers of Management	德鲁克对未来企业成功经营策略和方法的预测
27	管理新现实 The New Realities	理解世界政治、政府、经济、信息技术和商业的必读之作
28	非营利组织的管理 Managing the Non-Profit Organization	探讨非营利组织如何实现社会价值
29	管理未来 Managing for the Future:The 1990s and Beyond	解决经理人身边的经济、人、管理、组织等企业内外的具体问题
30 ☆	生态愿景 The Ecological Vision	对个人与社会关系的探讨，对经济、技术、艺术的审视等
31 ☆	知识社会 Post-Capitalist Society	探索与分析了我们如何从一个基于资本、土地和劳动力的社会，转向一个以知识作为主要资源、以组织作为核心结构的社会
32	巨变时代的管理 Managing in a Time of Great Change	德鲁克探讨变革时代的管理与管理者、组织面临的变革与挑战、世界区域经济的力量和趋势分析、政府及社会管理的洞见
33	德鲁克看中国与日本：德鲁克对话"日本商业圣手"中内功 Drucker on Asia	明确指出了自由市场和自由企业，中日两国等所面临的挑战，个人、企业的应对方法
34	德鲁克论管理 Peter Drucker on the Profession of Management	德鲁克发表于《哈佛商业评论》的文章精心编纂，聚焦管理问题的"答案之书"
35	21世纪的管理挑战 Management Challenges for the 21st Century	德鲁克从6大方面深刻分析管理者和知识工作者个人正面临的挑战
36	德鲁克管理思想精要 The Essential Drucker	从德鲁克60年管理工作经历和作品中精心挑选、编写而成，德鲁克管理思想的精髓
37	下一个社会的管理 Managing in the Next Society	探讨管理者如何利用这些人口因素与信息革命的巨变，知识工作者的崛起等变化，将之转变成企业的机会
38	功能社会：德鲁克自选集 A Functioning society	汇集了德鲁克在社区、社会和政治结构领域的观点
39 ☆	德鲁克演讲实录 The Drucker Lectures	德鲁克60年经典演讲集锦，感悟大师思想的发展历程
40	管理（原书修订版） Management(Revised Edition)	融入了德鲁克于1974~2005年间有关管理的著述
41	卓有成效管理者的实践（纪念版） The Effective Executive in Action	一本教你做正确的事，继而实现卓有成效的日志笔记本式作品

注：序号有标记的书是新增引进翻译出版的作品